互联时代的文化思考

范周 著

知识产权出版社
全国百佳图书出版单位

图书在版编目（CIP）数据

言之有范：互联时代的文化思考 / 范周著 . —北京：
知识产权出版社，2017.5
ISBN 978-7-5130-4833-0

Ⅰ.①言⋯　Ⅱ.①范⋯　Ⅲ.①文化产业—产业发展—
研究—中国　Ⅳ.①G124

中国版本图书馆CIP数据核字（2017）第064509号

内容提要

回眸文化产业近年来的发展，创新引领、科技助力的趋势愈加凸显。"互联网+"时代，文化产业如何用创新、协调、绿色、开放、共享的理念引领产业转型升级，真正成为国民经济支柱性产业，在顶层设计层面创新思路、引领发展尤为重要。

责任编辑：卢媛媛　　　　　　　　　　　**责任出版：刘译文**

言之有范：互联时代的文化思考
YANZHIYOUFAN: HULIAN SHIDAI DE WENHUA SIKAO
范　周　著

出版发行：知识产权出版社有限责任公司		网　址：http：// www.ipph.cn	
		http：//www.laichushu.com	
电　话：010 - 82004826			
社　址：北京市海淀区西外太平庄55号		邮　编：100081	
责编电话：010 - 82000860转8597		责编邮箱：31964590@qq.com	
发行电话：010 - 82000860转8101 / 8029		发行传真：010 - 82000893 / 82003279	
印　刷：北京中献拓方科技发展有限公司		经　销：各大网上书店、新华书店及相关专业书店	
开　本：720mm×1000mm　1/16		印　张：21.5	
版　次：2017年5月第1版		印　次：2017年5月第1次印刷	
字　数：410千字		定　价：46.00元	

ISBN 978 - 7 - 5130 - 4833-0

　　这一卷收集了许多内容，包括对"十三五"时期顶层设计的政策解读、对互联网时代传统文化产业转型升级的反思、对新兴业态迅猛发展的思考以及对区域、国际文化产业发展的探究。"十三五"的开局之年，是我国对文化产业发展进行顶层设计并付诸实施的一年，除了对"十三五"时期文化产业的发展有了明确要求，还在一些新领域出现了新变化。2016年《关于推动文化文物单位文化创意产品开发的若干意见》《"互联网+中华文明"三年行动计划》相继出台，《中华人民共和国电影产业促进法》《中华人民共和国公共文化服务保障法》依次颁布，一方面表明我国对优秀传统文化的继承日益重视，在文化产业领域开辟了一片蓝海，另一方面表明我国已经进入了文化立法工作发展较快的时期。

　　国家"十三五"规划中提到了新兴业态发展，并在战略布局中提出了重点发展战略性新兴产业，落实在文化领域中的数字创意产业格外引人注目。虽然目前数字创意产业仍处于不断完善发展规划的时期，但已经引起了我们对这个领域的特别关注。尤其是到了2016年下半年，人工智能、VR技术普遍应用，网络直播迅猛发展，"网红"现象层出不穷，网络文学、网络剧、网络综艺节目、网络大电影不断实现新的突破等，使这个时期的文化产业形态以新兴业态的形式不断涌现而且发展势如破竹。所以当我们回首看这卷的许多内容，其实就是对这个时期的文化产业发展历程的真实记录。

在此期间，我们不断对出台的政策进行解读，对重大事件进行深度挖掘和分析，对文化热点事件不断进行反思。这其中既有我自己的一些独立思考，也有我和我的同事、科研团队，特别是和我指导的研究生、"言之有范"编辑部的年轻的同学们共同思考留下的痕迹。在这当中能够看到我们对许多问题虽有思考但深度不够，这一方面是由于理论基础薄弱、对信息了解得不多；另一方面可以看出文化产业发展进入这个时期，与传统的文化产业十大门类相比已经呈现出截然不同的发展趋势，所以2016年年末我主持举办的中国文化产业年度盘点网络直播跨年盛典和2017年年初对新兴业态的关注，都使我感觉到这个时期文化产业的转型升级是史无前例而且愈演愈烈的。

我曾经在很多文章及演讲中讲到文化产业的发展进入"十三五"中后期一定是以文化创意产业为核心、以新兴业态占主导，互联网思维背景下的文化产业将会呈现巨大变化。但现在很多人对这个变化理解不够、认识不足甚至有意回避，一方面文化产业在快速发展；另一方面消费对象对产品的诉求不断发生变化，大量的文化产品没有得到社会认可，出现了一些僵尸企业和僵尸产品。也正是因为这样党中央才提出在文化领域进行供给侧结构性改革，所以我们对此的认识还处在不断提升的阶段。

回首看这一卷，虽然内容比较庞杂，其中还涉及对两岸文创的一些思考，这是基于我们对两岸文创的理论研讨和定期的学术交流活动，但我们更多的是要把注意力放在新兴业态的发展和顶层设计带来的发展走向变化上。我想在未来大家看到的第四卷中这方面的内容会更加凸显，因此我们也要继续对这种业态保持关注、学会与时俱进，真正找到这个时代文化发展的脉搏。

是为序。

范周

2017年4月28日

目录

宏观视野：顶层设计的文化思考

理智研判：高层风向的文化解读

对话民生：公共文化的时代使命

文化情怀：仗义心声的文化温度

以点带面：区域发展的妙笔生花

后 记

宏观视野：顶层设计的文化思考

回眸文化产业近年来的发展，创新引领、科技助力的趋势愈加凸显。"互联网+"时代，文化产业如何用创新、协调、绿色、开放、共享的理念引领产业转型升级，真正成为国民经济支柱性产业，在顶层设计层面创新思路、引领发展尤为重要。

"十三五"时期，文化发展如何适应新常态?

　　着眼于全面建成小康社会、实现社会主义现代化和中华民族伟大复兴，党的十八大报告对推进中国特色社会主义事业做出"五位一体"总体布局。作为"五位一体"之一的文化建设在"十三五"时期又该如何适应经济发展新常态呢? 这要从"十三五"时期经济发展战略部署的几个方面说起。

文化消费：经济发展新引擎

　　在转变经济发展方式方面，为实现更高质量、更有效率的发展，中国经济增长将完成三个转变：从主要依靠投资、出口变为投资、消费、出口协同带动；从主要依靠工业变为一、二、三产业协调发展；从主要依靠物质资源消耗转变为主要依靠劳动生产率的提升。在当前投资饱和、出口受阻的形势下，消费成了经济发展新的增长点。因此，扩大文化消费对于拉动经济发展具有重要的促进作用。近年来文化消费需求旺盛，增长速度快，市场潜力巨大。文化产业的增幅超过同期GDP增幅，对经济增长的贡献率不断提升。文化消费呈现以下特征：**第一**，文化消费市场潜力巨大。我国文化消费潜在市场规模约为4.7万亿元，而实际文化消费规模仅为1万亿元左右，市场潜力巨大。**第二**，文化教育娱乐服务支出比重上升。城镇居民文娱生活更加丰富多彩。2013年城镇居民人均文化教育娱乐服务支出2294元，比2005年增长

1.1倍。**第三，文化消费形态逐渐多元化。**在物联网、云计算、移动互联网等新一代信息技术的推动下，文化服务创新步伐加快，消费更加多元化、高级化。以上特征表明，文化消费呈现快速增长的发展趋势，将成为"十三五"时期经济发展的新引擎。与此同时，我国文化消费还存在区域消费差距大、文化消费结构单一、盗版产品影响不良、文化消费关联不强等诸多问题，这也是"十三五"时期需要解决的问题。

文化产业转型升级：业态提升新机遇

在调整优化产业结构方面，要加快改造提升传统产业，深入推进信息化与工业化深度融合，着力培育战略性新兴产业，大力发展服务业特别是现代服务业，积极培育新业态和新商业模式，构建现代产业发展新体系。文化产业是绿色产业、现代服务业，有利于促进经济增长方式的转变和经济结构的转型升级。**历经15年的发展，传统文化产业形态在逐渐引入新兴科技和新型表现方式的过程中，迎来了文化产业新业态转型升级的大变革时期。在大数据、物联网、云计算等技术支撑的基础上，传统产业诸如出版、广告、影视、音乐等都出现了新业态的萌芽，产生了数字出版、数字音乐、新媒体广告等一系列新的产业形态。**文化产业利用互联网、大数据、云计算等新兴技术手段大步伐跨界发展。文化产业的传统行业与新型产业形态融合，向新业态转型升级，将成为文化产业提升发展的关键动力。在"十三五"时期，以下几个方面将进一步促进文化产业的转型升级。首先，融合发展是推动文化产业转型升级的主旋律。文化与科技、文化与金融、文化与旅游等融合发展，将成为文化行政主管部门力

微评

★ 文化教育娱乐服务是当人们的物质生活得到极大满足后对于精神文化的追求，人均文化娱乐服务支出的增长反映了我们对于文化消费重要性的认知。

★ 科技为文化产业插上了腾飞的翅膀，传统文化产业借力科技开始了新一轮的文化变革，期待未来文化产业的新业态！

推的融合发展的着力点。其次，创业创新的创客时代，文化
生产力将得到进一步解放，文化产业发展也会实现全面开
花。再次，"互联网+"将对文化产业的产业链条、商业模式
等各个方面进行彻底的颠覆与重构。最后，社会力量参与公
共文化服务建设将极大地释放文化市场活力。这些都是未来
五年文化产业发展成为国民经济支柱产业的重要支撑。

微评

★ 创新的力量不容
小觑。

文化创新：产业发展新动力

在创新方面，要深入实施创新驱动发展战略。**推动科技
创新、产业创新、企业创新、市场创新、产品创新、业态创
新、管理创新等，加快形成以创新为主要引领和支撑的经济
体系和发展模式。**2015年3月，国务院印发的《关于深化体
制机制改革加快实施创新驱动发展战略的若干意见》强调，
统筹推进科技、管理、品牌、组织、商业模式创新，统筹推
进军民融合创新，统筹推进引进来与走出去合作创新，实现
科技创新、制度创新、开放创新的有机统一和协同发展。具
体来说，在制度创新方面，制度创新的目的是通过制度的
建构和变革来实现原有制度下不能实现的效率和效能。文
化产业的发展需要制度创新作为保障。比如，文化企业的
金融担保制度是文化企业融资的最大障碍，那解决问题的
关键就是创新金融担保制度。在科技创新方面，科技创新在
带来新文化产业形态的同时，进而带动了原有管理模式的重
塑——管理思维、组织结构、管理流程、管理技术等方面的
全方位变革。**比如演艺产业，"现场演出+付费直播"的运
作方式，依托于互联网，完全附加价值的颠覆性营收模式为
传统演唱会商业领域开拓了一片全新蓝海。**在开放创新方
面，在"十三五"文化规划编制的过程中，研究文化贸易走

★ 演艺产业的直播
丰富了我们生活的
形式，足不出户享
受文化大餐。

出去的创新性，就要先从顶层设计下功夫，要从内容设计、渠道建设、引进来与走出去相结合三个方面狠下功夫。总之，"十三五"时期，还需要在制度、科技、开放等方面进行创新来驱动文化产业发展。

文化体制改革：激发文化发展新活力

在改革体制、机制方面，改革是培育和释放市场主体活力、推动经济社会持续健康发展的根本动力。要围绕破解经济社会发展突出问题的体制、机制障碍，全面深化改革，使市场在资源配置中起决定性作用和更好地发挥政府作用。文化体制改革的十余年间，成效突出。**首先，**通过分类改革，组建文化企业集团和股份制改造，国有文化企业不断做强做大，发挥了龙头带动和主导作用。**其次，**通过政策引导和财税支持，社会力量积极参与文化产品生产，民营文化企业不断发展壮大，成为产业发展的活力源泉，更成为文化"走出去"的先锋。**再次，**我国公共文化建设投入稳步增长，覆盖城乡的公共文化服务设施网络基本建立，公共文化服务效能明显提高，人民的精神文化生活不断改善。**最后，**通过文化管理制度的改革创新，打破了行业界限，大力合并文化行政管理部门，建立了文化市场综合执法机构，文化管理逐渐从以行政管理为主向依法管理转变。

综上，通过改革，文化管理体制进一步完善，现代文化市场体系和现代公共文化服务体系逐渐形成，文化开放水平显著提升，全民族文化创造力得到有效激发。"十三五"时期，文化体制改革逐渐向深水区挺近。要在巩固改革良好势头的基础上，继续以满足新时期人民群众的精神文化需要为出发点，不断完善文化产业政策体系，进一步转变文化行政部门职能，推进涉及深层次矛盾和难点问题的重大任务的解决，进而充分激发文化发展的活力。

区域文化发展：战略引领新发展

在区域文化协调发展方面，协调发展、绿色发展既是理念又是举措，务必政策到位、落实到位。要采取有力措施促进区域协调发展、城乡协调发展，加快欠发达地区发展，积极推进城乡发展一体化和城乡基本公共服务均等化。目前中国已经推出了"一带一路""京津冀一体化"等多个区域经济战略，"十三五"时期，区域、城乡发展的协调以及基本公共服务的均等化将成为政策重点。**首先，在"一带一路"的战略背景下，应当紧抓此发展机遇，从全局和长远发展着眼。**文化建设需要推动与各国文化发展的对接与耦合，盘活国内、国外两种资源，发掘国内、国外两个市场，促进文化投资和文化消费，创造文化需求和就业，推动文化创新发展。**其次，随着"京津冀一体化"上升为国家战略，三地经济的协同发展迎来了新一轮历史机遇。**文化产业作为京津冀地区共同扶持和发展的战略性产业，在调整产业结构、促进产业升级等方面发挥着举足轻重的作用。如何抓住协同发展的机遇，推动三地文化资源优势互补、促进区域文化产业共赢发展是"十三五"时期亟待破解的重大议题。**最后，我国东中西部地区的资源禀赋不同，进一步推动区域文化产业的差异化发展仍是"十三五"时期我国文化产业发展的一项重要内容。**目前我国东中西部地区，根据各自的资源优势，出现了"文化+创意"的创新导向型模式、"文化+资源"的资源导向型模式和"文化+民族特色"的特色导向型模式。总之，"十三五"时期，在国家战略的引领下，区域文化发展的战略部署将进一步落地实施。

从新常态下经济增长动力的转换，到啃下深化改革的硬骨头，从实现7000多万贫困人口脱贫，到建设天蓝、地绿、水净的家园，我们要实现全面小康的历史性跨越，没有捷径可走，只能在解难题、过难关中砥砺前行。"十三五"时期，文化发展要以发展理念转变引领发展方式转变，以创新举措探索发展新路，只有这样，我们才能在稳增长、转方式、调结构、促改革、惠民生、护生态、抓扶贫等方面取得明显突破。

微评

★ 东中西部地区的资源现状不同，因地制宜发展文化产业是必须。西部地区拥有特色各异的文化资源，具有发展特色文化产业得天独厚的优势。

"十三五"文化发展务必关注的五大方面

"十三五"规划建议提出"推动物质文明与精神文明协调发展"，为全面建成小康社会决胜阶段文化建设提供了明确指向。作为"五位一体"建设中的关键一环，文化建设在"十三五"时期的发展尤为重要，无论是文化发展的体系建设，还是文化产业与公共文化的融合发展，抑或是文化消费的不断提升，我们都有理由去期待一个更加美好的文化发展"十三五"。

体系建设为文化发展全面开路

体系建设是本次"十三五"规划建议中的一个重要方面，需要我们引起高度关注，在"十二五"时期提出的"公共文化服务体系"基础上，**此次规划建议中提出"中华优秀传统文化传承体系""文化产业体系""文化市场体系"，将与公共文化服务体系一同，构成"十三五"时期我国文化发展更全面、更系统、更完整的宏观体系。**

体系的价值在于整合、在于互联互通，它意味着产业全面、协调、健康、持续发展的更多可能性。在经过了"十二

微评

★ 体系建设是文化产业发展系统化、科学化的重中之重，也是文化产业健康发展的基础。

五"时期的迅速发展之后，"十三五"时期文化产业的发展将迎来全面升级的新阶段，而在这一过程中体系的作用与独特优势不容忽视，通过体系的构建来实现对文化产业发展的全面统筹以期实现更好的发展是必经之路。**当然，体系的构建是一个长期性、系统性的工作，无论是宏观还是微观，都需要我们在"十二五"文化发展的现有基础上全面布局与统筹，通过实际调研摸清实际需求，对症下药，将体系的顶层设计与落地紧密结合。**在体系构建的过程中，人才培养体系、人才流通体系、文化金融体系、版权交易与评估体系、文化产品海外推广体系等多个方面都需要全盘考虑，协同规划，一一落实。

公共文化与文化产业发展的深度融合

公共文化服务体系基本建成不仅关乎国民素质和社会文明程度，也是本次规划建议中的一个重要内容。近年来，我国公共文化服务体系建设加快推进，公共文化设施网络建设成效明显，农村和中西部地区的公共文化设施条件也得到较大改善，公共文化服务标准化、均等化程度不断提升。**而无论是推动基本公共文化服务标准化、均等化发展，引导文化资源向城乡基层倾斜，还是创新公共文化服务方式，文化产业与公共文化发展的深度融合都将在这一过程中发挥重要的作用。**我们可以注意到，"文化事业"的说法没有在本次"十三五"规划建议中出现，这也是自十六大明确将文化领域分为文化事业与文化产业后在发展思路上的一个重要转变，很好地适应了当下文化产业与文化事业界限逐渐模糊的发展现状。

在公共文化与文化产业深度融合与发展的过程中，文化

产业为公共文化服务提供内容、形式和传播手段，公共文化服务为文化产业发展提供市场、导向，营造文化氛围，培育消费习惯。在文化生活逐渐丰富以及互联网渗透到生活每一个环节的今天，人们对于公共文化服务的内容需求与获得渠道已经与从前大不相同，可以说是发生了巨大的变革。在这种情况下，公共文化服务的内容、传播形式等都需要全面升级与创新。可以说，公共文化与文化产业深度融合发展，是应人们对公共文化服务的实际需求而生的。而随着公共文化服务社会化参与形式逐渐增多、范围不断扩大、主体日渐多元，文化产业与公共文化的深度融合将开启，也将更好地满足新形势下人们对于公共文化服务的全新需求。

融合发展将迎来2.0时代

微评

★ 文化与科技的深度融合无疑是下一个产业蓝海！

当前，文化产业已不再作为单一的产业形态存在于人民群众的生活中，而是以其极强的亲和力和包容性与金融关联、与旅游融合、与科技嫁接、与互联网共生。而在"十三五"时期，文化产业的融合发展将迎来2.0时代。特别是文化与科技和互联网的融合，形成了文化创新与科技创新的"双轮驱动"和"互联网+文化"的发展战略，这些强劲因子和活力要素正渗透到文化创作、生产、传播和消费的每一个环节，贯穿到产业发展的多个方面，日益成为文化发展的重要引擎，成为文化产业形态演进中蓄势待发的催化剂。文化产业的融合为传统工艺的改造提供了多种可能，也为新兴业态的孕育提供了充足的条件，更为我们的生活增添了更多的文化因子与文化乐趣。

总体来讲，文化是一切之母，可以存在于各行各业的运作中，然而这种融合也绝不是简单的、机械的相加，而是要

微评

★ 在一个新趋势出现时，我们需要做的是冷静思考：融合发展，究竟怎样才是真正的融合？个人之见，深度融合才是王道。

找对嫁接点进行深度融合、创新融合，只有这样，融合才能在文化产业的发展中发挥出更大的能量，文化产业才能够在融合中发展新业态、创造新业态。

文化消费培育仍然任重道远

与发达国家相比，我国的文化消费存在的缺口非常明显。无论是文化消费意识与观念、文化消费环境，还是文化产品与服务的供给，都需要在"十三五"时期花大力气。而在这一过程中，公共文化事业、文化产业都应当发挥出自己的作用，从供需双方进行考虑，全面激活文化消费。

首先，公共文化服务要做到保基本、有提升、不缩水，不断改变现有公共文化建设中的不平衡、供需错位等现象。要以"利民、惠民"为根本，通过多元化的公共文化共建模式，提供高质量、对口味、适应现代传播方式的公共文化服务与产品，从而提升大众文化素养，为培养文化消费习惯创造良好的文化氛围，扩大文化消费需求。**其次，文化产业要向精细化、优质化发展，为文化消费提供更多高质量的文化产品。**今天，人民群众对文化的需求早已不再局限于低层次的文化产品消费，人民群众文化需求多样化、多层次化的特征不断显现，我们必须要认识到文化消费需求水平的全面提升是对文化产业发展在质量与数量两个方面的倒逼。"十三五"时期，文化产业的发展既要有数量，更要有质量，要走精品化路线为广大人民群众提供优质的文化产品；要走高端化路线，在发展的过程中打通产业链，占据文化产业链价值的高端环节，从而实现优质文化资源价值的最大化，保证高效、高质的文化供给，在供给层面为文化消费活力的释放创造更大的可能性。

将目光从需求侧向供给侧转移

微评

2015年11月10日召开的中央财经领导小组第十一次会议提出，在适度扩大总需求的同时，着力加强供给侧结构性改革，着力提高供给体系质量和效率。这不仅释放了经济治理思路要从需求端转向供给端的信号，也为文化产业的转型升级指明了新方向。

　　文化产业具有自身的优越性，作为朝阳产业，它具有极强的关联效应和融合特征，既是创新、创业的多发领域，也是容易推陈出新，诞生新业态的试验田。与此同时，各种与文化产业相关的新兴业态也正呼之欲出，人民群众在文化上的消费仍然具有很大的发展潜力和培育空间。但是，我们也不能忽视文化产业供给与消费中存在的问题和矛盾，供给水平跟不上、消费结构不合理都无时无刻不在提醒我们要及时地将目光从需求侧向供给侧转移，以质量和内容为基准，以更新和多元为目标，抓好源头活水才能使文化清泉真正流进人民群众心间。总之，文化发展一定要花大功夫生产出更多的集品质性、创新性、价值性于一体的文化产品和服务，让文化消费真正兴旺起来，让文化发展真正惠及最广大的人民群众。

　　我们共同期待一个更美好的、人人共享文化发展成果的文化"十三五"。

★ 文化领域不乏文化产品，但在增量的同时更要提质。从供给端发力，也许很多看似困难的问题就迎刃而解了。

从供给侧改革看文化发展新思路

2016年5月17日，习近平总书记在哲学社会科学工作座谈会上指出，面对我国经济发展进入新常态、国际发展环境深刻变化的新形势，如何贯彻落实新的发展理念，加快转变经济发展方式，提高发展质量和效益，迫切需要哲学社会科学更好地发挥作用。在中央大力倡导推进供给侧结构性改革的大背景下，供给侧改革视角下文化如何发展成为当下业界热议的一个话题。

自2015年11月以来，一个经济新名词——供给侧改革，正以极高的频率出现在政府各项重要会议上。在2015年11月10日召开的中央财经领导小组第十一次会议上，习近平总书记指出，"要在适度扩大总需求的同时，着力加强供给侧结构性改革，着力提高供给体系质量和效率，增强经济持续增长动力，推动我国社会生产力水平实现整体跃升"。2015年11月11日，李克强总理在国务院常务会议上提出的"以消费升级促进产业升级，培育形成新供给新动力扩大内需"也体现了下一步政府的工作要从供给端发力来实现消费和产业的升级。2015年11月15日，习近平主席在G20安塔利亚峰会上强调要"重视供给端和需求端协同发力"。11月17日，李克强在"十三五"规划纲要编制工作会议上强调"在供给侧和需求侧两端发力促进产业迈向中高端"。11月18日，习近平主席在APEC会议上再提供给侧改革。短短8天，中央5次提到供给侧改革，我国经济结构下一轮转型升级的方向已经明确，经济治理思路也必将发生重大转变。

国情使然，供给侧改革势在必行

"供给侧"一词最早可以追溯到20世纪70年代美国的"供应学派"，在经济大萧条和冷战的背景下，供应学派对凯恩斯主义的弊病进行了批评和反思，提出应以全要素生产率的提高来促进经济增长。后来这一思想在里根时期得到了很好的应用，帮助美国度过了冷战期间的滞涨危机。**"供给侧改革"是从供给环节出发，通过结构上的优化调整来缓解经济社会中存在的供需矛盾，全面提升中国各方面要素的生产效率，促进经济的健康发展。**在国家近期政策中提到的国企改革、鼓励创新创业、简政放权等，都属于供给侧层面的改革。简而言之，就是充分尊重市场的主观能动性，释放企业活力、提高供给产品的质量和水准，以此来更好地满足人民群众日益增长的物质文化需求，促进经济增值提效。中央提出"供给侧改革"绝非心血来潮突发臆想，而是全面深化改革的必然结果。

微评

★ 文化产业领域供需矛盾的解决同样需要从供给端发力，提高全要素的生产效率非常重要。

经济新常态下的结构性调整是供给侧改革的内在要求

我国现已进入新常态下经济增速换挡的重要时期，由于在过去受到凯恩斯主义和计划经济的影响，在很长一段时间内政府都以扩大需求的方式来刺激经济，使得经济发展粗放式、外延式特征明显，过程中出现了产能过剩、经济下行等一系列问题。"十三五"规划建议中提出"创新、协调、绿色、开放、共享"五大发展理念，意味着在下一阶段要避免过度消耗资源、生态破坏和供需失衡等一系列问题。从供给端着手创造新供给、满足新需求是应对新常态下新的经济矛盾，促进经济长期均衡发展的内在要求。

适应居民消费结构升级是供给侧改革的题中之意

近年来，随着城镇居民收入的稳步提升，人民群众对于消费的需求已从生存性向发展性升级，对于消费产品的属性和质量更为重视，整个社会也涌现出越来越多的新消费形式。但是目前国内的产品和服务供给能力、供给水平无法适应居民消费结构升级的需求，**因此出现了国人远赴国外只为抢购几袋奶粉、几件电子产品，甚至是几个马桶盖这样的局面。**大量消费外流，是中国经济发展的严重损失。在经济发展的跑道上，一旦人民群众的消费需求遥遥领先于供给之前，不管消费群体多么庞大，消费态势多么强劲，都无法与供给进行有效匹配，实现经济健康发展。因此，供给侧的改革应当从重量转到重质，实现产品从低劣向优质的转变。

互联网掀起的消费革命是供给侧改革的导火索

2015年的政府工作报告中，首次写入了"制定'互联网+'行动计划"，致力于推动移动互联网、云计算、大数据、物联网等与现代制造业结合。**在2015年"双十一"天猫当天的成交额创造了历史性的912亿元，共有232个国家参与，再次刷新了往年纪录。**"双十一"反映了互联网正在改变人民群众的消费心理、消费形态和消费模式。互联网时代的到来也创造了一种全新的供给方式，带来了供给端结构调整和升级的新契机。人民群众并不缺少消费需求，而是缺少通过新供给创造全新的消费平台，产生新消费，再以新消费为动力，倒逼产业转型升级。

正逢其时，文化产业引领新消费

文化产业是世界公认的朝阳产业，其发展不依赖于资源消耗，其核心竞争力来源于人类的智力成果。文化产业是国民经济的重要组成部分，经过十余年的发展，正逐渐成长为国民经济的支柱性产业。但是当前文化产品产能过剩和产品有效供给不足这一突出矛盾严重制约了文化产业的健康快速发展。

2014年我国故事影片产量618部，2015年我国故事影片产量686部；电视剧在2014年年产量达到1.6万集，居于电视剧第一生产大国的位置；动画片产量年均20万分钟，在世界遥遥领先，比日本产量高出近一倍。但是在中国文化市场上，受追捧的却是美国、英国、韩国、日本的文化产品，大量的国产文化产品被市场淘汰。是我国文化消费市场乏力造成的吗？事实证明，国产文化精品绝对不缺市场。2015年7月国产影片《捉妖记》《煎饼侠》《西游记之大圣归来》同时上映，优良的品质激发了井喷的票房，创下了史上最红火的暑期档，风头远盖过好莱坞大片；一部古装电视剧《琅琊榜》在各大电视台、视频网站掀起了收视狂潮，拥趸者不少于美剧、韩剧。遗憾的是，真正可以满足人民群众日益增长的精神文化需求的文化产品还太少，才使本应成为常态的火热文化市场变成一个个文化现象。

根据文化部发布的"中国文化消费指数"，我国文化消费的潜在规模为4.7万亿元，而实际消费仅为1万亿元，存在超过3万亿元的消费缺口。供给侧改革是通过新供给创造新需求，将资源要素从过剩的产能中释放出来，来实现同需求之间的平衡。供给侧改革正是文化产业转型升级的新机遇。

文化产业附加值高、产业链延伸潜力大，且具有极强的关联效应和融合特征，既是创新、创业的多发领域，也是容易推陈出新，诞生新业态的试验田。与此同时，各种与文化产业相关的新兴业态也正呼之欲出，人民群众在文化上的消费仍然具有很大的发展潜力和培育空间。文化创意与制造

微评

★ 供给侧结构性改革是解决3万亿元文化消费缺口的必由之路，只有明白了老百姓需要的是什么，才能通过这条路。

业、农业、建筑业等其他产业的融合将全面提升各类产业的附加值。奔驰汽车并不是单纯售卖汽车，而是融入文化使其变成一辆会跑的艺术品。文化产业的融合为传统工艺的改造提供了多种可能，也为新兴业态的孕育提供了充足的条件，更为日常生活增添了更多的文化因子与文化乐趣。文化与科技和互联网融合，形成文化创新与科技创新的"双轮驱动"和"互联网+文化"的发展战略，这些强劲因子和活力要素正在渗透到文化创作、生产、传播和消费的每一个环节，贯穿到产业发展各方面，日益成为文化发展重要引擎，成为文化产业形态演进中蓄势待发的催化剂。可以预见，文化产业将是新消费诞生最活跃的领域。

四个问题：文化产业供给侧改革的重中之重

无论是从需求端还是供给端发力，文化产业的结构性调整目的是要构建健全的文化产业体系，充分发挥市场在文化资源配置中的决定性作用，营造创新发展的市场氛围，大力激发企业主体的发展动能，从而促进文化产业健康可持续发展，最终实现对人民群众精神文化需求的充分满足。**文化产业的供给侧改革，关键是要健全产业要素市场，提高生产效率，做大做强文化企业，以群众需求为导向生产丰富、优良的文化产品和服务，以生产促消费。**在新一轮供给侧改革当中，尤其需要关注以下四个问题。

坚持社会效益和经济效益双统一
由于文化产品的特殊属性，无论文化产业的形式与内容如何创新，如何惊艳，其背后总有一条不变的底线，即"双效统一"。文化企业的发展要把社会效益放在首位，树立社

微评

★ "双效统一"对于文化企业而言太重要了，因为文化产品与其他形态的产品相区别，经济利益绝对不能成为衡量文化产品的唯一标准！

会效益第一、社会价值优先的经营理念，实现社会效益和经济效益相统一。这一原则既是对"市场缺陷"的纠偏，又是对文化市场的塑造与引领。文化企业第一位的任务是社会效益，与其经济效益并不矛盾。事实上，只有彰显社会效益的掌声常常响起，才有文化市场的久久繁荣。文化企业承担着文明传承的重要使命，只有将主流价值转化为商业机遇，才能在未来市场中占据有利地位。企业履行社会责任、提升文化品位不该是被迫的无奈之举，也不仅仅是为满足制度和监管的要求，而应将其转化为企业的一种竞争优势，从而帮助企业顺利进入市场并最终实现长期、可持续的发展。这就要求文化企业不断创新，不断进步，以高品质的文化产品来赢得市场。**双效统一，是文化产业供给侧改革必须坚守的原则。**

注重顶层设计，政府因势利导

供给侧改革的有效推动离不开体制、机制的支撑和保障。文化产业体系的构建是一个长期性、系统性工程，人才培养体系、人才流通体系、文化金融体系、版权交易与评估体系、文化产品海外推广体系等多方面都需全盘考虑，协同规划与落实。政府的顶层设计尤为关键。通过破除体制性的障碍来促进文化资源要素的结构性调整，首先需要对现有政府文化管理体制进行改革。长期以来，文化管理职能割裂、政出多门，文化资源无法跨体制自由流动整合导致生产效率不高。尤其在"一带一路"战略的背景下，要形成文化建设合力，加快中华文化走出去，体制障碍必须克服。要通过深化文化体制改革加快简政放权，进一步激发文化市场活力，引导企业以质量和内容为基准，以更新和多元为目标，不断提供高质量文化产品的供给水平。政策制定需从大文化着眼，将文化产业与国民经济的各个产业发展协调共融，充分发挥文化在"五位一体"发展中的重要作用，注重文化生态建设，营造文化创新发展的良好氛围。对已出台的文化政策要狠抓落实，充分释放政策红利。加快构建完善的文化法律体系，逐步放开文化领域的准入，积极吸纳社会资本参与文化要素市场的建设。充分发挥"双创"政策的引导作用，完善创新创业体系，为创业企业和人才提供更加便捷的平台和优质的服务，激活微观主体的创新活力。充分借助互联网促进文化产业的升级，实现生产要素由粗放向集约转变，实现供给升级，从而引领潮流，创造新的需求。

健全市场体系，激发产业活力涌流

着眼供给侧改革，最终是要实现高效、高质的文化供给。企业作为文化市场的主体，需当仁不让地担当起文化产品供给的责任。国有文化企业理应做大做优做强，更好地服务国家文化发展的战略目标。目前国家已经出台相关意见明确建立健全严格的市场退出机制，对内容导向存在严重问题或经营不善、已不具备基本生产经营条件的国有文化企业予以关停。市场退出机制的建立和完善将倒逼国有文化企业自我改革，提高文化供给效率，承担起传承中华优秀传统文化、引领文化风尚的企业使命。民营文化企业作为文化产业发展的主力军，具有机制灵活的优势，在吸纳就业、创新技术等方面发挥着极其重要的作用。鼓励民营企业依法进入更多文化领域，引入非国有资本参与国有企业改革，更好激发非公有制经济活力和创造力，需要加快形成统一开放、竞争有序的文化市场体系，建立公平竞争的保障机制，打破地域分割和行业垄断，让各种所有制企业在市场当中优胜劣汰。**此外，伴随着我国持续对外开放的政策和"一带一路"发展战略的推进，中西方文化交流日益密切，需引导企业转变观念，更新思维。鼓励和支持企业大胆地走出去，向西方学习先进的管理经验，从而提升自身的生产和经营水平。同时积极引进国外的资本、技术、人才，促进我国文化企业供给水平的提升。**

微评

★ 其实现在随着中西方交流的日益频繁及推动中华文化走出去的进程日益加速，传统文化的对外传播迎来了绝佳的历史机遇，文化企业的走出去也同样被赋予了国际色彩。

双轮驱动，文化产业与公共文化服务融合发展

文化产业为公共文化服务提供内容、形式和传播手段，公共文化服务为文化产业发展提供市场、导向，营造文化氛围，培育消费习惯。随着公共文化服务社会化参与形式逐渐增多、范围不断扩大、主体日渐多元，文化产业与公共文化的深度融合将开启，也将更好地满足新形势下人们对于公共文化服务的全新需求。**无论是推动基本公共文化服务标准化、均等化发展，引导文化资源向城乡基层倾斜，还是创新公共文化服务方式，文化产业与公共文化发展的深度融合都将发挥重要的作用。在供给侧改革中，公共文化服务、文化产业应当形成合力，全面激活文化消费。**公共文化服务要做到保基本、有提升、不缩水，以"利民、惠民"为根本，通过多元化公共文化共建模式，提供高质量、对口味、适应现代传播方式的公共文化服务与产品，提升大众文化素养，为培养文化消费习惯创造良好的文化氛围，扩大文化消费需求。**同时，必须认识到文化消费需求水平的全面提升是对文化产业发展质量与数量各方面的倒逼。**"十三五"时期，文化产业的发展既要有数量，更要有质量，要走精品化路线，为广大人民群众提供优质的文化产品；要走高端化路线，在发展过程中打通产业链，占据文化产业链价值的高端环节，在供给层面为文化消费活力的释放创造更大可能性。因此，需要建立公共文化服务与文化产业深度融合的发展机制，打通社会力量参与公共文化服务的通路。在公共文化服务领域引入市场竞争机制，充分发挥市场在资源配置中的积极作用，采取政府采购、项目补贴、定向资助、贷款贴息、税收减免等政策措施鼓励各类文化企业参与公共文化服务。同时将文化产业发展与文化富民紧密结合，培育和激发群众的文化消费潜力，引导、鼓励、扶持全民开启文化创业新篇章，以文化发展促进个人发展。

微评

★ 公共文化服务的均等化不等同于平均化，应该针对不同地域、不同层次人群提供有针对性的文化服务内容，这样才是真正健康的均等化发展。

文化产业融合发展与文化产业人才培养

2016年两会期间，文化产业发展依然是热点。在"十三五"时期，文化产业"协同作战""融合发展"将成为发展的大趋势。文化产业人才培养将逐渐趋于规范化、多元化、特色化。老范在接受香港卫视的专访里，谈了一些对于文化产业融合发展以及文化产业人才培养问题的看法，供大家探讨。

主持人：2014年2月，国务院出台了《关于推进文化创意和设计服务与相关产业融合发展的若干意见》，文化产业的融合发展已成为必然趋势。您认为融合体现在哪些方面？

范周：在文化产业的自身发展当中，自2014年起国务院就出台了关于文化产业融合发展的文件（国发〔2014〕10号《关于推进文化创意和设计服务与相关产业融合发展的若干意见》），在这个文件中强调了**文化产业与农业、建筑制造业、机械制造业、旅游业、体育业等各个产业的融合发展**。以下简单梳理这样几个问题。

第一，文化产业的融合发展是国际上文化产业发展的基

微评

★ 如今，文化产业融合已经成为时代发展必然，而我们要思考的，是怎样做到深度融合、有效融合。

本趋势，欧美国家和日本、韩国的文化产业发展也与此趋势相一致。

第二，文化创意产业的核心竞争力应该体现在它对其他产业的贡献力上。比如我们谈到文化产业与体育产业的融合发展，特别是竞技体育的表演。还有大家最能体会到的旅游产业，旅游业的发展已经不仅仅局限在简单的游山玩水，而是大众希望在旅游中尝试互动旅游、体验旅游。这些内容都离不开文化创意与它们的融合发展。

第三，文化产业与信息消费的融合，当前信息消费的产值占文化产业消费产值的很大比重。未来，大约有80%的文化产业将会以数字文化产业的形式呈现。文化产业的融合发展，既是市场消费的需求，也是国际消费的趋势，更是中国文化产业发展当中必不可少的重要环节。

主持人：范院长，您认为我国目前文化产业领域的人才培养现状如何？

范周：在人才培养这一方面概括来说是我们的数量比较大，现在中国每年高考入学人数达600多万，在世界上十分罕见。而文化产业直接培养的相关人才每年也高达100万人左右，这些数量与文化产业目前所需要的人数基本相符合。问题是，从国民体系高校中走出来的大学生、研究生是不是毕业后就能适应文化产业领域人才的需求，目前看来还有一段距离。所以从这一点来说我们文化产业的人才培养需要解决以下几个问题。

第一，人才培养要有国际化视野。中国所有文化产业的行业都在与世界进行对话、交流。

第二，专业人才在文化产业的实践当中要与业界的特点

微评

★ 文化产业人才数量颇多，但是社会发展所需要的具有综合素质的高质量人才依然缺乏，而且受制于教育环境、教学条件等多方面因素，我国文化产业人才培养依然处于与国际层面的人才缺乏交流的困境。

结合在一起。现在可以坦率地说，业界的发展已经远远快于教育部门。

第三，我们在教育当中，特别是在文化产业人才的培养过程中一定要加大社会实践的比重。

第四，我们在文化产业人才培养上一定要逐步提高师资的能力。包括在业界建立实习基地、实践基地，这样才能把人才培养做到与业界相统一。

第五，现代社会的发展特别是互联网时代的到来，人的教育不能是一次性的。今后从业的方向可能会给你的学习带来新的要求，因此我们提倡继续教育或者说有针对性的专业教育。

我想，文化产业的发展说到底就是一种人才的竞争。

用文化涵育未来：对李克强总理答记者问的文化思考

　　历来的总理记者会，问题总是集中在经济和外交方面，而2016年的记者会却出现了一个"文物保护"问题。这个问题由中国国际广播电台记者提出，她说："我们注意到，两会前最后一次国务院常务会议有一个议题是部署加强文物保护工作。请问总理，中国这么大，要解决的问题这么多，政府的工作又这么忙，这个问题有这么紧迫吗？"李克强总理并未就事论事地回答关于文物保护的问题，而是将文物保护引申到文化发展的高度，阐述了文化对道德的滋润，进而推动经济发展的深刻道理。这样的回答，比起一般说明文物保护的重要性，更有高度，也更有启示意义。

　　"保护文物实际上也是在推动文化事业的发展，来滋润道德的力量，传承我们的优秀传统文化，来推动经济和社会协调发展。现在经济领域有不少大家诟病的问题，像坑蒙拐骗、假冒伪劣、诚信缺失，这些也可以从文化方面去找原因、开药方。**市场经济是法治经济，也应该是道德经济**。发展文化可以培育道德的力量，我们推动现代化，

微评

★ 道德经济是比法治经济更高层次的经济发展水平！

既要创造丰富的物质财富，也要通过文化向人民提供丰富的精神产品，用文明和道德的力量来赢得世界的尊重。"2016年3月16日上午，十二届全国人大四次会议闭幕后，国务院总理李克强在人民大会堂金色大厅会见中外记者并答记者问，这是自2013年以来，李克强总理召开的第四次记者会。谈及文物保护问题，总理用简短的话语道出了文化发展的终极使命，用文化涵育未来，需要我们的深入思考。

不仅仅是文物：文明传承需创意活化

2016年2月召开的国务院常务会议从重在保护、强化管理和执法、合理适度利用、加大政策支持、培养文博文物保护修复人才五个方面重点部署了文物保护与开发工作，对加强文物保护与合理利用等方面提出了明确要求。而总理此次强调"文物是一种文明，是文化的一种重要表现形态"，让我们看到了文物保护与开发所承载的更多使命与担当。

文物是不可再生的历史文化资源，是国家文明的"金色名片"，文物保护与开发工作本身就是文化建设的重要方面。在经济社会发展突飞猛进的今天，"金色名片"的合理保护和有效开发将是未来文物工作的重点之一。我国目前博物馆已达4165个，馆藏文物数量达3500余万件，数量巨大，但总体展出率偏低。国家文物局对央地共建中的9个博物馆馆藏文物展出率进行了统计后，发现其中最高的不足5%，最低的仅1.2%，平均不足2.8%。这些现象发人深思，解决这些窘境的途径之一就是文物资源的活化与创意开发。

微评

★ 我们常说互联网带来了颠覆性变革，诚然，互联网技术的日新月异为各行各业的发展注入了一抹亮丽的色彩，但是在文物保护开发与互联网技术的结合方面还没有释放其应有的活力。"互联网＋"，定会让中华文明光芒四射。

文物资源的活化与创意开发事实上是对中华文化的传播与传承。文物的开发与创意设计，其目标不在于获得多大数字的销售额，而是在于将文物背后所承载的文明、文化通过一个个单体的、活化的文物形态实现广泛的传播，进而传承文化根脉、凝聚民族精神。**国家文物局发布的2016年工作要点中提到要制定"互联网+"中华文明行动计划实施方案，**鼓励扶持文博单位和各类市场主体，开发更多弘扬优秀传统文化的产品和服务，满足群众多元化需求，促进文化消费，其初衷就是要通过有效的、创造性的活化，把以中国文物为代表的中华文化传播出去，走进千家万户，走到世界各地。

滋润道德：文化发展的终极使命

将文明建设定位到滋润道德是本次答记者问的最大亮点，道德事关经济建设、社会建设的方方面面。总理提出的经济发展过程中因市场经济缺陷而产生的各类市场问题，如诚信缺失等，都在很大程度上与文化建设、文化与道德的涵育密切相关。市场经济也是法治经济，这是我们不能否认且必须要坚持的，但道德经济则是在法治经济的基础上为经济建设、社会建设提出的另一个非常严峻且具有现实意义的重要命题，这其中的关键文化因素不能缺失，文化建设需要发挥重大作用。

马斯洛需求层次理论指出，人类需求像阶梯一样从低到高按层次分为生理需求、安全需求、社交需求、尊重需求和自我实现需求，随着经济发展水平的不断提升，经济发展所面临并且需要满足的也必将是层次越来越高的需求。在当前的经济活动中，我们还处于聚焦在产品功能不断完善的初级阶段，产品

微评

★ 随着经济发展水平的提高，人们的自我实现需求与精神文化需求的契合点会越来越多。

功能的不断完善满足的是人们生活、生产、生存与发展的物质需求，而这些物质需求的最高境界必将是人类精神文明的构建。真正的社会主义市场经济，其终极目标在于通过物质文明的建设来更好地提升全民族在精神层面、道德层面的力量，这在未来需要予以重点关注。在此过程中我们应当认识到，道德经济所承载的不仅仅是道德与伦理，更是整个民族的道德、价值标准与社会信仰体系——从社会共同遵守的文明准则，到每一个公民在经济活动之中、之外的所有行为和规则，都在此范围之内。

"如果一个社会的经济发展成果不能真正分流到大众手中，那么它在道义上将是不得人心的，而且是有风险的，因为它注定要威胁社会稳定。"这是《道德情操论》中的一段话。**"企业家的身上要流淌着道德的血液"**，这是前总理温家宝关于道德与经济关系的一句名言。道德经济是经济发展的最高境界。我们今天谈论"道德经济"，不能再停留在修身养性的说教层次，而要在市场经济的逻辑下和法治社会的框架下理解道德，当然，这有赖于制度的建设与不断完善。如果说市场经济是经济发展的基本形态，法治经济是经济发展的基本约束，那么道德经济则是经济发展的最高要求。而此次总理所谈到的道德经济，点破了我国文化建设的终极使命。

微评

★ 企业家的身上只有流淌着道德的血液，才会怀揣着热爱与情怀干事业！

赢得世界尊重：文化开放

据国家旅游局统计，2015年中国公民出境旅游人数达到1.2亿人次，旅游花费1045亿美元，同比分别增长12%和16.7%，可以毫不夸张地说"中国游客"在全球具有越来越大的消费能力和影响力。然而，国人海外旅行虽然为当地经济发展做出贡献，但被人嗤之以鼻的现象时有发生，其中也有国人自己的原因。以小见大，发人深省，赢得世界尊重，有赖于文化力量的不断深入。

前提：文明建设的基本要素

赢得世界尊重的前提是文明建设的基本要素不能缺失。**其中，最为首要的是整个民族的信仰。**不得不承认，我国信仰体系还没有真正建构起来。虽然已经有了社会主义核心价值体系的建设目标，但实现这个目标还有很长的路要走。十八大后，反腐工作暴露了种种问题，这背后所隐含的就是道德的滑坡和信念的丧失。警钟长鸣，有所信仰，方能行走得更为自信。

其次，完整的社会诚信体系、伦理价值体系也是文明建设的基本要素之一。我国经济社会活动中出现的药品造假、食品造假等问题，反映了这个时代整体道德水准的大面积坍塌，这几乎渗透到我们生活的所有方面。在这样的环境下，要想赢得世界的尊重，仅靠强大的经济力量、军事力量是远远不够的。

核心：以文化人，文化固本

总理答记者问中只有一个问题涉及文化，但总理简短的回答却触及了我国文化建设的核心。因此，我们在反思近年来的文化建设时，不能仅仅把注意力放在文化的产业化上。**通过市场，文化产业要给人民群众提供更多更好的精神食粮，但我们必须承认，文化发展的当务之急是要让其像春风雨露一样渗透到老百姓日常的、平凡的生活中，少一些假、大、空的口号，多一些实实在在的道德熏陶。**中国两千多年的封建社会能够在政权、朝代不断更迭

微评

★ 道德熏陶、文化浸润，是润物细无声的。我们可能无法触摸到文化，但是我们周边的环境、我们所处的社会，处处皆文化。

的背景下长期保持社会形态基本稳定，完全得益于文化制度的建设与不断完善。今天，资本主义社会的发展已经度过了列宁当时所预测的垂死挣扎的时代，通过改革与调适，资本主义社会已经发生了许多新的变化，显现出了新的发展活力，在这其中资本主义社会文明、文化建设所起到的长期固本作用不可否认。同样，我国"两个一百年"和中国梦的奋斗目标都要在文化固本和以文化人的系统工程上下功夫，这比GDP数字提升多少、GDP增速提高多少更加重要。

重点：顶层设计全面支持

文化建设的重要性不言而喻，但落实起来却困难重重。不得不承认"十三五"规划纲要里文化所占篇幅依然有限，给予文化发展支持的顶层设计依然乏力，这导致了文化发展位置的边缘化。我们理解国家的当务之急是经济建设，理解国家现在需要调整结构、补短板、去库存，但文化建设却可以"给点阳光就灿烂"——对文化发展的支持会产生显著的作用，因此各级政府要进一步加大对文化发展的支持力度。

近年来地方政府积极推动公共文化建设，并将文化产业的发展也逐渐提高到应有的位置，但从整体来看，文化对国家经济发展、社会发展的重要性还未得到充分重视。不重视文化发展，文化的涵育作用就无法有效发挥，国民整体素质就无法迅速提升，赢得世界尊重就更是一纸空谈。因此，我们不能认为经济发展水平提高，人类文明就能自然而然提高；也不能持有经济发展会提高道德水平，市场经济会拉动道德经济的观点，这完全是一种不切合实际的判断。

微评

★ 文化与道德都印证了温柔也是一种力量，如水滴石穿，在无声中让世界更美好。

　　改革开放三十余年，中国经济社会可谓天翻地覆，与经济总量世界排名第二相悖的是整体信仰、道德、文化滑坡的严峻态势，甚至可以说是到了最紧要的关头。这是现实，我们必须承认。**因此，必须通过发展文化来培育道德力量，发展道德经济。正如总理所说，我们要"用文明和道德的力量来赢得世界的尊重"。**

习近平总书记说："双奥之城"应当这么办

北京把2022年冬奥会作为普及推广奥林匹克运动，加快城市和区域发展的重大机遇。如果北京申办成功，那么北京将创造在同一个城市举办夏季和冬季两个奥运会的历史，并奉献一届令运动员引以为傲、让所有参与者终生难忘的冬奥盛会。北京申奥报告这样表述：北京2022年将把地域维度的长城文化、时间维度的春节文化及百年冬奥与奥运会元素整合，创造丰富的文化遗产，为奥林匹克大家庭提供独一无二的体验。

2016年3月17日公布的政府工作报告（最终版）和"十三五"规划纲要中，均提到冬奥会。一个说："做好北京冬奥会和冬残奥会筹办工作，倡导全民健身新时尚"，另一个说："做好北京2022年冬季奥运会筹办工作"。2022年春节期间，北京要办冬奥会，这是一件大事。

习近平总书记对冬奥会的各项筹备工作也十分重视，全国两会后，习近平总书记的首个公开活动，就是在中南海主持召开了一个会议，专题听取北京冬奥会、冬残奥会筹办工作情况汇报。正如他所言，在北京举办一场全球瞩目的冬奥盛会，必将极大振奋民族精神。这是一次极为重要的"文明交流互鉴"机遇，我们将共同见证中国和世界的冰雪奇缘。

场馆建设：节约"闹革命"

"场馆和基础设施建设是筹办工作的重中之重，周期长、任务重、要求高，要加快工作进度，充分考虑赛事需求和赛后利用，充分利用现有场馆设施，注重利用先进科技手段，注重实用、保护生态，坚持节约原则，不搞铺张奢华，不搞重复建设。"这是总书记对冬奥会场馆建设提出的明确要求。

我们知道，大型赛事体育设施的建设可以提升体育运动的档次，更可以带动地区体育设施水平的整体提升，而冬奥会的举办则更能够充分保障冬季体育运动设施的建设水平。总书记提出"节俭"建场馆，是对冬奥会场馆建设的更高要求，节俭办赛事不是要降低体育场馆的规格、标准，而是要通过合理的规划设计，使场馆生命不断延长，场馆效率最大化。

国际上这是一个通行的惯例，且在国外已经有了很多成功的实践案例，悉尼奥运会的场馆规划与建设就是典型。**笔者曾经参观过悉尼奥运会的场馆，这些场馆在赛事结束之后立刻进行再造，以满足日常文化活动、体育活动的实际需求，从而在很大程度上延长了场馆的寿命，极大地提升了场馆的使用效率，"节俭"二字已水到渠成，当然，这离不开有远见的科学规划。**与之相反，北京奥运会在这些方面有所欠缺，我们在看到 2008 年北京奥运会取得的辉煌成就时，也要看到应当汲取的教训，场馆建设与管理就是一个需要反思的重要方面。我们应当认识到，场馆建设固然重要，但场馆的日常运营与后续作用的发挥更需要予以关注。**"科学化、可持续化、重复利用化"是总书记对于场馆建设的重要指示精神，与场馆建设的"节俭化"不谋而合，这些新的发展理念，值得我们一起关注——场馆如何更好地服务百姓？如何做好公共体育服务和公共文化服务？**这都是非常实际的

微评

★ 体育赛事场馆的有效利用是场馆"活起来"的基础，将场馆升级再造，使之成为人们日常文化活动的中心，是场馆生命力的延伸。

问题，需要我们充分思考——不仅仅是冬奥会，其他大型赛事以及社会治理当中都需要对这一新问题予以全面考量。

冰雪激情：文化舞台已开演

2022年的冬季奥运会正值我国的春节期间，开幕式的时间2月4日也是我国二十四节气之立春，这是一个中国春节文化符号与举世瞩目的冬奥会冰雪文化符号碰撞、交织的时刻，这对推动我国海内外文化交流而言是一个绝佳的机遇。可想而知，不论是各种各样的春节文化活动，还是围绕冬奥会开展的文化体育活动都将在这段时间高密度地绚烂绽放。

在今天，世界的大型赛事都与文化有着密不可分的联系，不论是索契冬奥会，还是美国盐湖城冬奥会以及其他各种各样的大型赛事，这些赛事本身就是一场文化的盛会。**在此期间，文化或与体育赛事有机融合，或在赛事周边以及赛事筹备阶段展开。这样的文化交流活动最能够深入人心，最能够集中展示一个国家、一个地区的文化魅力。**因此，我们要专注北京冬奥会这个绝佳的契机，做好文化交流工作，做好文化建设工程。这是一个系统工程，不仅仅是体育部门一个部门的事情，也不单单是北京和河北的事情，更不是中国残联一家的事情，而应当是与文化相关的各个部门需要统筹规划、共同发力的大事。冬奥会在北京召开，冬奥会在中国召开，这给与文化建设相关的全部管理部门提供了一个无比巨大的舞台，这个舞台绝对不是比赛这短短几天，从冬奥会申办成功那一天起，这个舞台就已经开始运转了。

在这一过程中，我们要处理的事情太多太多。利用冬奥会做好文化和体育、体育与旅游、旅游与各种深入体验的有

微评

★ 体育赛事尤其是国际重大体育赛事，是展现一个国家文化风貌的窗口，如何通过体育赛事将国家文化精髓传递给世界，是我们需要思考的命题。

效融合，需要从顶层设计出发，只有这样，文化效应才有可能带来不言而喻的经济效益。

国际传播：讲好中国故事

总书记在会议中特别讲到国际传播问题，又一次强调了要讲好中国故事。北京冬奥会要讲好中国故事，就是在冬奥会举办期间，利用大型体育赛事，在赛事筹备前、比赛中以及赛事后让世界真切地了解中国、了解北京、了解河北。讲好中国故事，就是从身边的事情开始，从一点一滴开始。所谓故事要有情节，所谓讲好就是感人、动人、深入人心，实际上，这为文化走出去、为国际传播又提出了一个新的课题。

冰天雪地：文化消费搞起来

北京冬奥会筹备与准备，无疑将推动中国冬季体育运动产业的迅速发展，促进全民冬季健身运动风尚的形成。冬季运动产业发展既有滑雪、滑冰等大众喜闻乐见的项目，还有冰上旅游、冰上健身、冰上养生等有待进一步创新开发的项目。这些项目既具有推动冰上运动全民普及的作用，也有助于将体育文化健身活动与之有机结合，拓展中国"冰雪"发展的创意和设计空间。

此外，**冰雪产业也为文化消费提供了一个全新广阔、极具增长潜力的舞台。在这个舞台上，我们可以有计划地将长期以来北方地区的冬闲时间变成可开发的有效资源**，在这个"舞台"上，演艺产业、休闲养生、文化体育产业等都有很大的开发潜力，而目前，我国在这些方面仍旧存在很大的短

微评

★ 随着人们生活水平的不断提高，冰雪产业成为一个极具潜力的产业，成为体育产业的重要组成部分。

板。冬奥会是一个极佳的契机，但我们需要认识到，仅仅依靠体育运动项目的带动作用是极其微弱的，借助体育赛事，实现跨界融合发展，才是需要予以关注和研究的重要命题。

雪中漫步：国家形象新阵地

冬季奥运会对于提升我国的新形象极为重要，它的举办时间既是"两个一百年"建设目标的第一个一百年的结束期，也是第二个一百年目标的开始时期。2022年还是我国实现第十三个五年规划之后向第十四个五年规划迈进的第二年。在这个伟大的历史转折时期，中国的整体形象是对我国文化实力最好的展示。在这一过程中，我们会发现不足，需要弥补不足。通过大型体育赛事，我们和世界的关系会得到长足的发展，对体育赛事而言，完成竞技比赛是小事，展示国家形象、国人风采才是大事。冬奥会是机遇，我们可以从世界各国得到启迪、滋养，收获经验、教训。**中国要融入世界，经济上的块儿头大不够，军事上的肌肉强也不够，以一个具有文化灵魂的完美形象去向世人展示中国才是题中之意。**

正如李克强总理在答记者问当中所言，真正得到全世界的尊重，我国的经济要从市场经济、法治经济进而提升到道德经济，而我们的国人形象不是仅仅靠拿的金牌多、参加冬奥会的人数多就能达到目的。我们应该让世界人民看到一个热爱和平、勤奋劳动、聪明才智又不乏幽默和富有民族特色的中华民族，在与世界人民交往、交流过程当中展现出中国的独特魅力。一个国家的文化形象特别是整体的社会形象是我们真正融入世界大家庭的一个重要基石，冬奥会恰好为我们提供了这样的舞台。

精彩、非凡、卓越，北京冬奥盛会，你值得拥有。

微评

★ 冬奥会也是文化软实力的重要体现！

一次37年后重逢的会议，你因文化而美

2015年12月20日至21日，中央城市工作会议在京举行。这是时隔37年后，"城市工作"再次上升到中央层面进行专门研究部署，预示着我国城市工作将迎来重大变化。改革开放以来，我国经历了世界历史上规模最大、速度最快的城镇化进程，城市发展波澜壮阔，取得了举世瞩目的成就。如今，我国城市发展已经进入新的发展时期，正在经历从乡村社会向城市社会转型的关键期，同时也面临城镇化进程中的各种城市病。这些问题不断警示我们，城市建设必须认识、尊重、顺应城市发展规律，通过统筹空间、规模、产业三大结构来提高城市工作的全局性；通过统筹规划、建设、管理三大环节来提高城市工作的系统性；通过统筹改革、科技、文化三大动力，来提高城市发展的持续性；通过统筹生产、生活、生态三大布局来提高城市发展的宜居性；通过统筹政府、社会、市民三大主体来提高各方推动城市发展的积极性。

2015年12月20日，中央城市工作会议时隔37年再度召开。上一次"全国城市工作会议"还要追溯到37年前的1978年，那次会议后，中共中央下发了《关于加强城市建设工作的意见》，基本厘定了此后约30年内的城市建设和发展工作的基本思路，中国城市建设自此迎来了新一轮大发展。本次会议由"全国城市工作会议"升格为"中央城市工作会议"，从中央层面为城市建设搭建顶层设计，对城市规划、住房政策、人口规模等重大问题作了明确界定，为今后一段时期的城市工作指明了方向。此次会议更是将文化上升为提高城市发展持续性的动力的高度，突出强调了保护文化遗产、延续城市历史文脉在城市建设与发展以及打造具有城市精神的现代化城市中的重要作用。

文化从来都不是"旁观者"

城市化进程加快，我国城市发展步入新阶段

近代以来的中国城市化进程大致经历了三个阶段。三个阶段的城市化进程，也分别对应着从西方文化的进入到工业文化在中国的主导，再到现代文明的突出和对传统文化的反思的历程。由此我们发现，文化从来都是与城市的发展进程息息相关的。

从鸦片战争以后到 1949 年中华人民共和国成立，是真正具有现代意义的中国城市化进程的第一个阶段，在这期间，中国的城市发展呈现严重的不平衡状态。沿海开放城市开始进入工业化，而中西部地区几乎还是处于未启蒙状态。另外，由于西方入侵而快速进入的西方文化与中国封建本土文化形成冲撞，在同一个城市空间相互影响又并存发展着。此时城市的商业功能很不显著，工业化进程也十分缓慢。

中华人民共和国成立后，中国走出了动荡的环境，开始真正进入城市的发展过程。从 1949 年到改革开放以前是中国城市化进程的第二阶段。此时的城镇化率不足20%，过分强调城市的生产功能，城市的建设与工业生产的发展不可分割，无论大、中、小城市，办工业，办交通运输业是城市的最主要的任务。消费、商业、第三产业这些功能仅占城市次要功能的地位，这样的发展模式给今天的城市化发展留下了巨大的隐患。

改革开放以后，市场经济发展，中国城市化进入了第三个阶段。此时的城市化已与现代化相联系，消费功能趋强，一些大中型城市的金融、贸易、通讯、运输和第三产业服务业开始迅猛发展，其增长速度、发展规模甚至超过了工业产业。**最值得注意的一点就是，文化在城市建设过程中的地位和作用日渐凸显。无论是城市现代化的水到渠成，还是众多无奈现实的倒逼，历史文脉的传承与发展已经融入城市现阶段发展之中。**

微评

★ 城市作为人类生存居住的空间，幸福感尤为重要。而文化则是提升城市幸福感的重要因素，其地位和作用是其他因素所无法比拟的。

城市问题凸显，城市诗意栖居缺失

经过30多年粗放式的城市化发展，太多的城市病显现出来。人口过多，资源浪费，土地与空间管理失控，城镇土地资源粗放开发，生态环境进一步恶化，很多大中型城市规模与资源环境承载能力出现了严重的不协调问题。城市化本该是个遵循规律的自然发展过程，营造的空间应该自然、舒适。海德格尔说："人类，充满劳绩，仍诗意地栖居在大地上。"诗意栖居讲的是什么呢？它是一种由内而外的心绪滋润，是一种融合自然、充满文化气息的生活空间。现在除了基本的生活空间受到限制，文化在城市中的痕迹越发稀少，诗意栖居更是不可求。一味追求钢筋水泥式的粗放式发展，使城市越来越冷漠、灰暗，曾经想要快速丢掉的老房子、老街道、老建筑成了追忆不及的过去。呼唤文化，成为一种必然。

"文化即城市"

文化是城市发展的基因

冯骥才说："城市和人一样，也有完整的生命历史。从其诞生至今，与自然环境和人文环境相互融合。一代代人创造了它之后纷纷离去，却将此转化为一条条老街道、一座座名胜古迹，还有民间手艺、历史人物等，全都默默地记忆在它巨大的肌体里。""**城市文脉就是城市的一部文明史，是形成和积淀城市性格的文化基因。**"如果赋予城市以人格，那

★ 不同的城市有不同的文化特质和城市性格，而城市性格正是千百年来城市发展过程中的文化基因所决定的，有的热情，有的沉稳，这恰恰是城市最好的名片。

么文化就是城市的基因，它决定着每一个大大小小的城市有着特属于自己的性格和气质，这也构成了城市间最有竞争力的要素。伦敦不会有同东京一样的性格，北京也不会跟巴黎有一样的故事。文化作为一个城市悠久历史的积淀，会成为当下以及未来一座城市区别于其他城市的最大着力点。

文化是城市发展的续航动力

有学者说"文化即城市"，因为文化对城市发展所起的作用是内在而长远的。**城市最初的发展和资源积累可以靠简单直接的物质生产来拉动，而后续发展如果缺乏文化的支撑，那么只能成长为一个具有简单粗暴生长方式的城市。**在中国30多年城镇化过程中出现了太多这样具有暴发户气质的城市，它们有着其他国际城市不能比拟的金碧辉煌，却是以掏空资源、严重污染为代价。无论是东北老工业基地还是"汽车之城"底特律，在传统产业走向没落，环境千疮百孔、城市缺乏后续发展动力的情况下，文化以及文化产业成为这些"伤口"的抚慰。文化既古老厚重、延续绵长，又充满力量、时尚现代，它就像一个城市的造血泵，把被埋在钢筋水泥下的原始活力激发出来。

文化是构建一生之城的根基

"要增强城市宜居性，引导调控城市规模，优化城市空间布局，加强市政基础设施建设，保护历史文化遗产。"2016年12月14日召开的中央政治局会议提出建设"宜居城市"的着力点。2016年12月21日召开的中央城市工作会议指出，要统筹生产、生活、生态三大布局，提高城市发展的宜居性。"宜居性"是对城市适宜居住程度的评价，宜居城市应该是"一生之城"，它能够给人在成年前，提供受教育

微评

★ 随着社会的发展及人们生活水平的提高，人们的目标由生活转变为养生，"养生"的关键是"养心"，提升幸福感，文化是源泉。

机会；在成年后，提供给实现人生价值的场所；在老年之后，宜于养老。**高层次的宜居城市更多地表现在城市文化的滋养，从城市品质、风貌、内涵能够体会感受到的民风、公德、秩序等，是活生生令人热爱的宜居之城，是人们"诗意栖居"的家园。**

文化是城市品牌传播的核心

一个城市是否具有吸引力，是否具有竞争力，很重要的一点就是看它的文化资源、文化品位、文化事业和产业的发展水平，从某种程度来看，城市以文化论输赢。城市品牌是一个城市在推广自身形象的过程中，根据城市发展战略定位所传递给社会大众的核心概念，并得到社会的认可。人们认同一个城市品牌，是对一种文化和文化品位的认同。在城市品牌建设中，城市文化必然渗透其中，并发挥着不可替代的作用。文化起着凝聚和催化的作用，使品牌更有内涵，是提升品牌附加值、竞争力的动力源。**因此，城市品牌建设的作用在于人、城市、文化三者的互动，形成一个多变的体系，呈现出人造城市、城市造人、人造文化、文化造人、城市造文化、文化造城市这样一个互为作用、相互牵制、相互制约的机体。**在城市经营中，"要结合自己的历史传承、区域文化、时代要求，打造自己的城市精神，对外树立形象，对内凝聚人心"。

城市文化规划如何"把脉开方"？

以人民为中心

中央城市工作会议指出，城市工作是一个系统工程。做好城市工作，要顺应城市工作新形势、改革发展新要求、人民群众新期待，坚持以人民为中心的发展思想，坚持人民城市为人民。这是我们做好城市工作的出发点和落脚点。城市是人民的城市，是为民的城市，是人民生活的城市。城市的好与不好，宜居与否都只能通过人民的切身感受来说明。所以，城市的建设要切实将人民的生活需求、精神文化需求等基本需求放在最主要的位置上，是所有建设和规划最先考虑的因素。

尊重城市发展规律

第一，尊重城市发展的规律。中央城市工作会议指出，城市的发展是一个自然历史过程，有其自身规律。尊重城市发展规律就是诚实地对待城市所拥有的和将来可以拥有的，就是合理处理好人口、空间、资源、土地等要素之间的关系。**第二，尊重城市规划的规律。**中央城市工作会议强调，城市规划是一项系统工作，要树立系统思维，从构成城市诸多要素、结构、功能等方面入手，对事关城市发展的重大问题进行深入研究和周密部署，系统推进各方面工作。**第三，尊重城市文化发展的客观规律。城市文化的传承和延续有其特殊的规律性，这种文脉的延续体现在有形的物质和无形的精神当中。**它们的更迭要遵循自身的规律性，不能因为错误的发展理念造成文化命脉的断裂。对此，会议强调要保护弘扬中华优秀传统文化，延续城市历史文脉，保护好前人留下的文化遗产。要结合自己的历史传承、区域文化、时代要求，打造自己的城市精神，对外树立形象，对内凝聚人心。

加强顶层设计

中央城市工作会议指出，要统筹空间、规模、产业三大结构，提高城市工作全局性。经过37年的发展，中国的城镇化进程已经出现翻天覆地的变化。中国已经改变了长期的农村社会结构，迈向城市社会，这对城市管理、经济发展、社会治理、文化形态等都提出了新的要求。文化在城市规划中是不可绕开的要素，怎样解决文化与城市发展的融入问题，要从顶层设计层面有一个清晰的定位和把关，做好战略性的规划工作。

微评

★ 的确，任何事物的发展都有一个渐进的过程，不是一蹴而就的，城市文化发展亦是如此。城市发展的文脉延续体现了其文化演变的渐进过程，这个过程是城市宝贵的文化财富。

加强文化规划的系统性

会议还指出，要统筹规划、建设、管理三大环节，提高城市工作的系统性。城市规划作为一项系统工程，在建设过程中要树立系统思维，从构成城市诸多要素、结构、功能等方面入手，系统推进各方面工作。**从城市文化自身来看，它的构成包括城市精神文化、物质文化、建筑文化、自然文化、管理文化、制度文化、行为文化等，这些要素构成了城市文化自身系统**。同时，城市文化规划还是城市整体规划的重要组成部分，所以既要处理好城市文化系统本身要素之间的关系，更要扎实处理好文化与经济、文化与社会、文化与政治等其他要素之间的关系，不能顾此失彼。

微评

★ 常言道，有人的地方就有江湖。有人的地方也必定有文化，聚集的人类组成了社会，在社会的发展及形成过程中出现了不同的文化。

提升城市文化发展的积极性

文化规划要统筹政府、社会、市民三大主体，提高各方面进行文化发展建设的积极性。**政府是城市文化建设的决策者和掌舵者、市民是城市文化建设的参与者与受益者、社会是城市文化建设的补充者和建设者**。只有充分调动这三者的积极性，发挥各主体的作用，才能真正激发文化建设的活力。另外，城市公共文化建设是提升城市文化发展积极性的基础，它意在保障公民的基本文化权益，是公民提升文化素质的基础手段，也是刺激公民文化意识，挖掘公民消费能力的有效措施。它对于社会文化积极性的提升具有内在性和长远性的作用。

以特色为根基，拒绝盲目发展

城市与城市的竞争，正在从经济竞争走向以文化为核心的综合竞争。每个城市都有特别的文化脉络和发展方向，地

微评

★ 城市特色实在是
太重要了，没有特
色的城市是悲哀
的，因为它失去了
自己的灵魂，即使
拥有再华美的外衣
也不能掩盖城市的
荒芜。

理区位、资源禀赋造就的不同面貌和气质是彼此区分的根本。强调文化在城市发展中的作用，是建立在城市文化自信和文化自觉的基础上的。**在进行文化规划过程中，往往出现对城市文化的美而不自知的情况。抄袭取代了创新，千篇一律掩盖了特色。**所以，城市的文化规划切不可盲目，要对自身禀赋仔细调查，做到"胸有成竹"，真正做到城市的各有特色。

理智研判：
高层风向的文化解读

政策是文化建设的重要保障，为文化产业发展不断保驾护航。"十三五"的开局之年，政策红利不断释放，为文化产业发展提供了有力支撑，内容涵盖公共文化服务、文化体制改革、文化市场体系构建等多个方面，在政策指引的新形势下，文化产业的明天定会更加灿烂辉煌。

对习近平总书记互联网大会讲话的深度解读

互联网的出现与发展，在短短十几年间对世界的影响十分深远。互联网不仅涉及网络文化传播、经济创新发展、数字经济整合乃至互联网技术标准、互联网治理等前沿热点问题，而且直接关系到各国普通民众的福祉与国家的安全稳定、健康发展。"互联网+"元素已经融入到了政治生活、经济建设、生态文明、精神风貌以及日常生活、文化传承、交通旅游、医疗健康等领域的方方面面。

同样，互联网的快速发展，也给世界带来了困惑和灾难。互联网技术的日新月异，也让世界各国防不胜防。世界上哪一个国家都不能轻视互联网的影响力、推动力和破坏力，它需要全球、全人类一切爱好和平的国家和人们真正团结起来，充分利用互联网这个平台与邪恶、反人类、暴恐势力不断斗争，最终战胜一切恶势力，维护世界的和平与安定，维护世界的长治久安。

互联网让世界变成了"鸡犬之声相闻"的地球村，相隔万里的人们不再"老死不相往来"。以"互联互通、共享共治——构建网络空间命运共同体"为主题的第二届世界互联网大会于2015年12月16日在浙江乌镇开幕，中共中央总书记、中国国家主席习近平出席大会开幕式并发表讲话。在讲话中，习近平总书记提出了推进全球互联网治理体系变革要坚持的四点原则，以及共同构建网络空间命运共同体的五点主张。那么，在向世界传递出网络强国建设最强音的同时，此次讲话中渗透了习近平总书记怎样的前瞻性网络观呢？

加快网络硬件建设，突破信息鸿沟

1994 年的 4 月 20 日，中国通过一条 64K 的国际专线，全功能接入国际互联网，这成为中国互联网时代的起始点。今天，中国互联网发生了翻天覆地的变化。据《中国互联网 20 年发展报告（摘要）》统计，截至 2015 年 7 月，中国网民数量达 6.68 亿，网民规模全球第一，网站总数达 413.7 万余个，域名总数超过 2230 万个，CN 域名数量 1225 万个，在全球国家顶级域名中排名第二，中国已经成为举世瞩目的网络大国。**此外，中国互联网上市企业 328 家，市值 7.85 亿元，占中国股市总市值 25.6%，在移动互联网发展推动下，线上线下互动融合 O2O 成为大众创业、万众创新最活跃的领域。中国正处在互联网快速发展的历史进程之中。**

在关于构建网络空间命运共同体的几点主张中，习近平总书记把"加快全球网络基础设施建设，促进互联互通"放在首要位置，可见网络基础设施的建设是互联网向前发展的重要基础。目前，城乡信息鸿沟问题是影响中国未来互联网进一步发展的一大瓶颈。2014 年，习近平总书记在给首届世界互联网大会的贺词中说："中国正在积极推进网络建设，要让互联网发展成果惠及 13 亿中国人民。"为了实现这一目标，中国正在实施"宽带中国"战略，致力于打通网络基础设施"最后一公里"。国务院印发的《关于积极发挥新消费引领作用加快培育形成新供给新动力的指导意见》中提出，在强化基础设施网络支撑方面要加快新一代信息基础设施网络建设。

微评

★ 我国高度重视互联网发展，自从接入国际互联网以来，我们按照积极利用、科学发展、依法管理、确保安全的思路，加强信息基础设施建设，发展网络经济，推进信息惠民。同时，依法开展网络空间治理，网络空间日益清朗。

微评

★ 进入互联网时代，大家通过网络可以接收大量信息，但阅读形式的改变并不会影响文化思想的内涵，反而推动了内涵不断向前发展。高超的现代技术，加上我们传统文化的根基和滋养，一定能创造出更多优秀的作品。

打造网上文化交流平台，助力走出去

文化交流是世界文化进步的一个重要条件，也是推动文化全球化和多样性的内在要求。在互联网让世界变成了"鸡犬之声相闻"的地球村这样的一个时代背景下，我们更需要借助互联网的力量走出去与引进来，让中国走向世界，也让世界人民更深入地了解中国。

互联网对推动中国文化走向世界提供了强大动力。在"互联网+"模式下，文化活动是多方向的，无论电影、电视、音乐、动漫还是电子游戏，在引入外来产品的同时，将以灵活的内容和新颖的平台，同中国文化一起迈出国门。在新的网络环境下，中国应该生产更多让海外受众乐于接受的文化产品，而非单一的宣传品。因此，民营文化企业和文化人才宜将眼界放远。只有当民间的个体力量汇聚在一起，才能真正形成中华文化的强势崛起。

在互联网时代的大背景下，利用网络、手机等平台实现文化交流与新媒体融合也是重要趋势。期待在未来，我们可以利用当下流行的微博、微信、二维码等技术，抢占先机开发新型交流方式，扩大宣传阵地争取更多受众，以此提高对外文化交流的时代性和现代感。

互联网经济崛起，迈向网络强国

互联网经济作为信息网络化时代崭新的经济现象，是创新型经济的重要形态，为经济发展带来了颠覆性的变革。李克强总理在2015年初政府工作报告中首次提出"互联网+"行动计划，国务院陆续发布《关于积极推进"互联网+"行动的指导意见》《关于加快宽带提速降费的指导意见》《关于

促进云计算发展的意见》《关于促进大数据发展行动纲要》等，为"互联网+"促进经济社会融合发展做出重大战略部署和顶层设计。此次大会上，习近平总书记重申"推动网络经济创新发展，促进共同繁荣"。大力发展互联网经济，已经成为党和国家的重要战略部署。

当前，互联网已经全面渗透到经济社会发展的各个领域，成为经济发展和社会运行的基本要素，催生了大量新产业、新业态、新技术和新模式。据中国互联网络信息中心（CNNIC）发布，"十二五"期间，中国互联网取得显著发展成就，互联网经济在 GDP 中占比持续攀升，2014年达7%。"十二五"期间，中国网络零售交易额规模跃居全球第一。中国网络购物用户规模达到3.61亿，网购在网民中的渗透率达到55.7%，网络零售交易额规模达到27898亿元，同比增长2.6倍，超过美国成为全球最大的网络零售市场。阿里巴巴、腾讯、百度、京东4家上市公司进入全球互联网公司10强；华为、蚂蚁金服、小米等非上市公司进入全球前20强。互联网经济作为经济增长的新引擎、经济转型升级的新支点、企业发展的新动力、扩大消费需求的新渠道，正推动中国从网络大国向网络强国迈进。

重视网络文化安全，维护"绿水青山"

十八届三中全会做出完善国家安全体制和国家安全战略的决定，将文化安全纳入国家安全体系框架，文化安全问题上升到国家安全战略高度。这次大会，习近平总书记重提网络安全问题，提出**"安全和发展是一体之两翼、驱动之双轮。安全是发展的保障，发展是安全的目的"**。在全球化和网络化的趋势下，互联网成为我国与世界文化交流的主要渠

微评

★ 从电子阅读的逐渐普及到剧场、影院的网络低价售票，近年来网络已经成为居民文化消费的重要途径，尤其近年来移动互联网的广泛应用已经深入到人们文化娱乐生活的方方面面。

道之一，对国家主权、安全、发展利益提出了新的挑战。**而网络文化安全作为国家综合安全体系的重要组成部分，关系国家文化权益和公共安全。**

当前，我国网络文化安全问题日益突出，如何维护以意识形态为核心的政治文化安全，继承优秀传统文化的本民族文化安全，传播健康内容的大众娱乐文化安全，维护我国网络文化安全，迫在眉睫。**互联网时代，既要保障互联网经济的"金山银山"，也要维护互联网空间的"绿水青山"。**对此应当，**第一，**大力发展中华民族先进文化。文化安全建立在文化先进性的基础之上，加快文化资源数字化开发与利用，完善网络文化服务，把互联网建设成为传播中华民族先进文化的有效平台，推动网络文化成为经济高速增长的引擎。**第二，**推进网络文化法制化，加强网络空间法律和自律机制建设。一方面创造促进网络文化充分自由、健康合法发展的网络环境，保障广大网络文化消费者的根本利益；另一方面严格规范网络文化信息的传播，实现网络文化生态的良性循环。**第三，**在确保国家文化安全的前提下，兼收并蓄吸纳世界网络文化的优秀成果。继承创新中华优秀民族文化的精华，积极通过国内外网络平台推动跨文化的交流与融合，同时，采取措施保障本国文化安全，防止文化渗透和文化颠覆。

加强网络文化治理，维护文化生态

网络空间已经是人类新的生活空间，在这个空间里，没有人能够独善其身，也没有人能够置身事外。国际社会也越来越成为你中有我、我中有你的命运共同体。互联网的快速发展对国家主权、安全、发展利益提出了新的挑战，迫切需要国际社会认真应对、谋求共识、实现共赢。当今，在世界范围内，侵害个人隐私、侵犯知识产权、网络犯罪等恶性事件时有发生，网络监听、网络攻击、网络恐怖主义活动等成为全球公害。

网络空间不仅为人们提供海量信息，更由于信息量大且更新迅速而导致许多网络文化垃圾的产生。**习近平总书记在讲话中指出"网络空间不是'法外之地'。网络空间是虚拟的，但运用网络空间的主体是现实的"**。所以，每位网民都应该遵守法律，共同维护好网络文化生态。

依法治理网络空间，是实现网络文明的保障。通过推进网络空间法治化建设，减少网络谣言、网络暴力、网络色情等违法、不良网络文化。营造清朗的网络空间，**一要深入开展网上舆论斗争，**严密防范和抑制网上攻击渗透行为，组织力量对错误思想观点进行批驳。**二要弘扬主旋律，激发正能量，**大力培育和践行社会主义核心价值观。**三要抓紧制定立法规划，依法治理网络空间，维护公民合法权益。**无论是在网络经营者层面还是网民自律层面，应该严格遵守"七条底线"，承担社会责任，发展积极向上的网络文化。

微评

★ 没有网络安全就没有国家安全。当前，像"棱镜门"这样的事件为世界各国敲响了网络安全的警钟。面对严峻形势，各国都开始从国家战略高度来审视与解决网络安全问题。维护网络安全已经成为我国的一项国家战略。以国家意志加强网络空间治理的顶层设计已成为一项重要任务。

四大亮点解读《关于全国性文艺评奖制度改革的意见》

2015年10月8日，中共中央办公厅、国务院办公厅印发了《关于全国性文艺评奖制度改革的意见》（以下简称《意见》），要求各地区各部门结合实际贯彻执行，落实文艺工作座谈会精神，促进优秀文艺作品创作生产传播。无疑，《意见》的出台为我国文艺事业的发展繁荣燃起了一支兴旺的火把，为文艺评奖制度改革提供了支撑和依据，意味着在未来一段时间里，文艺评奖更加规范有序，更加公正科学。

亮点一：精品导向——压缩文艺评奖的奖项

在文艺作品层出不穷，文艺种类日趋多元的今天，各种文艺类奖项如雨后春笋般在全国范围内兴起，让人眼花缭乱。这一方面体现了各地对于发展社会主义文艺的一腔热忱，同时也隐含着奖项过多、过滥，重复交叉、众数量、轻质量的问题。在评奖名目上，拿影视界为例，既有电影领域的"华表奖""金鸡奖""百花奖""金爵奖""金牛奖"，也有电视方面的"飞天奖""金鹰奖""星光奖""白玉兰奖"

微评

★ 文艺评奖是文化工作的一个重要组成部分，毫无疑问应当列入文化建设的范畴，并理所当然受到高度重视。但文艺评奖犹如一把双刃剑，它对于激励人才、促进竞争、推动创作、繁荣文化，可以起到正面的、积极的作用，也可以产生负面的、消极的影响。

等；在奖项的设置上，一个颁奖典礼有几十个奖项已属常态，以第23届"星光奖"为例，就颁发了十二大类134个电视节目奖项；在奖项颁发上，"双黄蛋""三黄蛋"现象也备受质疑。

由此可见，当前很多文艺评奖活动的价值和初衷已在利益的驱使下发生了病变。《意见》指出，要对全国性文艺奖项和地方各类文艺评奖的数量予以控制和压缩，着力提高质量，并不是要否定那些含金量高、质量上乘的评奖活动，而是要通过取消那些无关紧要，特别是只为营造文艺虚度繁荣假象的评奖活动，来清理文艺发展过程中的泡沫。**文艺的浮躁不仅不利于文艺作品的创作和内涵的表达，更会容易导致在"为什么人"的问题上发生偏差，想要改善"有高原缺高峰"的现状，规范文艺奖项的数量仅仅只是第一步，必须通过明确奖项设立的宗旨，坚持以人民群众需求为导向，将文艺作品的高质量、高水准作为今后努力的方向。**

亮点二：权威导向——规范文艺评奖举办主体和数量

文艺评奖的质量与举办单位有着密不可分的联系。在过去很长一段时间当中，举办文艺评奖的门槛过低，无论企业、学校还是社团机构组织，只要有一定的财力，都可以冠以"全国性文艺评奖"的名号来进行各式各样的评奖活动，在这种情况下，举办单位的实际能力水平参差不齐，使得文艺评奖的质量出现了很大悬殊，甚至出现向获奖者收取数额不菲费用的乱象。**尤其是一些地方单位和企业单位，容易受经济效益至上的误导，在评奖标准的设置和评奖过程中缺乏对社会效益的严格把控，导致文艺评奖无处不在，无时不有，破坏了文艺评奖的权威性和应有的社会影响力。**

微评

★ 一直以来，国内关于文艺评奖的争议甚至诟病不绝于耳：各种奖项"满天飞"，评奖操作不透明，存在权力寻租和腐败滋生的空间，获奖作品数量虽多却质量不高，还有一些大制作的"政绩工程"，文艺作品为评奖而评奖、拿奖后即"封箱"造成资源的极大浪费……这其中，人们最直观感受到的一大问题，就是评奖"过多、过滥"。

★ 有的单位热衷设奖是意图借此敛财，有的则是想借机抬高自身地位，有的奖项泛滥是上有政策下有对策，有的则是因为内幕太多：赞助单位要照顾、领导打招呼的要照顾、名人要照顾、颁奖所在地要照顾……于是，大奖之下分设奖项数量众多，甚至接连出现"双黄蛋""三黄蛋"等。这样的照顾，结果是人人不满。

《意见》对全国性文艺评奖的举办主体作了严格限定。除强调中央宣传部、中央网信办、文化部、国家新闻出版广电总局、中国文学艺术界联合会、中国作家协会等，可举办常设全国性文艺评奖外，还严格规定社会组织、学校和研究机构、报刊、出版单位和网站未经允许不得举办全国性文艺评奖。通过严格的限定和规范，对滥竽充数和浑水摸鱼的举办主体当头一棒。既是对评奖队伍的精炼，同时也是防止评奖良莠不齐、评奖铜臭化和粗制滥造化的有效举措。

亮点三：科学导向——完善文艺作品评价标准

"无规矩不成方圆"，由于文艺评奖的评委欣赏焦点和考核标准不同，在评价中难免带有很强的主观性，正因如此，才需要《意见》的出台对文艺作品评价的大方向做出明确的把握和规定。习近平总书记曾在文艺工作座谈会上的讲话中强调，"一部好的作品，应该是把社会效益放在首位，同时也应该是社会效益和经济效益相统一的作品"。**只有严格规范全国性文艺评奖的标准与要求，才能够挖掘出真正优秀的文艺作品，最大限度地保障文艺评奖的社会公信力和影响力。**

《意见》明确规定，要按照思想精深、艺术精湛、制作精良的标准评价作品，建立能够反映文艺作品综合质量的评价体系。特别强调严禁有劣迹的从业人员及其作品参评，既明确了文艺作品要坚持质量至上，为人民服务，让人民满意的宗旨，同时也净化了文艺评奖的整体环境。在全国性文艺评奖的高标准和严要求之下，评审方就有了衡量文艺作品优劣的标尺和界线，从而减少乃至杜绝偏离社会主义核心价值观、滥俗、粗糙的文艺作品在评奖中"走后门""潜规则"等事件的发生，吹走文艺界的歪风邪气，迎来清朗正气之

微评

★ 这些年，评奖中的猫腻不时被揭露，有实名举报，有舆论披露，还有一看就漏洞百出的，但似乎仍难以遏制。这是因为评奖过程中缺少严谨的评审机制、科学合理的评价标准、严格有力的监督检查。

风，从而让全国性文艺评奖起到应有的表率和带头作用。

亮点四：公正导向——强调社会和舆论监督

《意见》还强调，要加强社会监督和舆论监督，充分听取社会各方面意见，评奖规则和评奖结果要向社会公示；定期对全国性文艺评奖开展情况进行督导检查。随着网络信息技术的高度发达，人们获取信息的渠道日益丰富便捷。因此，文艺评奖早已不再是一家之言，而是在无数普通民众"雪亮的眼睛"下进行的。**近年来，包括茅盾文学奖在内的多个知名评奖项目都在网络上公开了评审规则和投票情况，让社会大众对整个评奖环节有所监督。也只有评奖过程做到公正透明，才能使最终的结果真正众望所归。**

《意见》的出台，切实地将社会群众对评奖的作用放在重要位置，既要坚持不断改进评奖办法，建立、健全完善的评奖机制，更要以公开、公正、公平的评奖过程来营造一个健康、透明的文艺发展环境。在进行文艺批评的时候，要具备"横眉冷对千夫指"的勇气，充分发挥文艺批评的良性引导和舆论监督作用。

总而言之，对于全国性文艺评奖制度的改革必须引起各界的高度重视，将改革的措施予以坚定不移的贯彻落实。要将社会主义文艺的正确方向和首要宗旨摆在首位，坚持文化发展为了人民、依靠人民、发展成果由人民共享的理念，深刻认识全国性文艺评奖制度改革的重要意义，切实增强责任感和紧迫感，坚定不移地把这项改革推向深入。

微评

★ 一些监督检查往往是近亲监督，就算有人举报了，本单位、本地区、本团体，派个同事、上下级、老熟人来，当然不可能铁面无私。现在还时兴请公证处出面，但很多评奖即使公证了，也出了问题，或者数量照样泛滥，可见公证未必公正。

微信扫一扫

中央如何补助地方公共文化服务体系建设?

微评

★ 党的十六大以来，我国公共文化服务体系建设有了长足发展，一个覆盖城乡、结构合理、网络健全、运营有效、惠及全民的公共文化服务体系框架基本建成。但是，与当前经济社会发展水平和人民群众日益增长的精神文化需求相比，公共文化服务体系建设水平仍然有待提高，公共文化服务体制机制落后、资金投入不足、公共文化硬件设施不健全、公共文化产品和活动不够丰富等问题普遍存在，制约了公共文化服务体系的发展。

随着公共文化服务体系构建进程的加速，保障群众的基本文化权益，促进基本公共文化服务标准化、均等化成为构建公共文化服务体系亟待解决的问题。2015 年 12 月，财政部印发了《中央补助地方公共文化服务体系建设专项资金管理暂行办法》（以下简称《办法》），就地方公共文化服务体系专项资金的支出范围、分配方法、申报与审批、管理与使用、资金监管与绩效评价等方面进行了相应规定。这对于我国公共文化服务体系的构建具有重要意义，值得我们共同关注。

先来看看本次《办法》都有哪些亮点?

支出范围更广泛

近年来，公共文化服务体系的建设基本满足了人民群众读书、看报等基本文化需求，但仍存在着区域发展不协调、城乡发展不均衡的问题。《办法》将公共文化服务体系资金重点向革命老区、民族地区、边疆地区、贫困地区倾斜，将专项资金的支出范围扩大到基层各个组织，注重提供基本公共文化服务项目，改善基层公共文化体育设施条件，加强基层公共文化服务人才队伍建设。具体支持范围包括提供基本公共文化服务项目、公共文化体育设施维修和设备购置、基层公共文化服务人才队伍建设以及基本公共文化服务其他项目。**地方公共文化服务体系专项资金支出范围的扩大提高了公共文化服务设施及项目的覆盖面积，真正做到文化惠民、文化育民、文化利民。**

分配办法更明确

在公共文化服务体系建设过程中，资金分配使用缺乏科学合理的分配标准，进而导致资金缺位、资金分配不合理等问题频频显现，如何权衡资金分配比例成为棘手的难题。《办法》将专项资金分为补助资金和奖励资金，并将补助资金分为一般项目补助资金和重点项目补助资金。一般项目补助资金实行因素分配法，按照基本因素和业务因素（权重各占50%）计算分配金额，再根据中央对地方均衡性转移支付办法规定的各省（区、市）财政困难程度系数对分配金额调整确定补助数额。实行因素分配方法，将专项资金分配涉及的人口、国土面积、行政村落、公共文化设施面积进行量化考核，对于合理分配专项资金而言具有重要的指导意义。

管理考核更高效

长期以来，专项资金投入使用过程中的审批程序复杂、资金闲置浪费现象尤为突出。针对此问题《办法》提出，专项资金管理和使用坚持中央引导、地方统筹、突出重点、注重绩效、专款专用的原则。围绕这个原则，通过建立群众文化需求反馈机制，切实提高专项资金使用效益，避免资金闲置和浪费。此外，将专项资金纳入绩效考核标准，建立、健

微评

★ 城乡文化事业发展水平随着经济发展差异的加大而差距加大，城市和乡村在公共文化产品和服务方面的提供也存在着明显的差别，尤其在乡村，公共文化服务机构数量少、资源少、质量不高，导致文化事业进展不顺利，尽管我国已经加大了对农村公共文化服务的建设力度，并且也取得了一些成就，但还是存在着一些问题。

全专项资金监管和绩效评价机制并对基本公共文化服务绩效评价结果优良的地方予以奖励，保障了地方公共文化体系专项资金使用的透明、便捷、高效。

再来看看文化领域还有啥专项资金？

文化领域专项资金对于提高文化发展速度、提升文化发展质量而言具有重要作用，是文化发展的助推器。自国家大力发展文化产业以来，中央和地方设立了一系列扶持培育文化发展的专项资金。

国家专项资金引领发展

2006年国务院办公厅转发了《财政部等部门关于推动我国动漫产业发展的若干意见》，并由中央财政设立了扶持动漫产业发展专项资金，助力动漫产业的发展。2008年7月25日，《中央补助地方文化体育与传媒事业发展专项资金管理暂行办法》出台，坚持引导示范、择优扶持、适当倾斜的原则，对文化体育和传媒业的基础设施建设提供财政支持。2015年8月31日，财政部和国家新闻出版广电总局联合印发了《国家电影事业发展专项资金征收使用管理办法》，通过征收电影专项资金并设立管理委员会来负责专项资金的征缴和使用，从财政方面为电影产业的发展提供了保障。2015年，围绕国家文化改革发展战略和规划，加快推动文化产业成为国民经济支柱性产业，财政部印发了《关于申报2015年度文化产业发展专项资金的通知》和《文化产业发展专项资金管理暂行办法》，从优化资金投向、创新管理模式、全面引入第三方机制等方面进行发展思路新探索。

微评

★ 对于文化领域来说，破解发展难题，厚植发展优势，必须牢固树立新发展理念，并体现到文化改革发展各方面，以新理念带动实践新飞跃，赢得发展新优势。

地方专项资金稳步跟进

早在2006年，为了推动文化创意产业蓬勃发展，北京市财政局就印发了《北京市文化创意产业发展专项资金管理办法（试行）》，对北京市创意产业发展专项资金的申请、审批、管理等方面作出规定，为早期北京文化创意产业的起步发展提供了资金保障。2013年12月27日，为大力推动北京市舞台艺术创作的发展，加强和规范专项扶持资金的管理，北京市财政局和文化局联合发布了《北京市舞台艺术创作生产奖励扶持专项资金管理办法》，对剧目创作、剧目演出及重要赛事进行奖励，鼓励舞台艺术类文化精品的创新。此外，上海在文化领域的专项资金探索过程中也取得了较好成效。为进一步规范、促进上海市创意设计产业发展，2012年11月12日，上海市财政局、上海市文化创意产业推进领导小组办公室联合下发《上海市促进创意设计产业发展财政专项资金实施办法》，该办法对资助对象、使用标准、支持方式等方面作出规定，有利于发挥财政资金的引导带动作用，改善创意设计产业发展环境，加快推进上海市创意设计产业发展和"设计之都"建设。

最后来看看国外都有啥高招儿？

各国政府对文化事业经费的投入方式与国家治理模式密不可分，在文化部制和艺术理事会制两种不同治理模式中，文化事业经费的投入方式各有特点。

法国：政府主导型资助模式

法国是著名的文化大国。历届政府都非常重视文化事业的发展，认为政府应该把文化权利作为一项福利提供给公民，使人人都能平等参与并享受文化。为此，法国政府制定了一系列保护和发扬民族文化的政策。法国文化和通讯部作为法国中央政府文化主管行政机构，对全国的文化艺术事业进行直接管理，其主要职责包括编制年度文化预算报议会审批、管理和使用文化经费等。法国政府的文化资助模式主要有以下几个特点：首先，政府对文化发展高度重视并提供资金保障。政府对一些国家文化机构、团体以及与国家有合作关系的文化团体，每年给予固定补贴，金额逐年增长。并且法国政府对文化的资金投入比例很高，这在西方国家是不多见的；其次，政府对文化的投入不通过社会中介组织，而是采取直接拨款的方式。**资助的主要文化机构包括国家重点文化基础设施、重点文艺院团和一些艺术院校等，同时也对一些重要文化活动直接提供资助；最后，政府对文化的投资主要依靠合同进行管理。政府的具体文化发展目标通过财政投入的方式来明确。**

美国：社会主导型资助模式

美国是典型的社会主导型国家。自由竞争的价值观是美国国家治理的基本出发点。这种价值观认为国家对社会的干预有限，因而美国对文化事业实行间接管理，提供公共文化服务的职能主要由地方政府承担，在行政体制上没有设立全国文化事业的行政部门。**目前，有三个经议会立法设立的政府机构，分别是美国国家艺术基金会、国家人文基金会、国家博物馆图书馆学会，它们代表政府行使部分职能，即计划协调和财政资助职能。**美国对文化艺术事业的资助主要通过法律、法规和政府杠杆来鼓励中央和地方对文化进行投资。美国政府的文化资助模式主要有三个特点：首先，区政府不直接对文化机构拨款，而是通过国家艺术基金会、国家人文基金会和国家博物馆图书馆学会等社会中介机构对文化实施赞助；其次，政府拨款对象为非营利性文化艺术团体，即那些不通过市场运作方式经营的非营利性文化艺术团体；最后，政府采用资金匹配的

微评

★ 即使在法国经济发展较为缓慢的时期，政府对文化领域的投入也没有减少。法国政府没有把文化视为简单的消费和娱乐领域，而把它作为促进经济发展的有效途径。文化投资的绝对数额在逐年增加，在国家经费预算中所占比例也在逐年提高，并已稳定在1%左右。

方式实行有限拨款。一般要求对任何项目的资助总额不超过所需经费的50%，另一半则必须由申请者从非政府机构筹集。

英国：政府与民间分权化资助模式

英国政府的文化资助，主要通过政府委托非政府公共文化机构（或称准政府机构）来进行。**政府文化行政主管部门对非政府公共文化机构不存在行政领导关系。非政府公共文化机构奉行与政府保持"一臂间隔"的原则，独立运行。**政府对文化事业的资助重点包括严肃艺术、国家级的重点文艺团体和事业单位以及高质量的艺术节目三个方面。英国政府的文化资助模式主要有以下几个特点：首先，政府通过中介，即非政府公共文化机构实现对文化事业的财政支持。其次，非政府公共文化机构建立起全国文化事业管理的网络体系。各类非政府公共文化机构通过具体分配拨款的形式，负责资助和联系全国各个文化领域的文化艺术团体、机构和个人，形成全社会文化事业管理的网络体系。最后，政府对文化事业的财政资助是有条件的，这是为了鼓励其自创收入、争取社会赞助。

政府重点资助的文化单位主要包括三类：**第一类是为全社会提供公共产品和服务的非营利性公益性单位；第二类是与国家文化和信息安全相关的文化行业；第三类是代表国家水准和具有民族特色的文艺院团。**对于第一类，国家应该保证经费投入，并逐渐加大投资比例。对于后两类，国家也应该在资金上积极支持，但要将资金投入方式由事业性拨款、全额拨款逐步向项目投资、差额拨款的方式转变。**同时，对于经营性文化单位，则要逐步推向市场，大力发展文化产业。文化产业应当成为国民经济的支柱产业，**一方面创造社会财

微评

★ 在任何国家，政府必须承担发展公益文化的责任，政府的资助必不可少，但资助方式却各有不同。有的资助方式产生高的效率，有的资助方式没有效率。现在普遍认同，政府直接拨款资助的方式是低效的。借鉴国外经验，大力发展专业性的公共文化非营利机构应该是一个不错的选择。

富，另一方面为政府积累文化发展基金。国外政府文化资助的经验对目前我国正在积极推进的公共文化服务体系的构建也有着很大的借鉴意义。最基本的一条是，必须划清公益性文化单位、准公益性文化单位和经营性文化单位的界限，对不同类型的文化单位采取不同的资助方式，提高资金的效用，把有限的资金用在最需要的地方。

政府工作报告释放了哪些文化信号？

2016年3月5日，李克强总理的政府工作报告牵动着国人的心，2小时的报告一展2015年的成绩和2016年的目标，还提纲挈领地勾画了"十三五"的主要任务。总理的报告话音刚落便迅速成为新闻热点，文化产业界人士也敏锐地注意到总理的报告中有一处明确提到"推动文化产业创新发展"。虽然只有这短短的一句话，但从2万字的报告中，看大势、明方向，却能找到2016年文化产业发展的新机遇。

2016年政府工作报告于3月5日上午出炉，作为"十三五"开局之年的2016年，文化发展有哪些重点？作为"五位一体"总体布局之一的文化建设，政府将做出哪些顶层设计？让我们从产业与事业融合发展、文化遗产保护利用、媒体融合发展、网络文化建设、对外文化传播等九个方面看看政府工作报告中的文化事儿。

产业事业融合发展

2002年，党的十六大对文化事业和文化产业做出了明确划分，这对我国文化发展而言具有里程碑意义。2016年政府工作报告中，强调了文化产业与文化事业的融合发展，将文化产业与文化事业的发展提升到国家战略的高度。**文化事业和文化产业是支撑我国文化建设的两翼。发展文化事业是我国公民的基本文化权利得以保障的基础，而文化产业的发展则是国民经济发展及文化建设中极其重要的一部分。**文化事业的发展能够为文化产业发展提供市场、导向，营造文化氛围，培育文化消费习惯；文化产业能够为文化事业的发展提供内容、形式和传播手段。文化产业和文化事业的融合发展，与人们日益增长的文化需求密切相关。**公益性文化事业的发展使人们的基本文化权利得以实现，同时人们的文化需求也随着经济的发展而日益增长，对文化发展提出了丰富文化消费内容形式等更高的要求，文化产业成为扩大文化消费的重要着力点。**文化产业和文化事业的融合发展，既是国家文化建设的需要，也是人民群众自身的需求。

微评

★ 公共文化是我国公民文化权的最基本的保障，文化产业是公共文化发展的强劲支撑和推动力，两者之间互相支撑，特别是在公共文化内容的提升上文化产业更是可以大有作为，公共文化的社会化，也需要文化产业有更多的更现代化和人性化的服务、表现。

文化遗产保护利用

文化遗产是人类在漫长的发展过程中所遗存的重要财富，具有重要的历史价值、文化价值和科学价值。文化遗产保护的重要性不言而喻，无论是物质文化遗产还是非物质文化遗产，都需要合理的保护和利用。但是在保护和利用文化遗产的过程中仍存在不少误区，文化遗产的过度开发现象严重，更有甚者竭泽而渔，把文化遗产当作招徕游客的摇钱树，过度的开发使文化遗产失去了其应有的文化韵味，沦落为圈钱的"文化幌子"。文化遗产的保护利用没有可供复制的文化产业发展模式，也并非所有的文化遗产都适合文化产业的规模化发展道路，不能为了利用而大肆开发、不计后果。2016年的两会上再次强调了文化遗产保护利用，并且明确提出要"实施中华古籍保护计划"，其重要性可见一斑。文化遗产的保护利用要通过现代科技创新保护利用思路，更要守住其文化生命力，这是现代技术无法复制的文化传承。**此外，文化遗产的保护是多样的、立体的，在此过程中不能忽略了对"人"素质的提升：要提升保护开发者的可持续发展眼光，提高非物质文化遗产传承者的审美能力、文化素养，提高全民文化遗产保护意识。**

传统媒体与新兴媒体融合发展

政府工作报告提出，促进传统媒体与新兴媒体融合发展。互联网新技术新应用的层出不穷，影响和改变了传统的信息传播方式。从2013年召开的全国宣传思想工作会议，到党的十八届三中全会，中央多次明确要求加快传统媒体与新兴媒体的一体化进程。尤其是2014年《关于推动传统媒体和新兴媒体融合发展的指导意见》出台，更是使媒体融合上升为我国的国家战略。自此，关于媒体融合的交流探讨、思想碰撞和实践探索，在全国的新闻传播业界和学界广泛展开，媒介融合成为互联网时代的不可阻挡之势。截至2015年12月，我国手机网民的规模达到6.20亿，网民中使用手机上网的人群占比由2014年的85.8%上升到90.1%。由此可见，**互联网时代不仅要求传统媒体要积极与网络融合，更要求那些原本在新媒体领域中已经占有一席之地的媒体要向移动端过渡。深度实施媒体融合，就必须深刻把握传播规律。**在新旧媒体融合的问题上，传统媒体若只局限于如何提供新闻产品、服务单向受众以及内部业务的融合创新，将最终在互联网时代走向没落。

培育健康网络文化

回顾过去五年政府工作报告中对文化领域的工作部署，

微评

★ 习近平总书记在不同场合反复强调，要让收藏在博物馆里的文物、陈列在广阔大地上的遗产、书写在古籍里的文字都"活"起来。

"培育健康的网络文化"第一次出现在工作报告中，网络空间的管理和健康网络文化的培育成为2016年我国文化工作的重点。有关网络空间的建设同样出现在我国《国民经济和社会发展第十三个五年规划纲要（草案）》中：**要拓展网络经济空间，牢牢把握信息技术变革趋势，实施网络强国战略，推动信息技术与经济社会发展融合升级，科学实施网络空间治理。**近年来，我国网络文化消费的规模不断扩大，网络文艺IP开发如火如荼，网络文学、网络视频、网络音乐、网络游戏等已经成为中国网民闲暇生活的主要娱乐活动。无论是以《琅琊榜》《芈月传》为代表的台网联动的优质电视剧，还是以《太子妃升职记》等为代表的网络自制剧，点击量和播放量动辄几亿、几十亿。网络空间给予了各类文化极大的包容和生长空间，繁荣的同时也伴随着各种打擦边球甚至突破底线的现象。**网络文化消费若想长久地作为人民优质的文化消费形式，必须将其纳入文化监管范围内，加强顶层设计，制定网络文化管理标准，营造清朗的网络空间。**

对外文化传播力

政府工作报告中提出，我们要深化中外人文交流，加强国际传播能力建设。文化的传播能力是衡量一个国家文化软实力的重要因素，对于塑造良好的国家形象，营造中国和平发展的国际舆论环境，拓展中华文化的国家影响以及保证国家文化安全都有着重要的作用和影响。中国文化的影响力和传播力在与欧美以及日本等强势文化国家的竞争中，一直处于弱势地位，与中国久远深厚的文化积淀和文化大国地位极其不符合。"酒香不怕巷子深"的传统观念已经不能适应如今的文化竞争格局。要准确传播我们的文化，首先要客观反映

微评

★ 数据显示，我国的7亿网民中，80%是青少年；青少年中，80%的信息源于网络。互联网已经成为人们生产生活的必需，互联网对青少年的影响更是不言而喻的，培育健康的网络文化，打造清朗健康的网络空间势在必行。

我们的现实生活。任何话语都不是天生就具有普遍的世界影响力，表达中国文化的话语方式，必须反映中国特色社会主义的伟大实践。其次，还必须立足人民生活和历史传统，提炼出能够打动"他者"心扉的生活话语。让大家回到作为文化基础的生活世界本身，回到最基础、最具有共性的话语领域。**最后，要学会通过生活和日常的叙事讲好中国故事。让中国文化和中国人的梦想，通过鲜活的生活叙事和行动故事展现其理念的光辉和理想的力量，从而打动世界人民的心扉。**

公共文化服务均等化

公共文化服务是实现文化领域"以人为本"的关键途径，因此公共文化服务资源要为全体社会成员共同拥有，让每位公民都能公平享受到均等的服务。回顾过去几年的政府工作报告，几乎每一次都会将实现公共文化服务均等化作为来年文化工作的重点，2016年同样提出要引导公共文化资源向城乡基层倾斜。我国东中西部地区资源禀赋不同，城乡二元结构导致资源分布极不均衡，各个阶层享受到的文化服务也不尽相同，各种现实问题导致了文化资源不能合理地分配。城乡基层以及弱势群体处于公共文化服务的边缘。相较于文化娱乐生活丰富的城市来说，公共文化服务对基层群众更有现实意义。面子工程、经费短缺、机制不顺、更新滞后等问题一直阻碍着公共文化服务在基层的完善。在推动公共文化服务均等化的过程中，要明确目标及方向，制定国家基本公共文化服务均等化路线表；建立均等化公共财政保障机制，引导公共文化多中心供给；建立城乡区域公共文化联动机制，促进公共文化资源合理配置；加大对中西部地区、贫困地区、民族地区、边疆地区的转移支付力度，统筹布局城镇化建设中

微评

★ 全球化背景下，提升中国文化传播力需要树立文化自信，倡导文化和谐；需要阐释好中国梦，展现中国精神；需要传播中国价值，培养价值认同；需要创新话语体系，增强文化影响力；需要打造文化品牌，提升国家形象。

的文化设施，形成城乡文化一体发展的格局。

文化创新发展

政府工作报告提出，推动文化产业创新发展。文化创新是国家创新体系建设的重要部分，是国家创新这个有机整体的重要组成部分。文化创新是时代创新的重要内容，是人类创造力的集中体现。**文化创新发展要处理好三个关系：第一，处理好推陈和出新的关系，是文化创新发展的本质要求。**推陈，并不是把所有传统的东西丢掉，并不是以"推陈"之名行"打倒一切"之实；创新，也不是随心所欲地搞花样翻新和标新立异，更不是打着"创新"的招牌粉饰文化和糟蹋文化。**第二，处理好继承和发展的关系，是文化创新发展的必然要求。**对于文化创新发展来说，割裂继承和发展的关系是失败的。推进文化发展，基础在继承，关键在创新。继承和创新，是一个民族文化生生不息的两个重要轮子。**第三，处理好借鉴和吸收的关系，是文化创新发展的内在要求。**强调借鉴和吸收，既要反对"食洋不化"，又要反对"食古不化"。那种把借鉴和吸收刻板化、庸俗化的行为不仅严重阻碍事业发展，也被历史证明是不可能有收获的。

文化+体育=全民健身新时尚

政府工作报告提出，做好北京冬奥会和冬残奥会筹办工作，形成全民健身新时尚。发展体育事业，要重视体育文化的建设，要有高度的体育文化的自觉、自信和自强。体育强国战略目标的实现，不仅要有雄厚的群众体育基础、杰出的竞技体育成绩、发达的体育产业，还要有强大的体育文化软实力。体育不仅仅是一种身体运动，还是一种生活方式、一种教育手段、一种精神载体，是培养健康体魄、塑造健全人格、促进人的全面发展的有效途径。习近平总书记对体育工作多次发表重要讲话指出，体育是社会发展和人类进步的重要标志，是综合国力和社会文明程度的重要体现。促进文化与体育的融合，可以为体育事业、体育产业的发展带来新的发展思路。将体育融入人民群众的生活，成为公共文化服务的必要组成部分，由此激发全社会的健身新时尚。以2022年北京冬奥会为主的官方体育赛事和民间体育的普及，都在推动体育向着全民化、商业化、专业化和品牌化前进。

文化发展新型智库

微评

政府工作报告提出，建设中国特色新型智库。文化智库是中国现代智库体系的重要部分，是研究国家文化战略、服务文化决策、创新文化理论、引领文化思潮的重要主体，更是提升国家文化软实力、建设社会主义文化强国不可或缺的重要力量。根据中国政治体制、文化发展需求与互联网时代契机，未来新型文化智库应该具备以下三大理想特征：**第一，协同官产研。**当前的文化智库，官产学三者大体是割裂的。三者各有优劣势，官方优在通道和资金、高校优在理论和人才、民间优在自由和接地气。因此，三者应以项目为载体，以信息、资源和人才流动为手段，实现三者协同发展，打造具有中国特色的"三角旋转门"。**第二，打通学术道。**一个优秀智库提出的战略决策参考应该是具有前瞻性、专业性和可操作性的，这也要求智库机构是思想、理论、实践三位一体的。现在许多文化智库要么重学、要么重术，还没有形成学术道的循环生长。**第三，融合实与虚。**在互联网时代，现实和虚拟正在融合，O2O正成为产业基本的发展模式。新型文化智库也应是实体智库和虚拟智库的有机融合，通过虚拟智库推进实体智库的功能扩展。

★ 思考智库的改革与未来的发展，不应该被"智库"这个称谓限制了思维和视野。毕竟在原有的基础上，单纯地更替或增加询政对象都不会令决策的科学性与民主性发生质的改变。所以，破解新型智库建设困局的关键不在改造智库本身，而在打破相对封闭的公共决策体系。唯有将新型智库建设视为一个系统工程，与国家治理体系和治理能力的现代化相匹配，才能更好地体现其自身价值所在。

人才发展体制机制改革，文化领域怎么改？

2016年3月，中共中央印发《关于深化人才发展体制机制改革的意见》（以下简称《意见》），提出了要从人才管理体制、人才培养体制等方面进行深化改革。文化产业的发展，人才是核心要素，文化产业人才发展体制改革既是社会发展的需要，也是实现产业转型升级的必由之路。文化产业如何通过体制改革发挥人才作用值得我们深思。

人才管理体制改革

在国家大力推动文化产业繁荣发展的背景下，文化产业人才队伍逐渐发展壮大。文化发展统计公报数据显示，截至2014年年底，纳入统计范围的全国文化单位共28.74万个，从业人员204.02万人。其中文化部门所属单位6.56万个，增加872个，从业人员63.82万人。文化产业从业人员的数量增长为文化产业的发展和文化企业的经营管理注入了新鲜血液，但与此同时也加大了人才管理的难度。

《意见》指出，要"**健全市场化、社会化的人才管理服务体系。深化人才公共服务机构改革"**。人才是文化产业发展的核心要素，构建统一、开放的人才市场体系是实现文化产业人才科学有序管理的重要途径。首先，要大力发展专业性的文化产业人才市场，积极培育各类专业社会组织和人才中介服务机构，有序承接政府转移的人才培养、评价、流动、激励等职能。其次，要充分运用云计算和大数据等技术，为文化产业用人主体和人才提供高效便捷服务。**最后，要扩大社会组织人才公共服务覆盖面，为文化产业人才管理工作提供基础保障。**

改进人才培养支持机制

近年来，随着文化产业学科建设的逐步完善，高校文化产业人才培养规模逐年扩大，呈现出多元化、特色化的态势。根据《中国文化产业年鉴》的统计，仅全国"211"大学就开设多达3200余个包括本硕博各层次的文化产业及相关专业。**文化产业人才的高校培养虽然规模可观，但依然庞杂而浮躁、量大而质差，无法适应文化产业发展的需要。**此外，文化产业人才的培养要注意层次多元、模式创新等问题，从多角度、全业态提高文化产业人才和队伍水平。

首先，要注重文化产业人才创新意识和创新能力培养，探索建立以创新为导向的人才培养机制，完善"产学研用"结合的协同育人模式。《意见》指出，**要"创新人才教育培养模式。统筹产业发展和人才培养开发规划，加强产业人才需求预测，加快培育重点行业、重要领域、战略性新兴产业人才"。**其次，要建立基础研究人才培养长期稳定支持机制。积极利用各级各类文化干部学院的力量，开展非学历教育，侧重于对城乡文化单位在职人员进行深度培训，提升其素质能力。最后，要加大对文化产业新兴业态以及重点领域紧缺人才支持力度。

微评

★ 一直以来，技术革新和内容创新是文化产业发展的主要动力和源泉。要做到这些，人才是关键，加强对文化产业人才的培养，建立合理的文化产业人才机制，是文化产业持久发展的保障。

★ 文化产业是一整套围绕着文化产品的策划、生产、传播、消费而建构起来的工业化、商业化运作体系，兼顾市场和公共服务的双重导向。长期以来，我国文化部门实行非营利组织的经营管理模式，使得文化产业管理人才培养发展缓慢。面对新时期文化体制改革、新型文化业态产生的新形势，其培养模式必须进行改革与创新，以培养符合社会需求的人才。

创新人才评价机制

人才是发展文化产业的决定性因素。文化产业的发展离不开文化资源，但更取决于文化人才及其创意创新这一决定性因素。目前，文化产业的政策落地问题尤为突出，加快相关认定标准是文化产业扶持政策得以落地的首要前提。而文化产业人才作为产业发展中的重中之重，如何建立科学的文化人才评价机制尤为重要。

《意见》强调，要**"改进人才评价考核方式。发挥政府、市场、专业组织、用人单位等多元评价主体作用，加快建立科学化、社会化、市场化的人才评价制度。基础研究人才以同行学术评价为主，应用研究和技术开发人才突出市场评价，哲学社会科学人才强调社会评价"**。创新文化产业人才认定标准，首先要着力实施文化产业人才战略，创造优秀人才进得来、留得住、用得上的识才用人机制。**其次，要积极推动建立文化产业人才服务机制，探索建立"文化户口管理制度"，对现有文化人才情况进行调查摸底，同时建立个人档案，加强文化产业人才评价机制。**

健全人才顺畅流动机制

构建现代公共文化服务体系，是满足人民群众基本文化需求和保障人民群众基本文化权利的重要途径。公共文化资源分布地区差异较大是公共文化事业亟待解决的问题之一。改善文化人才资源分布不均的现状是实现公共文化服务体系的均等化的必然要求。《意见》强调，要**"破除人才流动障碍。打破户籍、地域、身份、学历、人事关系等制约，促进人才资源合理流动、有效配置"**。

微评

★ 当前对于人才的评价，确实存在着重数量、轻质量，重形式、轻内容，重短期、轻长远，重头衔、轻贡献的问题，人才评价分类不够细致，开放评价、长效评价机制仍不够健全等。

★ 人才流动是人才充分发挥作用的前提条件。

健全文化产业人才流动机制，首先要加快人事档案管理服务信息化建设，完善社会保险关系转移接续办法，为人才跨地区、跨行业、跨体制流动提供便利条件。《意见》指出，要**"促进人才向艰苦边远地区和基层一线流动。研究制定鼓励和引导人才向艰苦边远地区和基层一线流动的意见，提高艰苦边远地区和基层一线人才保障水平，使他们在政治上受重视、社会上受尊重、经济上得实惠"**。其次，要保障重大人才工程项目适当向艰苦边远地区倾斜，通过政策利好扶持文化发展较为落后地区的人才引进工作。最后，鼓励西部地区、东北地区、边远地区、民族地区、革命老区设立文化人才开发基金，并逐步完善东、中部地区对口支持西部地区文化人才开发机制。

构建具有国际竞争力的引才用才机制

人才的发展需要宽容、开放的环境，但也需要对其智力成果的坚实保障，这样才能更好地推动人才智力成果转化。知识产权保护工作对于文化产业发展而言具有举足轻重的作用。《意见》指出，要**"加强创新成果知识产权保护。完善知识产权保护制度，加快出台职务发明条例"**。

因此，首先要加快研究制定文化创意等创新成果保护办法，建立健全创新人才维权援助机制，通过建立人才引进使用中的知识产权鉴定机制，防控知识产权风险。其次，要进一步创新文化产业人才创新方式，通过完善知识产权质押融资等金融服务机制，为文化产业人才创新创业提供支持。正如《意见》强调，要**"加大对创新人才激励力度。允许科技成果通过协议定价、在技术市场挂牌交易、拍卖等方式转让转化。完善科研人员收入分配政策，实行以增加知识价值为导向的激励机制"**。

微评

★ 创新人才体系的建设是文化产业健康快速发展的必要条件，是推动文化产业成为国民经济支柱产业的重要手段，需要从理念、机制和保障等方面共同推进，为文化产业创新发展提供坚实的条件保障。

让历史更加闪耀，文物工作如何迎来新纪元？

党的十八大以来，习近平总书记、李克强总理多次就文物保护做出重要批示，为不断开拓文物事业发展新境界提供了明确的前进方向。近年来，我国的文物事业取得了显著成就，为满足人民群众精神文化需求、促进经济社会发展、传承中华优秀传统文化做出了积极贡献。

2016年3月4日，经李克强总理签批，国务院印发《关于进一步加强文物工作的指导意见》（以下简称《意见》）。《意见》围绕当前文物工作中存在的突出问题，在落实责任、加强保护、拓展利用、严格执法等方面做出了部署。《意见》要求，各级人民政府要进一步提高对文物保护重要性认识，依法履行管理和监督责任。《意见》贯彻改革创新精神，在科学总结近年来文物工作实践的基础上，围绕当前文物工作存在的突出问题，着眼破除影响文物事业发展的体制机制障碍，提出了一些硬性措施。全篇贯穿坚持公益属性、坚持服务大局、坚持改革创新、坚持依法管理的基本原则，是指导新时期文物工作的纲领性文件。那么，《意见》的出台，对新时期推动文物事业发展具有哪些意义呢？

2016年3月，国务院印发《关于进一步加强文物工作的指导意见》，围绕当前文物工作中存在的突出问题，在落实责任、加强保护、拓展利用、严格执法等方面做出了部署。加强文物工作，科学管理和合理利用文物，有利于研究历史，继承中华民族优秀的历史文化和民族精神；有利于进行爱国主义教育，促进社会主义精神文明建设，同时也为发展文化产业奠定了文化资源基础。

当前我国文物保护、开发的现状

"仿古"现象盛行

重建、恢复历史古迹以及"仿古""复古"之风盛行。当前在历史建筑、文物古迹保护方面，热衷于对古迹遗址的修复和重建，而忽视了文物古迹的真实性和实物遗存的保护，从而降低了文化遗产的价值。任何随意地、不分界限地进行"复古""仿古"都是不负责任的，是对历史的讹传。对**"已经不存在的东西，已被损坏，或早已湮没的建筑或构筑物"重新建造或按所谓的原样恢复，即使符合部分历史记载，但用现代的材料、工艺及施工方法再掺以现代人理解臆想的东西，建成的充其量称为名胜，而不是历史古迹，不具有文物价值。**

微评

★ 时下，有一股仿古之风盛行，无论是城市还是乡村，都可以看到一道道古香古色的仿古景观，仿古已然成为时尚。

基层文物工作中存在问题

首先，基层政府对文物的认识存在不足。有的基层领导者一味地希望能够加快当地经济的发展，而将文物保护视为阻碍当地经济发展的障碍，一些文化遗迹和文物的保护需要占用大量的土地、人力和物力，而这些投入难以在短期内带来经济价值。**其次，开发与保护失调。**文物保护单位的开发利用是体现文物价值的重要内容，但目前随着国家经济建设和旅游开发的热潮，对基层的文物管理工作却造成了新的问题。在基层的文物管理工作中，**通常受到地方政府经济建设总体目标的影响和行政的干预，往往是文物保护为开发和经**

★ 近年来在城市化建设过程中，文物保护与经济建设之间的矛盾日益突显出来，这对基层文物保护工作带来了严峻的考验。

济建设让道，文物法规难以有效实施，文物保护难以有效落实，管理工作造成失控。

公共文化服务作用有待深化

基于文物工作的公共文化服务设施主要以博物馆为主，博物馆不仅承担着文物的收藏和保存的责任，同时也具有教育、服务的基本职能。首先，当前我国博物馆大多还只具有文物的收藏、展示功能，并没有很好地体现其在保障人民基本文化权益中的服务作用，这就导致了大多数民众对文物的历史价值模糊不清。文物工作还需为民众普及相关文物知识、提升文物保护的意识。其次，一些基层地区的博物馆建设亟待改善，基层人民群众鲜有观看文物展示、系统接受文物知识教育的机会，导致其对文物保护意识的薄弱，从而也为基层文物保护工作带来了困难。

看看国外怎么做

英国：民间组织成为中坚力量

1877年，工艺美术家莫利斯等文化精英以笔为旗，抗议修缮文物古迹中的愚蠢做法，并倡议成立民间性质的文物保护机构。最终催生了英国历史上第一个古建筑保护学会的出现——"反对毁坏古建筑组织"，其宗旨是尽可能地保护历史文物古迹的原貌。**1877年，全英40余座受损古建筑物予以注册；50年后，在英国登记的濒危建筑增加至10倍。**进而，在1894年建立了保护文化遗产的全国信托组织；1937年又成立了保护乔治时期建筑的组织；1957年成立了保护文物民用信托组织。转年组建了保护维多利亚时期建筑的学会。这些民间团体与学术组织的成立，推动了英国自工

微评

★ 英国社会在各方利益博弈的过程中，有良知的知识精英和民间文物古迹保护组织，共同在民众中营造保护文物古迹的社会氛围，促使英国民众养成了保护文物的公共意识与社会责任感。随之而来的是，全社会共同推动着政府与议会不断加强文物古迹保护的立法。

业革命以来对历史文物的保护与研究。对广大民众而言，保护历史文物古迹已经成为英国公民的社会责任。**由此可见，具有公民意识的民众与具有职业精神的知识群体，实际上是英国历史文物古迹保护的中坚力量。**

法国：用社会资源助力文物建筑保护

法国政府每年用于维修古建筑的开销超过20亿欧元。**为了更加全面地开展古建筑保护工作，法国政府还采取了例如出售部分古建筑等灵活措施，在补充国库的同时，要求古建筑受买方承担相应的保护责任。**除古建筑外，法国在保护其他文物方面也非常善于使用社会资源。**2013年，作为卢浮宫镇馆之宝之一的"萨莫色雷斯岛的胜利女神"雕像"闭门谢客"，接受"专心美容"，以期能以更加完美的形象迎接来自世界各地的参观者。**然而，卢浮宫却没有自掏腰包解决胜利女神的"美容费"，而是在其官方网站上发出"告示"，呼吁各界进行捐款。结果令人欣喜，社会捐助不仅完全负担了胜利女神的修复费用，而且还有富余，可帮助卢浮宫开展其他文物保护活动。

墨西哥：文物保护工程同扶贫项目相结合

墨西哥大多数文物古迹都位处偏僻贫困的农村地区。他们把文物保护工程同扶贫项目结合起来，吸收文物古迹所在地居民参加文物古迹保护工作，在保护文物古迹的同时，带动当地贫困人口脱贫致富。**搞好文物保护，公众参与是一个重要方面。**保护文物的观念在墨西哥公众中有比较广泛和深厚的基础。墨西哥有很多公众自发成立保护文物古迹的组织和担任文物保护志愿者。**墨西哥国家文物局还通过居民参与文物保护区域的确定过程，加强文物保护意识。**以前，文物

微评

★ 要想让社会资源更加积极地参与到文物保护工作中，就先要让社会各界对文物和文物保护的重要性有所了解，法国政府在这项工作中最引以为傲的便是"遗产日"活动。1984年，在时任文化部长雅克·朗的推动下，不少法国历史文化遗产免费向公众开放，原名"国家文物开放日"的"遗产日"活动应运而生，旨在让更多人了解、热爱进而保护人类的历史和文化遗产。现如今，随着影响力不断扩大，"遗产日"活动已从法国扩展到了欧洲其他国家，成为整个欧洲的一项重要文化活动。

保护区域的确定由政府主管部门提议，现在，本区域的居民有权经过全体讨论、一致通过，达成签署共识，向政府呈交本区作为文物保护区域的提议，进入审批程序。这种做法有利于促进文化认同感，增强爱国意识。

未来文物工作如何推进？

鼓励社会参与文物保护

未来我国文物工作的推进需要全社会的参与和助力。在坚持政府主导的同时，积极鼓励和动员社会力量参与文物工作建设。国务院印发的《意见》指出，**制定鼓励社会参与文物保护的政策措施。培育以文物保护为宗旨的社会组织，发挥文物保护志愿者作用。大力发展民间力量，将会为文物保护工作带来新的发展方向。**首先，制定相关政策制度，对社会力量参与文物保护范畴、做法提出具体的界定，明确社会力量在文物保护工作中的地位和作用，并对其突出做法给予鼓励；其次，大力倡导以文物保护为宗旨的社会组织的发展，制定相关的鼓励政策，成立相关管理部门定期与社会组织交流意见，并设立相关政府基金，为其发展建立保障。

加强城乡建设中的文物保护

《意见》中提到，**加强城乡建设中的文物保护，高度重视城市改造和新农村建设中的文物保护，突出工作重点，区分轻重缓急，加强历史文化名城、村镇、街区和传统村落整体格局和历史风貌的保护。**我国一部分文物分布在乡村，尤其是农村群众最集中的活动场所，做好这些文物古建筑的保护工作不仅有利于保护优秀的民族传统文化，而且为旧城改造、新农村建设提供了新的发展思路。首先，基层文物保护单位应该加强文物保护的宣传教育力度，将文物保护的社会价值和历史价值传递给政府领导和普通群众，引导人们提升文物保护的意识，激发文物保护热情；其次，完善基层领导的政绩考核制度，增设文物保护专项考核，定期考核当地文物保护工作的进展及成效，并将文物保护工作列入政府日常工作内容，提高政府领导及相关部门对当地文物保护的重视程度。

　　大力发展文博创意产业

　　文博创意产业是近年来博物馆发展的新方向。文博创意产业是文化遗产资源有效利用的重要表现形式，是博物馆融入经济发展、惠及大众生活的重要手段，是传承优秀历史文化、弘扬社会主义核心价值观的重要体现。《意见》指出，**大力发展文博创意产业。深入挖掘文物资源的价值内涵和文化元素，延伸文博衍生产品链条，进一步拓展产业发展空间，进一步调动博物馆利用馆藏资源开发创意产品的积极性，扩大引导文化消费，培育新型文化业态。**文博产业的发展可与科学技术相融合，如当下的VR技术，借助科技力量实打造数字化的文博创意体验。同时，重点关注文博知识产权的保护利用，要鼓励引导文博单位增强知识产权意识；加强知识产权方面的国际合作交流，推动文博知识产权保护利用与国际接轨。

微评

★ 运用文化创意融入文物博物馆资源的利用，包括不可移动文物资源利用、博物馆展陈设计及博物馆文创产品深度开发等，可以形成文博创意产业，构成文化创意产业分支。

八问"双创"：如何落地？路在何方？

2015 年以来，政府密集出台了一系列支持引导创业、创新的政策，大大激发了大众的创新创业热潮。2016 年 2 月 18 日，国务院印发《关于加快众创空间发展服务实体经济转型升级的指导意见》（以下简称《意见》），要求在文化创意和现代服务业等重点产业领域发展众创空间。此次《意见》是对创业创新政策的进一步具体化和完善。当前中国经济进入新常态，经济增长的新动能究竟应该在哪里寻找？创业创新如何更好地服务实体经济转型升级？这些问题值得我们共同思考。

Q1：《意见》是在什么样的背景下提出的？

范周：十八届五中全会提出了"创新、协调、绿色、开放、共享"的发展理念，其中创新被排在首位，这体现了中央以创新理念引领"十三五"发展的战略思维。2015 年 1 月，中央文件第一次出现"众创空间"，此后，政府密集出台了一系列支持引导创业创新的政策，大大激发了大众的创新创业热潮，这也是为了进一步实施创新驱动发展战略，加快适应经济发展新常态，营造良好的创业创新环境，激发亿万群众创造活力，进而打造经济发展新引擎。此次《意见》的出台是在这样的背景下提出的，也是对创业创新政策的进一步落实。《意见》提出，促进众创空间专业化发展，为实施创新驱动发展战略、推进大众创业万众创新提供低成本、全方位、专业化服务，更大释放全社会创新创业活力，加快科技成果向现实生产力转化，增强实体经济发展新动能。所以我们应该首先认清什么是众创空间。众创空间是顺应网络时代创新创业特点和需求，通过市场化机制、专业化服务和资本化途径构建的低成本、便利化、全要素、开放式的新型创业服务平台的统称。**这类平台为创业者提供了工作空间、网络空间、社交空间和资源共享空间，众创空间绝不是大兴土木的房地产建设，而是在各类新型孵化器的基础上，打造一个开放式的创业生态系统。**只有对创业创新的背景、对众创空间的概念有清晰明确的认识，我们才能抓住政策的东风，扬帆远航。

Q2：目前，创业创新的发展有何成效?

范周：近两年来，创业创新取得的成效显著，具体可以从以下几个方面来看：**首先，创新创业平台遍地开花，登记企业数量迅猛增加。**截至目前，全国各类众创空间已超过2300家，在孵企业超过10万家，培育上市和挂牌企业600多家，吸纳就业人数超过180万人。此外，2015年，全国新登记企业达443.9万户，比2014年增长21.6%，注册资本29万亿元，增长52.2%，均创历年新登记数量和注册资本总额新高。**其次，创业服务体系逐步完善。**据统计，当前创业导师达1.3万名，累计辅导企业3.4万家；中小企业公共服务平台组织小微企业服务活动15.84万次，服务企业183.58万家（次）。**再次，创业创新带来纳税企业数量增长的势头强劲。**比如，2015年，江苏国税纳税企业新增30万户，同比增长28%；浙江国税（不含宁波）纳税企业新增17万户，同比增长22%。最后，创业创新的"政策红利"显现。"双创"

正在成为拉动居民收入增长的重要因素，还在很大程度上改善了就业增长预期。此外，更值得关注的是，**围绕"大众创业""万众创新"而推进的财税政策、简政放权、部际联席会议制度等一系列扶持政策和制度创新，让人们看到了下一步经济增长的方向和前景。**

Q3：高校在"双创"发展中应该有何担当？

范周：《意见》提出，鼓励科研院所、高校围绕优势专业领域建设众创空间。通过聚集高端创新资源，增加源头技术创新有效供给，为科技型创新创业提供专业化服务。高校是创业创新的主要阵地，应该积极有效地盘活高校的优势资源，为创业创新营造良好的内外环境。首先，高校要为创新营造良好的内部环境。作为"双创"的重要载体，高校的科研条件、学术前沿的信息资源都将为创新提供有力保障。高校应从体制机制上把创新纳入学校的教育、科研和学生管理之中，将创业创新与学生的课程学分、毕业论文、毕业推荐以及国际交流等方面紧密地结合起来。同时，高校要加快教育改革，通过完善人才培养质量标准、创新人才培养机制、健全创新创业教育课程体系、改革教学方法和考核方式、强化创新创业实践、改革教学和学籍管理制度等举措为创新培育沃土。其次，高校应为创业提供良好的外部环境。高校应该像对科技园区发展、重点工程推进一样，有组织有计划地为青年学生的创业提供便利的条件。同时，**高校可以充分利用自身资源建设大学科技园、大学生创业园、创业孵化基地和小微企业创业基地，强化创业实践，广泛搭建实习实训平台。**推进人才培养与社会需求间的协同，建立结构调整、多样合作、交叉培养新机制。

Q4：如何打通科技成果转化的"关键一公里"？

范周：**目前我国在科技成果转化方面存在诸多问题，特别是科研成果转化为现实生产力的"关键一公里"还不顺畅，其中政策性因素是一个重要问题。**比如，科研机构和高等院校的专家学者利用财政性资金形成的科研成果，在利益分配上存在体制机制不顺的问题，影响了科研成果的产业化，不利于调动研发单位和研发人员的积极性。《意见》提出，要以科技成果转移、转化为重点，扩大"双创"的源头供给，推动科技型创新创业，使科技人员成为创新创业的主力军。这也为科技成果的转化提供了政策指引。**我们都知道，如果知识产权不能有效转化成市场竞争的优势和经济优势，而专利又只是一个死的专利，大量的科技创新资源就会被闲置浪费。**熟悉市场经济原则的人都知道，产权在市场经济中处于核心地位，有明晰的产权，就会激发人们合理保护、使用以及交易的积极性，才能最大限度提高生产力。促进科技成果转化，说到底是提高科技人员群体的积极性，但如果不把提高他们积极性的体制机制性障碍清理干净，创新驱动将依然缺乏内生动力。

微评

★ 打通"关键一公里"可通过优化创新主体结构、打造创新载体平台、面向创新受体需求等方面。

Q5：释放科研人员的创新活力需要哪些制度保障？

范周：当下，许多中青年教师在搞好教学科研工作、引导学生创业的同时，还是在偷偷摸摸地办公司、搞企业。这与《意见》的精神是严重不符的。所以，从制度上保证高校青年教师的创业、创新应该提到重要的议事日程上来。对此，《意见》提出，支持科技人员到众创空间创新、创业。对本单位科研人员带项目和成果到众创空间创新、创业的，经原单位同意，可在3年内保留人事关系。这无疑也给高校、科研院所等专业技术人员提供了编制上的保障和心理上的保障。以前，不允许科研人员开公司、做生意，现在新出台的政策不仅让科研人员创业合法化，还为离岗创业的人员保留身份，打消了科研人员创业的后顾之忧。鼓励科研人员创业，可以极大地刺激科技创新的积极性，促进科研成果产业化和市场化。此外，需要注意的是，科研人员需认真评估自己的能力与资源，不要"一窝蜂"创业，要在做好本职科研工作的同时，适合创业的科研人员充分把握市场化、产业化操作层面的规律，考虑市场需求，增强创业的成功率。

Q6：科研单位的考核管理机制需要如何调整？

范周：对于科技工作者所在单位的考核管理问题需要相应地做出调整。《中华人民共和国促进科技成果转化法》提出，研究开发机构、高等院校的主管部门以及财政、科学技术等相关行政部门应当建立有利于促进科技成果转化的绩效考核评价体系。2016年2月17日，国务院常务会议的"5项举措"也进一步明确，将科技成果转化情况纳入研发机构和高校绩效考评。这是一个大的突破，意味着科技成果转化将成为高校和科研院所一个新的指挥棒。按照促进法和5项举措的要求，未来国家对相关单位及人员评价、下拨科研资金支持时，将把科技成果转化情况当作一个重要内容和依据。对于科技成果转化绩效突出的人员，其受到科研资金的支持也会相应增加。而按照现有的评价体系，针对高校和研究院所的考核，更多的是看他们能够申请多少经费，发表多少文章。因此，科研工作者就没有积极性把人力、物力放在"非考核名单"的科技成果转化上。此外，对于政府而言，要把对"双创"的考核管理与区域产业结构的调整、区域经济的发展紧密地结合起来，只有这样，才能为更多新兴企业和未来成长型企业的产生营造良好的发展环境。

Q7：作为创新动力的知识产权如何为"双创"保驾护航？

范周：在以创新驱动发展为时代特征的新常态下，知识产权作为联结创新与市场之间的桥梁和纽带，是释放社会创造活力、推动产业转型升级的内生动力。发挥知识产权的激励保护作用，是大众创业、万众创新的关键所在。2015年12月22日，国务院印发的《关于新形势下加快知识产权强国建设的若干意见》提出，明确深入实施国家知识产权战略，保障和激励大众创业、万众创新。保护知识产权就是保护创新火种，只有当创新的成果得到严格的保护，无论是个体还是社会的创新创造热情才会被不断激发。那么，如何加大知识产权保护力度呢？首先，要完善快速维权机制，加大侵权行为查处力度，提高法定赔偿上限，将故意侵犯知识产权纳入企业和个人信用记录。其次，要简化审查和注册流程，实现知识产权在线登记、申请和审批，降低专利申请和维持费用。此外，随着社会的创业创新边界的拓宽，新的创业创新业态的出现，知识产权保护也要与时俱进。比如，"互联网+"不断催生新的商业形态对知识产权领域也提出了新的要求。对此，要强化电商、大数据等新领域、新业态的知识产权保护。

Q8：文化产业人才该如何适应"双创"发展？

范周：在"双创"时代，对于文化产业人才的认识和观念需要更新。《意见》提出，提高创新创业者的专业素质和能力，培养更多适应经济转型升级的创新人才。在"双创"发展的新形势下，我们的传统学科面临着新的挑战，文化产

微评

★ 充分发挥知识产权联结创新与市场的桥梁纽带作用，充分利用知识产权制度的激励保护功能，激发大众创新创业热情，释放全社会创造活力。要适应产业转型升级需要，推动知识产权资源合理布局，实施重点产业专利导航，促进新技术、新产业、新业态蓬勃发展，助力中国经济发展迈向中高端。

业的人才培养不能拘泥于传统学科，更不能和文化产业的发展实际相脱离。**一方面，"双创"对文化产业人才的发展提出了更高要求**。应该在实践和"双创"中对人才的评价机制、激励机制进行重新架构，对文化产业人才标准进行重新考量和界定；**另一方面，"双创"为文化产业人才培养带来难得的机遇**。这既是我国在今后10年甚至20年中人才发展的顶层设计，也是实现人才培养与产业发展、人才发展的模式探索与国际文化产业对接的有效途径。《意见》提出，加强众创空间的国际合作。大力吸引和支持港澳台科技人员以及海归人才、外国人才到众创空间创新创业。当前，文创产业和整个现代服务业全球化发展的趋势越来越明显，科研院所和高等院校在这方面也具有独特的优势，也能够有更好的作为。在"双创"背景下，教育主管部门需彻底解放思想，抓住机遇，结合国情，加强国际人才交流合作，努力创建世界一流大学和一流学科。

大众创业、万众创新是在以互联网、大数据为代表的科技大发展的条件下，以及在制度变革和政策创新的作用下，中国社会生产力的又一次解放。推进大众创业、万众创新是实现创新发展战略的重要举措，是推进新一轮科技革命和产业变革的有效途径，也是我国当前稳增长、促改革、调结构、惠民生、打造经济发展新动能的重要引擎。我们相信，"互联网+双创+中国制造2025"等战略将在中国催生一场"新产业革命"。

理性思考：产业视域的转型新生

　　春夏秋冬，四季的轮回循环往复；沧海桑田，时代的车轮滚滚向前。随着现代科技的不断更迭，文化产业在"互联网+"浪潮的冲击下开启了全新的发展篇章，融合、创新、共享，新的发展趋势丰富了文化产业的内涵，也使得传统文化产业顺势而上、迎来新生。

凛冬将至，艺术电影的春天究竟何时才来？

艺术电影，强调文学性与艺术性并存。它不同于以视觉震撼和豪华卡司取胜的商业大片，也有别于正统的主旋律电影。大多艺术片是站在社会小众群体的角度，究其社会根源，深入探讨他们面临的问题，融入美与感性，表达真挚的情感，从而引发普罗大众的共鸣。

然而，在电影市场蛋糕越做越大的当下，新锐导演、艺术影片几乎全部被冠上了口碑佳、票房差的标签，也并未能汲取电影盛世的养分而开花结果。作为一种重要的影片类型，艺术片的存在对于电影市场的多元化和观众的审美欣赏水平提升必定是有意义的，如何能让艺术片真正走出凛冬，看到春天，是一直以来都值得研究的问题。

虚势or崛起？数据带你解读艺术片现状

首先，时光回到2013年，国产电影一路高歌猛进，仅前三季度的票房就已超越了2012年总和，可谓势如破竹。然而，在整体繁荣背后，艺术片票房却屡屡遭到滑铁卢。这其中包括被外媒誉为"最美艺术片"、包揽了第七届FIRST青年

微评

★ 一直都觉得，拍艺术片的导演都是有情怀的！

影展五项大奖的《美姐》，票房仅为52万元；斩获第60届柏林电影节最佳编剧银熊奖的《团圆》，票房仅为32万元，连成本都未能赚回。**业界人士一度认为艺术片已经牢牢陷入口碑佳、票房差的魔咒中，步履维艰。**

到了2014年，我国共生产故事影片618部，其中的正剧、艺术片仅为10部左右。正剧、艺术片已从2004年50%的市场份额下降到2014年的3%左右（不含港台片）。其中，艺术片的视角和类型呈现出更多元化的特点。令我们欣喜的是张艺谋执导的《归来》公映当天即打破国产艺术片首日票房纪录，随后一路高歌猛进，总票房逼近3亿元大关；刁亦男编导的《白日焰火》获第64届柏林电影节最佳影片金熊奖、最佳男演员银熊奖，总票房迅速破亿。与此同时，仍旧有摘得第64届柏林国际电影节"最佳艺术贡献"银熊奖（摄影），票房却刚过千万元的《推拿》和大咖云集、投资巨大，却只取得5000多万元票房的《黄金时代》。

2015年，在现象级电影《速度与激情7》、IP电影《何以笙箫默》、票房口碑双丰收电影《我的少女时代》等众电影"乱斗"中，贾樟柯导演以《山河故人》收获了从业以来最卖座的作品，尽管如此，他还是对于1.5%的排片量和较短的放映期感到无奈；而陈建斌首执导筒的《一个勺子》本身就遭遇"劣迹艺人风波"，加之6.79%的排片率，纵使8.2的评分也拯救不了其在市场上的低迷。

频频受挫，艺术片为何不受待见？

艺术片自身"高冷"的性质决定

大众文化产品的特征是通俗易懂，能为人民群众普遍接受。从这一层面上来讲，艺术电影很大程度上是靠影片的艺术性和文学性去支撑自身定位的，要具备一定的对于社会反思与人生意义探索的思维，这就出现了艺术性和大众性的矛盾，站在艺术高度而不纯粹为了赚钱的影片，其内容往往更为深奥和晦涩，这样的影片想要获得普罗大众的全面欢迎，在短期内本就是不易实现的。

快餐式文化在消费类型中占据主导

当前的艺术片缺少有一定高度和深度审美水平的群体去接受和传播，这同"娱乐至死"的大环境密不可分。在碎片化和快消时代，无论是片方还是普通观众，似乎都对电影内容失去了耐性。**片方希望从影片中获得更高的利益，观众希望以简单直白的剧情、豪华的演员阵容和刺激眼球的话题来消解压力，娱乐生活，这也就解释了某些电影能以极低的评分赚取数亿票房的原因。**

遭受院线排挤，活力难以释放

相较于商业大片而言，艺术片的生命周期往往非常短暂，很多导演在影片刚上映时就开始掐指计算其存活的时间。没有大腕的号召，没有铺天盖地的宣传，更没有稳稳坐在排片量前茅的待遇，艺术片主要依靠口碑和二次传播来吸引大众的关注，这就决定了一部艺术片的活力还未充分释放，就要面临被拦腰斩断的危机。这种虎头蛇尾的情况使得艺术片片方还来不及对于市场的增量做出准确预估，就要被迫离开市场。

前期制作和市场营销环节不到位

当前，即便大多数艺术片开始走"亲民"路线，重视影片的营销和后期的宣传，但仍有一部分不谙世事的艺术片标榜"三不"原则：不关心金钱、不迎合市场、不在乎宣传。在电影一定要高于观众的理念下，进行影片和创作，往往导致观众看不懂影片，理解不了影片深层次内容。在习近平总书记强调艺术要出精品的前提下，这样的观念不无道理，但是影片的美丽在于用故事表达作者思想从而引发共鸣，因此，如何将自己的艺术理想用更为通俗化的，大众能接受的角度切入是亟待思考的问题。

拿什么拯救你？艺术片破冰之道

随着我国电影市场的不断发展，从城市到基层院线建设的不断加快，人民群众的精神文化需求呈现出多样化和个性化的特征，对影片的选择也更为理性甚至挑剔。在这样的背景下，当粗制滥造、内容浅薄、充满噱头的商业片达到峰值时，观众自然也会出现审美疲劳，选择性地观看一些口碑良好、真正具有价值的影片。因此，就长远来看，艺术片就像一支潜力股，为浮躁的电影圈吹来缕缕清风。

加强政策支持，改善市场环境

对于艺术影片这类小众电影而言，单纯抱怨观众不买账和市场唯利是图都不能够解决根本上的问题。必须充分发挥国家政策在改善市场大环境中的重要作用，**加强对能够发挥积极能量和表现深度内涵的艺术电影予以支持和公正的评价机制**，只有从顶层的高度为电影市场提供正确的导向，营造健康的市场大环境，才能改善部分电影创作者一味追求商业化的现状。在政策支持层面，法国一直走在前列，**早在1959年，法国就通过了《电影资助法》，设立了电影产业发展资助基金，并通过1946年建立的法国国家电影中心（CNC）来实施具体的艺术电影资助政策。**

培育艺术土壤，形成消费习惯

院线排片对于艺术电影来讲，能起到锦上添花的作用，但并不是雪中送炭。倘若没有培育起能够欣赏艺术电影的消费群体，那么再多的排片也是无济于事。近几年来，艺术电影的主要受众群体分成了两大部分，一部分是以"90后"为代表的青年人，他们受到学校教育的影响，对艺术电影有

微评

★ 艺术片太需要"特殊照顾"了，不能让情怀沦为金钱的奴隶，要多为发展困难的艺术电影等小众电影提供政策红利，让小众电影没有后顾之忧。

着一定的兴趣和欣赏能力；另一部分是年龄较大的中老年群体，他们社会阅历丰富，能够对影片中诉说的种种社会问题产生深刻的认识和共鸣。总体来说，艺术电影观众和消费习惯的培育是一个相当长期的过程，在这个过程中应当充分发挥教育机构和社会组织的作用，通过艺术氛围的营造来潜移默化地影响人们的审美偏好，提高艺术欣赏水平。

体制机制创新，形成差异化院线

对于一个健康完整的电影市场而言，应该是各类型影片都有自己的受众群体和发展空间，而纵观我国电影市场却是商业大片同质化竞争严重，偏小众的艺术电影缺乏生存空间。**随着人民文化素养的提升，对电影的需求必定是更加细分和差异化的，艺术电影作为一种富有创新精神和想象力的存在，为电影市场注入了极大活力。**以美国为例，其艺术电影能够进行产业化运营很大程度上是建立了差异化的放映渠道，美国的艺术影院目前大约有1000块左右的银幕，以放映独立电影、外国电影以及重播经典电影为主。这些影院大多选在城市或大学城，因为这里生活着艺术电影最忠实的观众。中国艺术电影想要取得长足发展，必须从粗放转向细致，打造一种区别于主流商业电影不同的运营方式。

打造艺术电影多渠道、渐进式发行平台

近年来，随着互联网与文化的合作日益密切，很多互联网新媒体大佬进军电影界，通过网站会员付费点播的模式为艺术电影提供了新的发行平台和盈利模式。以优酷土豆为例，其发布的"艺术频道3.0"，就搭建了一个传播艺术电影、构建艺术电影爱好者和创作者交流的平台。**2014年上映的《黄金时代》和《后会无期》都曾在这一平台上尝试会员付费点播。**除此之外，我们可以借鉴美国的艺术电影发行方式，实施渐进式的推广模式，通过电影节预热、在大城市和有影响力的院线率先放映，汇聚起一定的人气和口碑之后再进行广泛的推行，为艺术电影留有充足的发酵期。

"农业+文化"将会擦出怎样的火花?

2016年1月，国务院办公厅印发的《关于推进农村一二三产业融合发展的指导意见》提出，拓展农业的多种功能，加强统筹规划，推进农业与旅游、教育、文化、健康养老等产业深度融合。当前，我国经济发展进入新常态，农业发展进入新阶段。随着农业生产成本持续上升，资源环境约束增强，依靠拼资源、拼投入的粗放式农业发展道路已难以为继，迫切需要加快转变农业发展方式，推进农村产业融合发展，构建现代农业产业体系。农业与文化的融合可以突破传统的生产模式，增强农村文化发展的活力，拓宽农村生态文明建设的途径。我国农业与文化的融合发展还处于起步探索的发展阶段，需要我们共同谋划。

当前我国农业发展的实际情况如何?

农业是国民经济的基础，我国的农业以世界上7%的土地为21%的人口提供了生存的来源。如今，在农业步入现代化的进程中，还面临诸多的问题和挑战。

资源、环境和技术要素影响农业发展

首先，资源匮乏的问题日渐突出。我国的耕地资源总量大、分布不均，一直面临着人均耕地面积偏少的问题，大大低于世界平均水平。水资源日趋贫乏，也不利于农田的灌溉，影响了农业产量。在北方部分缺水地区，地表水的利用率已达60%，地下水资源开发率已达70%。**其次，农业生态环境日益恶化。**对现有资源的过度、盲目开发，使我国的生态环境遭受了严重破坏。截至2013年底，全国水土流失面积达356万平方公里，占全国国土面积的37%；2009年，全国荒漠化土地总面积达262.4万平方公里，全国约90%的天然草地出现不同程度的退化。**同时，我国农业技术较为落后。**农业科研成果的应用、推广、转化比较慢。比如，"十一五"期间，我国农业科技成果转化率只有40%左右，远低于发达国家80%以上的水平。现阶段我国农业科技创新存在不足，农业科技重大突破性成果较少。

微评

★ 多数农村地区并不缺少致富机会，只是穷在观念，受传统思想的束缚严重，守着资源不能有效开发利用。只有从观念上做出突破，创新思路，才能有好的发展。

观念、资金和结构问题制约农业升级

首先，观念意识比较落后。人们的环保意识和社会责任感较为淡薄，在农业生产活动中只关注当下的利益，为了增加产量、收益，大量使用农药、化肥，没有认识到保护生态环境和食品安全的重要性，忽略了农业、生态可持续发展的要义。观念的落后也导致农村对科技的接受度不高，这在一定程度上也阻碍了科技在农业中的应用。**其次，农业科技投入资金不足。**国家财政支农资金占中央财政支出的比重长期偏低，政府对农业科技投资的比重相对发达国家不是很高。基层缺少科技力量的支撑，导致最新的农业科技成果无法及时地运用到实际生产当中。同时，素质高、技术娴熟、具有科学农业知识的农民严重不足。**最后，我国农业产业结构不尽合理。**农业内部结构调整缓慢，种植业占据了主导地位，畜牧业、渔业、林业及一些新型产业占比相对较少。大部分地区的农业依旧局限于传统的发展模式，创意、新型农业的普及还远远不够。

农业与文化融合发展有何意义？

农业由外延型向内涵型转变

农业与文化的融合，突破传统农业的生产模式，实现了农业由外延型增长向内涵型增长的角色转变。**一是延伸了农业的产业链。**农业与文化创意的结合，可以加快第一产业向第二、第三产业转变，带动相关配套产业的发展，拓展农民就业与增收的空间。**二是促进了农产品由实用功能型消费向文化审美型消费转变，从而产生较高的附加值。**文化创意农业产品已超出农产品作为生存物质的特性，既具有满足精神需求的文化属性，更具有第三产业产品的特性，即丰富了人们精神需要的特性。**三是提高了农业的产业地位和效益。**立足于特色文化资源发展起来的特色农业，优化和提升了产业结构。

农村和农业文化更具活力

农业与文化的融合，丰富了农村文化产业的发展内涵，增强了农村文化发展的活力。农业是人类最古老的产业，也是人类与自然最亲近的产业，具有自然和人文的无穷魅力。农产品借助文化创意和科技创新，创造与提升了美色、美形、美味、美质、美感、美景，突出特色化、个性化、艺术化、景观化，使农产品成为具有美感的艺术品。农业园区通过文化创意改造后，使乡村田园美观化、农居个性化、农村景区化、农业旅游化、农村生活诗意化，使乡村成为美丽的花园。农业通过文化的助力，能够促进农业品牌文化、生态文化、旅游文化、创意文化、养生文化、消费文化的繁荣，从而使农村与农业文化更具活力。

微评

★ 农业文化是农耕时代所形成并流传下来的文化，当时的环境孕育出了极具特色的农业文化。而今，虽然农业在经济社会发展中的地位和作用不像从前，但农业文化依然遗留下来了许多财富等待挖掘！

有利于农业的生态文明建设

农业与文化的融合，拓宽了农村生态文明建设的途径，增强了生态文明建设的动力。生态产品、生态环境、生态和谐是新型农业的价值追求。一方面，发展新型的创意农业，重点在田间作业、作物栽培、精深加工等方面。生态农产品具有安全、营养双重保证，味觉与视觉双重满足，审美和健康双重享受，因此，使生态农产品具有更高的市场价值。另一方面，创意旅游农业以生态资源为依托，通过创意生产、创意生态、创意生活，既可使农产品、农业景观、农业文化增值，又能发展农村、发展现代农业和第三产业，走出一条资源集约和循环利用、农村生态保护和农产品质量提高互相促进的道路。

国外发展创意农业有何经验？

日本："一村一品"打造农业品牌

早在20世纪70年代初，日本就已经出现了农民自发发展创意农业的活动，如大分县汤布院镇的"一头牛牧场"运动及"品尝肥牛大喊大叫大会"和"没有电影院的电影节"等，表现出了当地居民的创意思维。**其后的"一村一品"运动则由当地政府领导人通过积极倡导，培养创意人才将先前的自发创意活动继承并发扬光大，依靠农民自己的创意和努力，使之运用于每个村、镇的特色产品开发，以及特色文化、体育、观光旅游活动和国际交流活动的创立。**持续几十年的"一村一品"运动中诞生了无数个品牌产品、以及独特的文化、体育活动，使许多"什么特色也没有"的农业省份大大提升了其在日本国内及国际上的知名度，农业经济结构和农村面貌都发生了很大变化。

微评

★ 农业文化的开发关键是因地制宜、挖掘特色。在此过程中，对当地资源的深度分析是必不可少的，因此，要找准定位、挖掘特色。

荷兰：挖掘文化内涵，提升附加值

荷兰的创意农业是一种文化艺术含量高、附加值高的农业新形态。**荷兰的涉农企业和农户强调在运用农业科技动力提高对创意农业效益增长的贡献率的同时，积极挖掘地方传统文化价值，运用文化元素提升农业的产业附加值，使农产品具有更大的市场吸引力和竞争力，创造出新价值和新的市场空间。** 荷兰花卉产业链经营的巨大成功是建立在荷兰独特的花卉文化基础之上的。荷兰是郁金香的国度。郁金香文化和种植历史可追溯到400年前。现在的荷兰不仅是世界郁金香最集中的生产地，也是郁金香最大的集散地。荷兰西部的利瑟，将传统的以花卉生产为导向的发展模式转化为以市场或消费为导向的模式，使郁金香生产及其产品成为现代时尚创意的多种载体。

法国：重视生态环保，增强体验乐趣

法国是仅次于美国的世界第二大农产品出口国，农业产量、产值均居欧洲之首。其创意农业以环保生态功能为主，以大田作物为主，采取较大规模的专业化农场生产，逐步减少小型农场。**法国的创意农业突破了自给自足的生产模式，突出农业的生态功能，利用农业把高速公路、工厂等有污染的地区和居民分隔开来，营造宁静、清洁的生活环境。** 利用农业作为城市景观，种植新鲜的水果、蔬菜、花卉等居民需要的产品，作为市民运动休闲的场所，或作为青少年的教育基地。例如，游客在法国葡萄园和酿酒作坊不仅可以参观，还可以参加农业体验之旅，参与酿制葡萄酒的全过程，亲自酿酒并将酒带走，享受不一样的乐趣。

我国农业与文化融合未来如何发展？

建设特色村镇，发展乡村旅游

乡村旅游日渐成为我国旅游产业的重要组成部分。"十二五"期间，我国休闲农业接待人次和经营收入年均增长15%以上，到2018年，我国休闲农业市场规模将接近5900亿元。乡村旅游将成为农村经济发展的核心力量。首先，发展乡村旅游需从乡村的自身特色出发，对其现有文化资源、文化特色进行深度发掘，并将其打造成乡村的文化"名片"。**切忌跟风、模仿，避免"千村一面"的现象出现。**其次，从乡村自身的发展特点入手，有规划、切合实际地为乡村的可持续发展打下坚实的基础。将特色的旅游休闲产品与乡村的优势产业融合，延长出特色的产业链发展。最后，与时俱进，充分利用科技资源。将乡村旅游休闲产品与互联网融合，建立线上线下同步的发展模式，使"互联网+旅游"、电子商务等商业形态真正融入乡村旅游的建设中。

发展智慧乡村游，提高在线营销能力

随着"互联网+"与各行各业的融合发展，旅游业正在掀起一场巨大的变革。智慧乡村旅游可以作为实现乡村旅游可持续发展的一种形态。**所谓智慧乡村旅游，即通过物联网、云计算等新一代电子信息技术，对乡村旅游进行全方位、立体化的感知，对相关旅游信息进行智慧化的收集、处理，将信息化渗透到乡村旅游活动的各个环节，最终旨在服务人民、政府、乡村旅游企业等旅游利益相关者。**发展智慧乡村旅游符合国际、国内旅游的发展趋势。从澳大利亚、爱尔兰、葡萄牙等国外乡村旅游的成熟经验来看，"信息化""现代化"和"智能化"越来越成为乡村旅游的发展趋势。在我国，从2011年以来，在北京、南京、杭州、扬州等智慧旅游的试点城市中，旅游商品在线营销、乡村旅游电子商务采购、乡村旅游咨询等平台开始成为旅游业的发展主流，有效地推动了智慧乡村旅游的实施和发展。

保护农村传统文化，合理开发农业文化遗产

珍贵的农业文化遗产迫切需要得到保护，但是目前随着全球经济的发展，农业在各国国民经济中的地位逐步下降，加之现代科学技术在农业生产中的广泛应用，传统的农耕工艺和文化趋于被替换或消失，农业文化遗产的现状不容乐观。**我国的"稻鱼共生系统"是一种传统的农业耕作方式，能提供多种产品和服务，如通过水稻生产保障粮食安全，高质量的营养和经济收益，维持系统中的碳循环和养分循环等。**但现在由于经济收入较低无法满足农民生活需求等外部因素，许多拥有这种传统技术的人选择了从事其他产业，这种传统的农耕方式正濒临消失。对于像这样的农业文化遗产我们可以选择对其保护性开发。农业文化遗产的保护性开发是一个动态变化的过程，随着文化遗产所处情况的改善、社会关注度的提升、持有者保护意识的增加，农业文化遗产的保护会发生良性变化。

微评

★ 农业文化遗产是世代相传下来的智慧结晶，万万不能丢弃！

涉足真人秀，央视从电视产业转型中看到了什么？

我国的电视综艺在近几年呈现出一种爆发的态势，从以《中国好声音》为代表的演播厅综艺到以《爸爸去哪儿》《奔跑吧兄弟》为代表的真人秀综艺，可以说我国已经出现了现象级的综艺节目。综艺节目处在公众褒贬评价的夹缝中，且批评多于褒奖，在综艺爆发的背后，电视综艺节目逐渐呈现出扎堆、雷同、疲软的缺陷。曾经在一段时间内，演播厅综艺一直是中国综艺节目的主流，而在近几年真人秀综艺越来越多，也更受到关注。我国的真人秀综艺节目以国外引进为主，在本土化过程中却存在很多问题，比如过于追求纯粹的娱乐而缺少社会价值、不能充分体现本土特点、同质化严重而缺少创新，等等。**在这样的现状下，央视一反常态地做起了真人秀，虽然最初的收视率不高，却被誉为一匹黑马，受到了比较广泛的关注。**

《了不起的挑战》引自韩国真人秀《无限挑战》，由韩国MBC电视台、灿星制作和央视创造三方联合研发制作。在以综艺形态为主的基础上，进行真人秀模式的全新研发。相

微评

★ 如今的真人秀节目层出不穷，但真正有吸引力、有意义的节目仍属凤毛麟角，很多引进自国外的真人秀节目只模仿到了皮毛。

较于韩版周播的《无限挑战》，季播的《了不起的挑战》立志舍弃一些综艺性、游戏色彩浓厚的东西。它的节目制作理念是着重于明星在各种各样生存环境下工作、劳动的生活场景，深入到国内多个行业，覆盖上百个工作岗位，使明星在普通劳动者的工作和生活场景中完成一系列艰难的任务挑战，希望从中寻求更多关于人性情感的爆发，传递中国文化主流价值观。

这档央视真人秀有哪些亮点？

在不同主题中寓教于乐

《了不起的挑战》每期有不同的主题，明星们在主题下创造真实无限的可能性，并在挑战的过程中体现不同主题下想要弘扬的价值观和正能量。比如，第一期的节目主题是"选择"。明星们在节目中不断地进行各种选择，通过每个人的不同选择决定各自的剧情走向。作为节目参与者的明星，会因为自己的选择而面临一念天堂、一念地狱般的场景，并在不同选择的反转之间实现节目效果。在这过程中告诉人们这一主题想表达的"人生充满选择，自己对自己的选择负责"的价值观。第二期的节目主题是"职业"，明星分别体验重庆"棒棒军"、煤矿工人、采藕工、悬崖清洁工四个职业，明星们体验不同的基层工作，让人们深刻地认识了普通劳动者的平凡生活。在任务的过程中不仅完成了各行业知识科普，还通过明星们艰苦的挑战展现了这些职业的艰辛与伟大，传递了"最底层的工作要付出最多的汗水，他们却依然乐此不疲地去工作"这样的正能量，鼓励人们感谢、尊重他们，并通过改变自己的不良习惯去减轻他们的辛苦。

进行央视化的本土改造

如何将一档韩国综艺改造为符合央视价值观的央视真人秀，节目制作方选择了有取舍的改造路线。《了不起的挑战》在节目片头开宗明义点出这档节目的社会意义：明星也是百姓，接受挑战百姓也是明星。节目的口号"平凡人生，挑战了不起"更是表达了该节目关注普通人的平凡生活，"最平凡

微评

★ 真人秀节目不能仅靠明星光环维持，那样会失去其意义，而主旋律的节目正是通过这种形式在生活中感化他人。

★ 节目的灵魂在于其定位和立意，在于它能够带给我们怎样的震撼与共鸣，不能够脱离生活，这样才能使节目更有吸引力。

的也是最了不起的"这样一种节目制作的基本理念。并且，他们确立了以普通职业角色的认同感作为出发点，汇聚了众多的素人（即普通人）参与其中。**经过一系列的改造，一档韩国综艺被改造为充满"积极、正面、接地气、劳动者最光荣"色彩的主旋律综艺。** 明星光环被大大削弱，在甚至有些许狼狈的挑战过程中，制造了节目的独特效果，成功吸引更多的观众，因此成为一档老少皆宜、引起全民共鸣的综艺节目。

平民化真人秀更接地气

与一些纯粹自我娱乐的真人秀节目相比较，《了不起的挑战》在为观众带来欢笑的同时，更为关注的是把普通人的生活通过荧幕展现出来，用镜头为观众们展现平凡人生活中的酸甜苦辣。 它让明星真正走进百姓生活，将镜头贴近社会动脉，反映人情冷暖，这其中所体现出的人文关怀是其他户外真人秀节目所没有的。明星们在节目中乘坐绿皮火车、亲自采茶、体验煤矿工的职业与生活，引起许多观众的讨论和好评。这种节目形式之所以能够引起共鸣，是因为所展现的都是寻常百姓最为真实的东西，在寓教于乐的过程中有笑有泪，越真实越能够打动人心，唤起感情。从更广阔的视角而言，节目的宗旨是让明星深入到多个行业，到普通劳动者的工作和生活场景里，甚至可以说这个节目的嘉宾不仅只是几个明星，还有更多的普通劳动者。

这档央视真人秀引发哪些思考？

内容生产是电视产业转型的生命力所在

互联网时代带来的冲击下，对于传统电视台而言，网络新媒体将节目的内容碎片化，电视台传统的生产模式已经受到了冲击和挑战。因此，电视行业已经到了转型变革的时期。其实，网络的冲击并不完全意味着电视产业的衰落，因为网络渠道表达的依旧是电视内容，而电视产业的转型，不应将关注点放在渠道之争上，而是应该转变自身定位，将作为一种媒体转换为作为内容供应方。**从供给侧出发，只有生产精品化的优质内容，才是保持自身生命力的关键所在。**无论是生产出一个优质的本土化综艺节目，还是一部优质的电视剧，都可以吸引观众，为电视产业唤起一丝生机与活力。

"互联网+电视"，打破次元壁

《了不起的挑战》在播出两期后，收视率刚刚破1，收视率并不高，远远不及一些现象级综艺，但却在二次元年轻族群聚集的A站、B站爆火。在B站，《了不起的挑战》两集播放量已经超过200万，居B站搜索量第一，相关的各种衍生类视频也层出不穷。在二次元世界里，收视率霸主却不一定能够主宰弹幕。**影视产业面临的一个重要现状就是观众年轻化，而年轻的受众群体却主要聚集于网络，年轻的"网生代"成为影视产业的消费主力。**无论是内容生产、节目制作都需要配合年轻化的审美趣味，除了渠道上的拓展，互联网精神与互联网思维也应渗透到内容的生产环节当中。

通过本土化促进原创综艺节目的发展

在平凡生活中挑战了不起，是《了不起的挑战》的精髓所在，它所承担起的是娱乐之外的人文关怀。透过摄像机的镜头，聚焦于普通人在平凡岗位上的默默奉献。在任务过程中，融入吃蟹拆蟹的"蟹八件"用法、杭州作为"茶都"的历史、重庆火锅里"吃下水"的来历等，这些知识的普及也

微评

★ 互联网时代，"双管齐下"才是王道，要积极利用好各种途径让节目成为双向互动平台，积聚人气。

是寓教于乐的表现。它在本土化改造的过程中除了秉承多反转、有趣味的特点之外，对于主流价值观所要求的接地气、寓知识都有完整且不突兀的呈现，即便是弘扬正能量却不令人觉得刻意做作。而成功的本土化改造是我国原创综艺节目发展的经验借鉴，如何制作出符合我国特点、有自身的创新特色的优秀综艺，更是我们未来需要探索和努力的。

反思：中国电视剧究竟该如何监管？

2015 年，在"一剧两星"的电视剧播放政策推出以及资本大量介入影视剧制作的背景下，全国电视剧播出成绩仍算可观，实现了由增量到提质的转变。但电视剧的下架再审核现象也暴露出了我国电视剧监管存在的问题，我们不禁反思：中国电视剧究竟该如何监管？

2015 年中国电视剧成绩斐然

2015 年中国共生产了 395 部 16000 多集电视剧，部数与 2014 年相比减少了 40 多部，但由于长篇电视剧较多，因此集数比上一年多了 500 多集。可见电视剧消费市场仍很旺盛。与此同时，在鼓励发展网络文艺的背景下，**网络电视剧的发展速度更快、势头更猛**。网络电视剧在 2015 年冲上了历史的最高峰，2014 年网络剧共生产 1400 集，2015 年网络剧生产量高达 12900 集，增长 7.7 倍，集数上和电视剧旗鼓相当，总量上接近了电视剧的一半。

微评

★ 近两年来，网络成为文化消费的新的开辟领域，网络剧、网络综艺人气居高不下，前景颇为可观。

2015年中国电视剧问题突出

微评

★ 很多网络电视剧为博眼球打擦边球，一时火了，但又会很快消亡。

尽管中国电视剧发展势头良好，但问题仍然非常突出：剧目选择的思想导向问题、播出宣传的恶意炒作问题以及收视率对赌问题依然存在。**而发展速度更快的网络电视剧更是问题重重：制作粗糙、精品较少、跟风严重、题材低俗、冲击底线。**网络剧的低俗化倾向突出，较多剧都存在创作者主观意识媚俗的问题。这在某些层面也反映了我国对于电视剧的监管方式、监管制度还亟待完善。毋庸置疑，电视剧的制作要坚持底线思维、弘扬社会主义核心价值观，这是电视剧监管所要抓住的核心。但与此同时，做到科学监管、艺术监管、依法监管更是新时期电视剧产业发展的要求。

中国电视剧该如何监管？

科学监管

科学监管是电视剧监管需要秉持的重要原则。目前，我国电视剧行业的监管审查仍暴露出很大的问题，以至于存在电视剧通过审查后又遭停播再次审查的现象。不能让电视剧监管成为海内外、业内外人士的谈资，这就亟须科学的监管方式来完善电视剧的审查管理工作。尽管我们明确对于电视剧重大项目要提前介入，及时发现剧中存在的问题，不要等成片了再下架，但对于如何引导、如何介入、存在何种问题，并没有具体的标准和科学的评价体系。因此，对于电视剧的审查监管，需要建立科学的评价体系和评价流程，尤其播出前的各种审查一定要到位。一经播出，就不要再轻易叫停。从电视剧的制作源头出发，运用科学的监管方式、严格提高监管人员水平，在电视剧的制作、播出等各个环节做好引导工作，减少在电视剧播出后才严加审核的问题。

艺术监管

监管是一门艺术。事实证明，模糊的监管往往会遏制创新，模式化的监管手段也会扼杀电视剧的艺术性，不能较好地传达电视剧所要表达的文化内涵、破坏电视剧的整体传达效果。 监管并不意味着要一味程式化地对于电视剧一刀切，相反，电视剧作为时代发展过程中影视艺术的重要组成部分，保留其创作精髓至关重要。在审查监管电视剧的过程中，要把握好监管的"度"，既能够保证电视剧的正确导向作用，又能够兼顾电视剧的艺术性和审美功能。通过巧妙的手段方法，在不破坏电视剧美感的基础上，让电视剧承担起其应有的时代责任。

依法监管

依法监管是电视剧监管的首要前提。 规范电视剧监管工作是繁荣电视剧创作、促进电视剧产业健康发展的依托。电视剧的监管必须有相应的规定作为保障和支撑。《电视剧内容制作通则》《电视剧内容审查实施细则》等规定必须贯彻落实到电视剧制作、播出的各个环节。因此，要加强对电视剧制作从业人员及电视剧监管工作人员的培训考核，提高电视剧监管人员的综合素质，建立专业的审核团队，规范电视剧监管工作，处理好与相关部委及各省宣传主管部门的关系，为各项电视剧监管规定的贯彻落实提供有力支持，使电视剧的监管工作步入规范化的道路，做到有法可依、有法必依、执法必严、违法必究。

正如国家新闻出版广电总局电视剧司李京盛司长所言：电视剧创作不仅要数量，更要质量；不仅要颜值，更要价

微评

★ 科学监管、艺术监管、依法监管是电视剧监管的重要要求，监管是一门艺术，既不能束缚其发展，又不能任其野蛮生长。

值；不仅要养眼，更要养心；不仅要解乏，更要解惑。电视剧产业的发展还有很长的路要走，但不管怎样说，在这样背景下中国电视剧依然繁荣发展，我们要向电视剧人致敬！相信中国电视剧产业的发展会越来越好，会有更多的文艺精品为电视剧的繁荣发展书写辉煌篇章。

踏雪寻梅——艺术品市场如何迎来新生？

2016年4月4日，吴冠中巨幅油画《周庄》于保利香港春拍以2.36亿港元成交，刷新了中国油画拍卖纪录。近年来，艺术品市场一路高歌猛进，迎来一个又一个的高潮。同时，泡沫集中、虚抬价格、秩序混乱等问题使得少数艺术品发展已完全游离于市场规律之外。建构艺术品市场的规范秩序是艺术品产业健康发展的基础，尽管《艺术品经营管理办法》（以下简称《办法》）的出台为艺术品市场提供了政策红利，但政策如何更好地贯彻实施才是艺术品市场迎来新生的关键。2016年3月24日，文化部发布了《关于贯彻实施〈艺术品经营管理办法〉的通知》（以下简称《通知》），艺术品市场需要褪去浮华泡沫的理性回归。

朝花夕拾——艺术品经营管理规范逐步推进

中国艺术品市场的发展起步于20世纪90年代初，得益于中国经济的高速发展，在短短的20余年间，已然发展为世界顶级规模。1994年，为了加强美术品经营的管理，保护创作者、经营者、消费者的合法权益，促进美术事业的健康发展，文化部首次发布《美术品经营管理办法》。此后，我国艺术品市场高速发展，成为世界艺术品市场发展的最大拉动力量，国际市场份额从不足0.4%发展到19%。在艺术品市场快速发展中，艺术品市场制假售假、虚假鉴定、虚高评估、投机炒作等问题不断打破市场生态，侵害创作者、经营者、消费者的合法权益，原《美术品经营管理办法》已不能适应当前我国艺术品市场管理与发展的需要。

2004年，文化部根据行政审批改革要求对《美术品经营管理办法》进行了第一次修订。之后，针对艺术品市场，文化部印发了一系列规范性文件，对美术品进出口、艺术品份额交易等分别做出规定。**2011年，文化部公布了《关于加强艺术品市场管理工作的通知》，提出要推动艺术品行业协会建设，推进艺术品市场立法进程，并对艺术品经营单位的经营权限和所应承担的责任做出明确规定。**

2014年，文化部启动《美术品经营管理办法》修订工作。期间，经过多轮调研并征求多方意见建议，数易其稿，最后经文化部部务会审议通过，形成《艺术品经营管理办法》，于于2016年1月18日正式颁布，这对于艺术品产业发展而言具有里程碑式的意义。文化部发布的《关于贯彻实施〈艺术品经营管理办法〉的通知》，对《办法》的具体贯彻实施做出了规定。

四面楚歌——艺术品市场乱象丛生

雅昌艺术的调查报告显示，2015年中国艺术品春拍市场总成交额为244亿元，同比2014年的335亿元下滑了27.2%，成交量同比降40%，成交率同比降12.89%。中国艺术品交易市场的冷淡直观地反映出市场交易诚信不足、艺术市场执法困难等问题，而这些问题都是制约艺术市场繁荣发展的绊脚石。

微评

★ 艺术品市场乱象丛生，亟待规范！

艺术品市场体制机制不健全

近年来，我国艺术品市场快速发展，市场规模不断扩大，日益成为大众文化消费的重要领域，艺术品主体市场体系初步形成，但**市场体系的发育一直进展缓慢，艺术品市场信用机制、评估鉴定机制、价格机制以及监管机制等相关体制机制建设相对不健全**，艺术品电商、艺术品金融等新型业态也亟待规范。此外，艺术品一级市场与二级市场关系错位，甚至相互挤压，产生了严重的负面影响。

微评

★ 艺术品市场需要建立权威和科学的市场体系，让一切交易流通都不再受制于现有情况。

艺术品市场人才支撑不足

人才是文化产业发展的核心要素，艺术品产业的繁荣发展、艺术品市场的规范，同样离不开专业人才的支撑。首先，艺术品产业从业人员专业素养有待提高。艺术品产业的发展需要从业人员具备较高的艺术修养和市场经营资质，而目前既懂艺术又懂市场的复合型人才匮乏。其次，艺术品产业从业人员道德修养有待强化。随着艺术品市场的兴盛，带有各种功利色彩的鉴定应运而生，颠倒黑白的现象时有发生。艺术品产业的发展需要"德才兼备"的高素质综合型人才，不论是艺术品专业鉴定人才还是艺术品经营管理人才，都要恪守职业道德规范，树立底线意识，既要具备扎实的专业基础知识，又要有较高的思想道德觉悟。

行业管理混乱，服务标准缺位

艺术品市场良好秩序的建立既需要政府层面的规范管制，又需要行业层面的自律。反观中国艺术品市场，从政府层面来说，中国艺术品市场的监督力度不够，体制、制度以及管理方法也不尽完善，使政府管理部门对中国艺术品市场监管在艺术交易领域中偶尔存在失灵现象；从行业层面来说，行业协会等非政府组织对于行业发展缺乏有力监管，行业自律意识较差，市场生态混乱。拍卖市场和画廊等艺术交易渠道存在着严重的错位。制假售假、虚假鉴定、虚高评估、投机炒作的个别现象令人触目惊心，服务标准及规范问题还有待于进一步加强。

踏雪寻梅——艺术品市场如何迎来新生？

推动建立、健全经营规范，完善艺术品市场体制机制

完善的体制机制建设是艺术品市场建立规范秩序的前提和基础，要"立规矩、明底线，强化主体责任"。**首先要建立明示担保制度。**《通知》指出，"要按照《办法》规定 督促艺术品经营单位落实明示担保和尽职调查制度，做到明码标价、信息全面真实、交易记录保存完整"。明示担保制度的建立对于保障消费者的知情权，促进公平透明交易而言具有重要意义。**其次，要逐步落实建立专家委员会制度。**《通知》指出，"对艺术品内容的认定具有较强专业性，要建立专家委员会制度，为政府管理部门执法及艺术品进出口内容审查提供专家专业意见"。专家委员会的专业意见能够为艺术品市场的规范化、专业化提供较为科学的指导和依据。**最后，要加快信用监管制度的建设。**《通知》强调，要"加强艺术品经营单位一户一档管理，完善信用信息，积极探索对艺术品经营单位的信用监管"。要不断通过建立警示名单和黑名单制度，完善守信激励和失信惩戒机制，营造良好的信用环境。

提高从业人员综合素质，营造井然市场秩序

艺术品产业从业人员素质的提高是行业自律的基础。首先，要着力提高从业人员的专业素养，通过构建艺术品经营管理产学研协同发展、开展艺术品经营管理专业知识培训学习等方式逐步提高从业人员专业素质。其次，要引导从业人员明确行业底线、强化主体责任、加强自身道德修养。《通知》强调，"要举办艺术品经营者培训班，宣讲管理政策，督促经营单位履行责任，提高守法经营意识"。要通过举办艺术品市场法制宣传周、公益展览、政策咨询、专题讲座、艺术培训等活动，以及通过广播、电视、报刊、网络媒体等新闻媒体，宣传《办法》精神及内容，营造艺术品市场井然秩序。

政府、行业协会合力，共建良好行业环境

艺术品市场健康的发展环境需要各方合力，发挥自身优势，方能卓有成效。首先，艺术品市场的规范需要以政府政策支持为引导。《通知》对《办法》所称从事艺术品经营活动的经营单位做出明确界定，并指出"各地要以贯彻实施《办法》为契机，深入行业调研，开展行业普查，摸清行业底数，准确研判行业现状与趋势，不断提高行业管理能力"。其次，政府要规范审批备案工作。各级文化行政部门要按照《办法》规定的审批条件和时限，开展艺术品进出口经营活动审批工作，重新编订审批服务指南，并在办公场所及政府网站相应调整审批公示信息。最后，还要加强行业协会建设。各地要积极推动成立地方行业协会，**鼓励和指导行业协会制定服务标准规范；加强行业自律，开展行业培训，促进行业交流；维护行业权益，参与公共服务；探索开展信用评价，为行业发展营造良好环境。**

微评

★ 艺术品行业的规范，既需要政府的强制力手段做保护，更需要行业协会的配合与支持。

省钱秘籍：小微文创企业税收优惠政策浅析

李克强总理 2015 年 10 月 21 日在国务院常务会议上做出了关于小微企业税收优惠政策的指示，强调"要用政府税收减法，换取'双创'新动能加法。进一步加大对小微企业、创业者的税收优惠力度"。在当前经济下行和资本寒冬的双重压力下，税收优惠政策的出台对于小微企业尤其是小微文创企业来说都无疑是一则重大的利好消息。

小微文创企业税收优惠政策有哪些？

小微企业在国民经济与社会发展中扮演着独特而又重要的角色。在增加就业人数、调整社会结构、优化资源配置等方面，小微企业都发挥着举足轻重的作用。而小微文创企业作为文化产业中最具创新活力的群体，它为文化的具体内容、表现形式、传播方式和服务模式多样化做出了贡献。据估算，**小微文创企业的数量已占到文创企业总数的 80% 以上，从业人员约占文化产业从业人员总数的 77%，实现增加值约占文化产业增加值的 60%**，可以说小微文创企业对中国文化产业发展功不可没。

近年来，国家十分重视小微文创企业的发展，陆续出台多套帮助小微企业和小微文创企业发展的税收扶持政策。据国家税务总局初步统计，2014 年全国企业所得税和增值税、营业税共减免 612 亿元。其中，享受所得税优惠的小微企业减免税101亿元，优惠政策受益面达90%以上。

　　我国针对小微企业的税收优惠政策主要分为**"分税种税收政策"**和**"配套税收政策"**两种方式。其中"分税种税收政策"包括对符合条件的小微企业按一定比例减少征收所得税、对销售额或营业额未达规定增值税起征点的纳税人免征增值税或营业税。同时，"配套税收政策"包括贷款损失准备金税前扣除、免征金融机构与小微企业借款合同印花税、对于研发支出的税前扣除和研发投资的减免应纳所得税。表1梳理了近年来出台的针对小微企业的税收优惠政策。

微评

★ 小微文创企业是文化产业市场的重要主体。相较于大型龙头企业而言，小微文创企业数量庞大，国家对其给予政策支持是其发展的一大福音。

表1　小微企业税收优惠政策

政策文件	核心要点
《中华人民共和国企业所得税法》（中华人民共和国主席令第63号）	符合条件的小型微利企业，减按20%的税率征收企业所得税
《关于小型微利企业所得税优惠政策有关问题的通知》（财税〔2011〕117号）	对年应纳税所得额低于6万元（含6万元）的小型微利企业，其所得减按50%计入应纳税所得额，按20%的税率缴纳企业所得税
《关于免征小型微型企业部分行政事业性收费的通知》（财综字〔2011〕104号）	对认定的小型和微型企业，免征管理类、登记类和证件照类有关行政事业性收费
《关于小型微利企业所得税优惠政策有关问题的通知》（财税〔2014〕34号）	对年应纳税所得额低于10万元的小型微利企业，其所得减按50%计入应纳税所得额，按20%的税率缴纳企业所得税

续表

《关于扩大小型微利企业减半征收企业所得税范围有关问题的公告》（国家税务总局公告2014年第23号）	将核定征收小微企业纳入享受所得税优惠征税范围，明确了小微企业减半征税管理方式、预缴办法、汇算清缴、政策衔接等内容
国务院总理李克强2015年2月25日主持召开国务院常务会议	将享受减半征收企业所得税优惠政策的小微企业范围，由年应纳税所得额10万元以内扩大到20万元以内，并按20%的税率缴纳企业所得税
《关于进一步扩大小型微利企业所得税优惠政策范围的通知》（财税〔2015〕99号）	将享受减半征收企业所得税优惠政策的小微企业范围，由年应纳税所得额20万元以内扩大到30万元以内
《关于贯彻落实进一步扩大小型微利企业减半征收企业所得税范围有关问题的公告》（国家税务总局公告2015年第61号）	只要符合小型微利企业规定条件，均可以享受小微企业所得税优惠政策。小型微利企业享受企业所得税优惠政策，不需要到税务机关专门办理任何手续，可以采取自行申报方法享受优惠政策
《关于认真做好小型微利企业所得税优惠政策贯彻落实工作的通知》（税总发〔2015〕108号）	要求各地税务部门要继续利用信息化手段对企业申报情况加强监测，及时筛查应享受未享受税收优惠等异常情况，确保小微企业税收优惠政策应享尽享

对于文创企业来说，我国过去的税收优惠政策并非集中在小微文创企业方面，**而是强调了文化产业的整体竞争力，**

其主要表现在以下三个方面：一是培育文化产业的一些重点行业；二是支持文化产品和服务出口；三是推动经营性文化事业单位转企改制。近年来文创企业税收优惠政策参见表2。

表2　文创企业税收优惠政策

政策文件	核心要点
《关于支持文化企业发展若干税收政策问题的通知》（财税〔2009〕30号）	电影拷贝收入、转让电影版权收入、电影发行收入以及在农村取得的电影放映收入免征增值税和营业税
	出口图书、报纸、期刊、音像制品、电子出版物、电影和电视完成片按规定享受增值税出口退税政策
	文化企业在境外演出从境外取得的收入免征营业税
	为生产重点文化产品而进口国内不能生产的自用设备及配套件、备件等，按现行税收政策有关规定，免征进口关税
《关于在全国开展交通运输业和部分现代服务业营业税改征增值税试点税收政策的通知》（财税〔2013〕37号）	自2013年8月1日起，在全国范围内开展部分现代服务业营改增试点，部分现代服务业涉及文化产业的有：提供信息技术服务、文化创意服务、广播影视服务，税率为6%
《动漫企业进口动漫开发生产用品免征进口税收的暂行规定》（财关税〔2011〕27号）	动漫企业自2011年1月1日至2015年12月31日进口《动漫企业免税进口动漫开发生产用品清单》范围内的商品免征进口关税和进口环节增值税
《关于文化体制改革中经营性文化事业单位转制为企业的若干税收政策问题的通知》（财税〔2009〕34号）	经营性文化事业单位转制为企业，自转制注册之日起免征企业所得税

小微文创企业虽然同样享受小微企业的税收优惠政策和部分针对文创企业的税收优惠政策，但由于其行业特性，有低门槛、轻资产、高风险的特点，与其他类型的小微企业相比，收益时间可能更长，也具有更明显的特殊性。因此，专门针对小微文创企业的税收优惠政策呼之欲出。2014年8月19日文化部、工业和信息化部、财政部联合印发了**《关于大力支持小微文化企业发展的实施意见》**，其中第十三条对落实税费优惠政策进行了专门的阐述（见表3）。主要强调了**提高增值税和营业税起征点，减免部分小微企业增值税和营业税，减免部分文化事业建设费和部分艺术品进口关税，逐步将文化服务行业纳入"营改增"试点范围等**。这一政策是在国家部委层面上，首次发文对支持小微文化企业发展工作进行专门部署，将培育小微文创企业创新发展能力作为一项重要内容，为支持小微文创企业发展工作明确了目标、方向和任务。

微评

★ 《关于大力支持小微文化企业发展的实施意见》的出台是小微文创企业的福音，但是政策如何落地、更好地为小微文创企业服务，还有很多待完善的地方。

表3 小微文创企业税收优惠政策

政策文件	核心要点
《关于大力支持小微文化企业发展的实施意见》	落实提高增值税和营业税起征点、暂免征收部分小微企业增值税和营业税、小型微利企业所得税减半征收，以及免征部分小微文化企业文化事业建设费、部分艺术品进口关税减免等各项已出台的税费优惠政策
	按照有关规定有序推进动漫企业认定工作，落实支持动漫企业发展的相关税收优惠政策
	研究完善有利于非物质文化遗产生产性保护企业发展的税收政策
	结合营业税改征增值税改革试点，逐步将文化服务行业纳入"营改增"试点范围

李克强总理说了啥？

国务院总理李克强2015年10月21日主持召开了国务院常务会议，确定完善研发费用加计扣除政策，推动企业加大研发力度，决定在全国推广国家自主创新示范区部分所得税试点政策，推进结构调整，助力创业创新。这一会议进一步指明了小微企业的扶持政策，同时也让小微文创企业在经济和资本下行的压力下感受到了政策的温暖与发展的希望。

会议的两大亮点都与小微企业税收优惠有关。**第一大亮点是完善研发费用加计扣除政策**。加计扣除是按照《中华人民共和国企业所得税法》规定，开发新技术、新产品、新工艺发生的研究开发费用，可以在计算应纳税所得额时加计扣除。国务院常务会议上确定从2016年1月1日起，放宽享受加计扣除政策的研发活动和费用范围，外聘研发人员劳务费、试制产品检验费、专家咨询费及合作或委托研发发生的费用等可按规定纳入加计扣除。这是旨在鼓励企业增加研发投入、提高自主创新能力的税收优惠政策。这一政策可以更有力地促进创造力和技术力成为创业驱动的主题，使得企业在市场微观层面充满创造力，并进一步为国家宏观层面的技术创新竞争力提供有力保障。

第二大亮点是会议决定**在全国推广国家自主创新示范区部分所得税试点政策**。投资未上市的中小高新技术企业2年以上，可按投资额的70%抵扣应纳税所得额。部分技术转让所得可享受部分免征优惠。部分高新企业转增股本的个人股东可在5年内分期缴纳个人所得税。这一措施能够吸引资本流向有创新能力的企业，使得创新驱动的发展战略成为企业的核心竞争力，并以定向结构性减税拉动投资，以优惠性政策支持投资者和企业共同度过资本寒冬。这一政策在短期来

微评

★ 小微文创企业的春天要到来了！

看是为了保持当前经济的平稳增长，使企业度过经济和资本下行压力时期，在长期来看是为了推动产业升级和结构调整的宏观经济战略。

在2014年国务院出台的《关于推进文化创意和设计服务与相关产业融合发展的若干意见》中我们可以看到两条与税收优惠政策的相关描述，即**"文化创意和设计服务企业发生的职工教育经费支出，不超过工资薪金总额8%的部分，准予在计算应纳税所得额时扣除。企业发生的符合条件的创意和设计费用，执行税前加计扣除政策"**。文化创意企业与高新技术企业有一定的相似性，也有很大的不同。因此，参照高新技术企业的税收优惠政策的具体设计，文化创意企业的相关税收优惠政策落实还需要在掌握文创企业特殊性的基础上逐渐落实，包括文创企业范围界定、相关费用归集等，这与李克强总理在国务院常务会议上的讲话精神是一致的。

小微文创企业税收优惠怎样更好落地？

国家文化产业在战略上的主要方向是科技和文化等新兴业态，尤其是扶持小微文创企业的发展。但目前小微文创企业缺少人才、资金、技术等问题依然存在，总体上竞争力不强，经营管理水平不高。小微文创企业想要健康持续发展还有许多工作要做。

第一，助力企业提升自身"软实力"。小微文创企业的核心是其无形的资产，如优秀创意、高质版权、创意人才、科技能力等。**因此需要政府在这方面加大支持力度，通过各类税收优惠政策帮助小微文创企业提升自己的软实力。**例如，可以针对优秀的创意能力制定专门的风险投资税务减免政策来吸引大量社会资本进入，共同扶持有实力、有潜能的小微文创企业脱颖而出。

第二，联动多方力量打出政策"组合拳"。各部门扶持小微文创企业发展的税收优惠政策应改变目前单打独斗的局面，出台的政策应互相配合，避免矛盾和抵消，形成政策组合拳。可以考虑采用纳税信用评价、融投资税收优惠、产业园税收优惠等政策联动。在税收优惠政策之外，还可以引入其他各方配套政策、加强文化品牌建设、发展创业服务机构和管理咨询机构，着力

为小微文化企业提升创新发展能力创造条件。

　　第三，善用税收政策促进市场**"公平性"**。税收优惠政策对于小微企业和风险投资者来说有着更为公平的激励作用，可以在一定程度上避免行政扶持和财政扶持导致的行政职能越位的问题。税收政策的普惠性和公平性也可以吸引更多人才和资本进入文化产业，加速我国文化产业从政府投资主导向社会投资主导方向转变。

　　第四，要让税收优惠政策**"接地气"**。无论是《关于大力支持小微文化企业发展的实施意见》，还是国务院《关于推进文化创意和设计服务与相关产业融合发展的若干意见》中对税收优惠政策的相关支持，都有待于进一步细化、落地，小微文创企业的发展，需要更加细致、能够落地的可操作性税收优惠政策。当然，政策的推广需要有一个适应、调整的过程，要通过政策的试行，发现问题、改善问题，从而让小微文创企业真正受益，不断成长。

微评

★ 政策是为了更好地为小微文创企业服务才制定的，因此要站在小微文创企业的角度出发，助力其降低运营风险、激活创造力。

微信扫一扫

乐园也疯狂，辛酸谁人知？

当上海迪士尼还在万众瞩目中等待开园的大喜之日时，国内正在建设或筹划建设的主题公园如雨后春笋般涌现，国外在准入门槛放宽的形势下也争先恐后地瞄准了中国消费市场这块"大蛋糕"。然而在井喷的背后，主题公园是否真正如表面上显示的一派繁荣？

主题公园的前世今生

我国主题公园自20世纪80年代诞生起总共历经了四个阶段的打磨。1.0时代的主题公园流行于80年代左右，以兴建包含娱乐、观光设备的游乐场为主；2.0时代的主题公园始于80年代末90年代初，代表类型为深圳的"锦绣中华"，自此，全国各地出现了以民族文化、世界文化为主题的各类主题公园，这一时期，主题公园真正在全国范围内兴建起来；3.0时代的主题公园是步入2000年之后，伴随着社会经济的发展和高科技手段的兴起，出现了规模化和集团化的特征，种类也更加趋于多元化，形成了以北京、上海、深圳、杭州等大城市为中心的主题公园集中区域。**现如今，随着数字技术、4D技术、人工智能等新兴技术的发展成熟，主题公园投资规模更加庞大，文化与科技融合进一步深入，涌现出了一批包含中华文化因子又兼备高度互动性和体验性的主题公园，深圳华强集团打造的方特主题乐园就是最具代表**

性也是最成功的典型之一。

当下，除了上海迪士尼之外，全球最大环球主题公园正式获批落户北京通州，总投资超200亿元、总面积400公顷，预计2019年开业；山水文园投资集团与美国六旗集团在海盐合作打造的世界级度假区项目启动；时代华纳和梦工厂已基本确定将首次合作放在珠海，双方将投资2000亿元，分三期开发建设一个全球最大的主题公园。未来几年内，"混血"主题乐园必将占据国内主题乐园市场的半壁江山，除去这些"超级乐园"之外，大连、广东、山东、江苏等地也有着计划在列的主题公园项目。数据统计，目前国内主题公园的开发数量是美国近60年的70多倍，已有2500个主题公园正在上演"割据战"，而近10年来涌现的主题公园中，已倒闭的约占80%，给国内旅游业造成的经济损失高达3000亿元。

亏损背后，原为何故？

文化内涵缺失，同质化竞争严重

大量盲目的抄袭和模仿是国内主题公园的通病，特色和文化内涵的缺失造成了同质化竞争严重和市场吸引力、认可度低，难以形成规模效益。主题公园是以创意为核心竞争力的旅游产品，而创意和文化恰恰是我国主题公园建设的软肋。由于追求短期的经济效益和恶性竞争，大多主题公园仅限于对成功案例的简单模仿和粗制滥造，虽然项目繁多，但精品匮乏。独特鲜明主题的缺失，导致国内很多主题公园在模式、内容上非常相似。综观世界范围内取得成功的主题公园，都是个性鲜明、独一无二，能够给人留下难忘印象的。

微评

★ 新技术的出现让主题公园的吸引力大幅上升！

★ 文化是主题公园的精髓和灵魂。没有文化内涵的主题公园纵使拥有再多先进科技手段和设施，都是徒劳，而文化的凝聚力恰在此时熠熠生辉。

产业链条断裂，盈利模式单一

成功的主题乐园应同时具备文化内涵、硬件设备以及优良的服务等特点，并有一套自己的盈利模式。当前国内主题公园的大部分收入依旧来自门票，而衍生产品和其他盈利渠道的开发仍处于探索阶段。**从投资的角度看，**单一的盈利模式本身就是一种风险，这使得主题公园管理者很难获得有效的融资成果，这也是中国大多数主题公园亏损的重要原因。纵观世界上成功的主题公园，都对于整个产业链进行了有价值的开发。以迪士尼乐园为例，其收入中门票、购物和其他三部分的比例基本是3：3：4，把主要盈利点放在娱乐、餐饮、住宿等设施项目，门票收入只作为日常维护费用。

盲目建设，市场调查缺失

主题公园在进行定位前首先要找到市场空白点，然而在一系列土地、税收优惠政策频出的条件下，部分主题乐园项目盲目启动，在建设前缺少对于目标市场和人群的调研，以及对于国内旅游市场缺乏明确的认识，以至于在后期的门票制定和相关配套设施的建设中都存在着各种隐患。对于一些二三线城市而言，由于建设时期投资巨大，为了还本付息、维持经营并赚钱，高价门票和高消费成为维持主题乐园生计的唯一办法。而对于当地居民和游客而言，高额的费用加之淡化的主题感，很难吸引他们重复游玩，最终导致了主题公园的衰败。

主题公园如何突围？

深挖核心文化内涵，创新表现形式

利用好中国元素、发扬中国文化特色，是中国本土主题公园"突出重围"的一条重要路径。我们一方面要深挖主题公园的文化内涵，继承和发扬传统文化因子，优化各类主题的表现形式，进一步打造品牌主题公园，提升我国主题公园文化和市场的双重吸引力；另一方面，要推进主题公园的自主创新、集成创新、引进消化吸收再创新，借鉴国外引进主题公园的优势与长处，与我国自身的文化特点相结合，探索更具有表现力和吸引力的先进技术，加快主题公园产品的转型升级，在主题公园的基础上进一步推进涵盖多功能复合型的旅游综合体。

关键衍生产品开发，延长产业价值链

以迪士尼为例，其产业链的上游为原创动画作品，下游为相关衍生产品的开发，主题公园只是链条中游。 据调查，主题公园的收入仅占迪士尼商业获利的27%，更多的收入则来自衍生品开发等。因此，单一的门票经济在当今已无法支撑主题公园的成长，只有将资源整合，进行深入挖掘，找到产业链得以延伸的价值点，才能够将其附加值发挥到最大化。目前，我国主题公园的建设企业也正在为产业链的完善做出应有的努力。以华强为例，该公司已经涉及了包含数字动漫、影视出品、文化科技主题公园、游戏软件和文化产业衍生品等16个业务领域，正在逐步打通产业链的上中下游，实现全产业链的升级。

趋势打造复合形态，扩大影响力

从目前来看，以迪士尼、环球影城为代表的国外主题公园大都是业务领域高度多元化的产业链集团，主题乐园作为旅游综合体的一部分存在，包含行、住、吃、游、购、娱六大要素。以奥兰多迪士尼乐园为例，它拥有4座超大型主题乐园、3座水上乐园、32家度假饭店以及784个露营地，集购物、娱乐和餐饮于一体，形成了一个庞大的旅游综合体，从而大大强化了迪士尼作为旅游目的地的吸引力。我国在打造主题乐园的时候，也应当以复合形态为目标，从过去单一

微评

★ 主题公园的产业链开发太重要了，目前国内许多主题公园的主要盈利手段仍是通过门票。长此以往，主题公园的知名度和生命力会大打折扣的。

化的发展战略中跳脱出来，形成能够集聚不同产业形态、辐射周边地区、带动经济发展的重要引擎。

命脉对接消费市场，树立品牌形象

一方面，在主题乐园风生水起的当下，能够影响其长期生存的命脉是能否有效与市场需求相对接。不是国内任何城市都适合建造迪士尼一样的超级主题乐园，面对市场上不同的消费群体，主题乐园的建造不能一刀切。能够适宜当地的文化消费水平，为人们所喜闻乐见的就是真正成功的。另一方面，品牌作为巨大的无形资产，能够给主题公园带来不可估量的影响力和附加值，因此应在找准特色之后，着力扩大主题公园的知名度，确立品牌地位，使主题公园内的餐饮、购物等项目与主题公园的品牌形象相配套，将自身优势发挥到最大化，让品牌为主题公园乃至整个地区带来良好的效益，从而助力中华文化主题公园走出国门，走向世界。

别开生面：互联时代的产业新篇

　　科技的发展是时代进步的镜子，见证了社会得不断进步。文化产业在科技驱动下发展得如火如荼，新业态层出不穷，展现出前所未有的发展活力，尤其是以网络直播、网络音乐等为代表的网络文化产业更是以其旺盛的生命力书写着文化产业发展新篇章。新兴文化产业的蓝图已经跃然纸上，让我们拭目以待。

创立熊猫TV，"国民老公"难道又在烧钱!?

　　不管你承不承认，在玩游戏这件事情上，看别人玩比自己玩有意思多了。如果说近期中国游戏行业有什么大事发生的话，莫过于在网上有"国民老公"这个诙谐头衔的王思聪正式进军游戏直播领域，创立熊猫TV。2014年，面向视频游戏的实时流媒体视频平台Twitch被亚马逊以9.7亿美元成功收购的消息传到中国，原本籍籍无名的国内游戏直播平台瞬间炙手可热。熊猫TV究竟是王思聪跟风的"烧钱"行为，还是深思熟虑后的慎重决定？对这个问题仍未有定论。

　　"国民老公"酷爱游戏，早年便参与ACE（中国电子竞技俱乐部联盟），在游戏投资上向来"壕"气逼人。2011年，23岁的王思聪高价"挖角"组建著名的IG电竞俱乐部，先后投资云游控股、乐逗游戏等游戏公司，前不久分别掷金1亿元入股游戏视频内容提供商ImbaTV和新三板上市公司英雄互娱，积极布局移动电竞领域。不管是"不差钱"还是营销有道，顶着"万达少主""国民老公"光环的王思聪，一举一动总能引起轩然大波。如今高调进军游戏直播平台，更是使本就不平静的国内游戏直播市场风起云涌。

　　游戏直播，不只有王思聪

　　随着网络游戏产业链日渐成熟，游戏直播行业应运而生。游戏直播，实质就是通过垂直网络视频平台，将游戏作为一个娱乐内容和载体呈现给用户。从内容形式上，游戏直播主要分为赛事直播、节目直播、个人直播三大类。现阶段，我国游戏直播尚处在起步阶段，以英雄联盟、DOTA2、炉石传说、地下城勇士、穿越火线等在线竞技类游戏为主，倾向于个人直播，赛事直播、节目直播较少。

随着王思聪的入局，游戏直播平台再次被推上了风口浪尖。事实上，游戏直播，从不缺乏喧嚣。**从早期的斗鱼、战旗，再到后起之秀虎牙、火猫、龙珠，游戏直播市场早已人满为患。**腾讯、网易和巨人等传统游戏巨头更是有意介入这一领域。

在国外，游戏直播更加疯狂。游戏直播平台的始祖Twitch一度成为美国流量排名第四的网站，仅次于Netflix、谷歌、苹果。2014年8月，一向"抠门"的亚马逊以9.7亿美元击败谷歌成功收购Twitch，成为亚马逊史上最大的收购交易之一，亚马逊也因此一举占据游戏直播行业领先地位。2015年6月，YouTube进军游戏市场，推出名为"YouTube-Gaming"的游戏直播服务，与Twitch展开直接较量。

拼爹的年代，每个平台都有个"好爸爸"

Twitch的一跃而起，激起国内资本进军网络游戏直播平台的极大兴趣。YY、红杉、软银等资本纷纷入场，积极布局游戏直播，国内涌现了虎牙、龙珠、斗鱼、战旗等多个游戏直播平台，见表1。原本默默无闻的国内游戏直播平台一路水涨船高，从幕后走向台前，迅速燃起战火。

微评

★ 直播平台越火爆，就越吸引更多资本驻足。游戏直播让游戏变得更加鲜活，可观、可议、可感，这是互联网时代所带来的变革。

表 1：中国主流游戏直播平台投资现状

平台	投资方/资源方	金额
虎牙	欢聚时代（YY）	7 亿元融资预算
龙珠	腾讯	1 亿元融资
斗鱼	红杉资本	2000 万美金的 B 轮融资
战旗	边锋/浙报	浙报市值 230 亿元

　　游戏直播行业门槛虽然极低，但却是一个烧钱的主儿。游戏直播平台的钱主要"烧"在两个方面。**第一，签约主播**。由于最靠近观众，知名主播是游戏直播平台吸金的关键。游戏主播无论是专业级还是花瓶级，都有庞大的粉丝群体，能够带来强大的粉丝经济。中国游戏直播平台起步晚但增长迅速，优秀主播资源匮乏、培养周期长、忠诚度低。在"僧多粥少"的局面下，主播争夺战一波未平一波又起。

　　第二，宽带成本。高宽带是提升观众观看体验的根本。在中国，接入带宽需要租用电信公司的互联网数据中心或者是通过内容分发网络运营商支付给电信公司。据统计，国内游戏直播平台年带宽成本有几亿元。随着用户规模扩大，宽带投入将会更高。而国外平台的宽带投入较少。以 Twitch 为例，Twitch 在美国各州自建机房和光纤，免费接入 AT&T 等电信商。既缩减了成本，又保证了直播效果。

　　即便这样，不被主流社会认可的游戏直播依然能够得到巨头资本的青睐，主要是因为游戏产业的日益成熟和用户流量的高速增长。2004 年 4 月 12 日，广电总局发文禁止电视台播放电脑网络游戏类节目，断绝了游戏行业最重要的传播

微评

★ 即使不被主流社会认可，但是不可否认的是，直播市场前景之广阔，远远超出我们的想象。

渠道，很大范围内影响着游戏产业的盈利模式。近年来，随着互联网的发展，网络视频的兴起为电子竞技业的腾飞找到了突破口。根据《2014年中国游戏产业报告》统计，2014年，中国端游用户数量约为1.58亿，游戏视频覆盖的端游用户数为1.05亿，其中游戏直播为4935万。随着移动互联网的快速发展，游戏直播平台向移动端转移，将会带来更大规模的用户量，业内预计，2016年游戏直播用户有望破亿。作为一个具有无限增长潜力的领域，每个游戏直播平台都不愁找到一个"好爸爸"。

"烧钱"的背后能否copy国外的盈利模式

问题的关键在于，即使大手笔的投入，国内游戏直播平台也尚未找到合适的盈利模式。国外游戏直播行业的发展经历了长期的演变过程，已形成较为成熟的盈利模式：会员费和广告。会员费是指用户通过付费享受特别福利：广告消除、观看付费内容、订阅频道等。广告收入则通过插播及游戏推广实现，除此之外，与游戏赛事主办方合作也能获得一定的广告收入。

但在中国，用户习惯免费模式，且国内游戏平台游戏种类偏少，画面清晰度、流畅度体验尚不完善，短时间内很难形成会员订购服务体系。目前，只有虎牙在尝试会员订购模式。除此之外，由于担心插播广告会影响直播效果从而降低用户体验，各大平台非常谨慎。这样一来，国外成功的模式在国内被复制的可能性很小。

靠"烧钱"堆起来的平台，致命伤在哪里？

变现危机

我国游戏直播平台目前的盈利模式只有通过销售虚拟道具获得分成的打赏模式，粉丝通过购买道具支持明星主播，道具收入由网站和主播分成。但游戏的性质决定了游戏直播用户大多是收入不高的学生和白领，依靠打赏模式很难实现平台的高盈利。与收入乏力相比，直播的成本呈指数上涨，大多平台处于亏损状态。

天价主播

从2014年到2015年，国内游戏主播的身价至少翻了10倍，顶尖主播年薪高达2000万元（见表2），但他们带来的收益回报却不足10%。游戏主播年薪虚高，主要由于直播平台烧钱抢夺主播抢占市场份额的恶意竞争。超高薪签约主播除会导致平台自身消化不良外，对游戏产业也是摧毁性的打击。

表2：游戏主播行业身价TOP主播排行（不包括现役职业选手）

编号	主播昵称	直播游戏	类别	当前预估价格（万/年）
1	若风	LOL	职业选手	2000
2	Miss	LOL	视频解说	1700
3	white	LOL	职业选手	1500
4	小智	LOL	视频解说	1500
5	董小飒	LOL	草根大神	1500
6	dopa	LOL	草根大神	1500
7	小苍	LOL	职业解说	1200
8	JY	LOL	视频解说	1000
9	草莓	LOL	职业选手	1000
10	微笑	LOL	职业选手	1000

资本泡沫

在无法自给自足的情况下，游戏直播更像是一场资本游戏。在花钱砸流量、用流量换投资、再用钱买流量的轮回中，投资方被平台、主播、赛事版权方共同打造的行业虚高所迷惑，资本泡沫越吹越大。繁华落尽，整个行业或将满目疮痍。

版权风险

目前，我国有关游戏直播的相关法律法规尚未出台，有关直播过程中的内容版权、主播肖像权、音频版权以及转播权均没有明文规定。2015年10月，国内首例电竞游戏直播侵权案宣判，斗鱼公司被判构成不正当竞争，立即停止播出DOTA2亚洲邀请赛。对于游戏直播平台来说，版权之争才是隐藏的威胁。

游戏直播，出路何方？

尽管熊猫TV第一天公测就故障频出，但业界依然对其寄予厚望。最近又传出王思聪大手笔签下若风、Angelababy、央视著名解说段暄等红人，如此一来，王思聪不仅"不差钱"，还从游戏战队、直播平台，到手游发行公司、移动电竞，线上线下均有布局。但熊猫TV能够能否改变游戏直播行业的现状，还不能妄下结论。

随着游戏直播领域日渐成熟，平台门槛也在逐渐提升。经历了起步期疯狂的"烧钱"大战，游戏直播平台应当趋于理性，借助互联网，提升变现能力。第一，依靠优质的解说内容和用户体验留住用户；第二，寻求平台间的合作，避免恶性竞争；第三，扩展游戏联运业务，开发小游戏，拓展产业链；第四，打造自有IP，从平台向内容方面拓展，开发具有辨识度的IP品牌，减少对游戏的开发商与版权商的依赖，巩固市场地位。

微评

★ 游戏直播诞生于新技术的摇篮，作为网络直播中的重要组成门类，游戏直播为产业发展带来了活力，但其中的许多问题都亟待规范。

硝烟弥漫的网络音乐平台版权大战，谁是真正的赢家？

2016年1月22日，中国互联网络信息中心（简称CNNIC）发布第37次《中国互联网络发展状况统计报告》显示，截至2015年12月，网络音乐用户规模达到5.01亿，较2014年底增加了2330万，占网民总体的72.8%，其中手机网络音乐用户规模达到4.16亿，较2014年底增加了4997万，占手机网民的67.2%，移动音乐客户端成为人们收听音乐的主要方式。面对网络音乐蓬勃发展的态势，网络音乐平台的竞争也更为激烈，腾讯音乐、阿里音乐、海洋音乐三分天下的格局让基于音乐版权的竞争进入了新阶段。

格局：网络音乐平台竞争进入三足鼎立的时代

当我们打开手机上的音乐APP收听音乐时，会发现这样一个现象，QQ音乐上听不到《我是歌手》第四季的现场，而虾米音乐上没有周杰伦的歌曲。这同2013年以来硝烟弥漫的网络音乐平台版权大战不无关系。在这场版权争夺战中，QQ音乐购买了华纳、杰威尔、索尼、华谊等唱片公司的歌曲版权。并且同华纳音乐就版权进行了深入合作，将独家版权经营纳入其绿钻模式的生态链中，推出了O2O服务等先进模式。阿里音乐、海洋音乐、百度音乐等网络音乐平台巨头也纷纷和唱片公司以及音乐综艺节目签订合约。我国版权市场基本上已经被瓜分完毕，腾讯音乐（QQ音乐）、海洋音乐（酷狗、酷我）、阿里音乐

（天天动听、虾米）三足鼎立的音乐平台竞争格局初步形成。

国家版权局于2015年7月8日发布《关于责令网络音乐服务商停止未经授权传播音乐作品的通知》，责令网络音乐平台下架盗版音乐，我国数字音乐正式进入了版权时代。在新音乐产业观察的网络调查中，**有46.1%的网友表示支持数字音乐正版，29.8%的网友表示无所谓，可以接受合理收费，只有24.1%的网友表示反对，若要收费宁愿不听。**立足于版权的竞争既是基于国家政策的经营战略调整，也是用户素养加强下的必然选择。免费音乐的时代正在终结，付费正版音乐时代的序幕已经拉开。

微评

★ 可见绝大多数人还是有版权保护意识的，希望这样强有力的手段能够唤醒公众对于版权付费的认知。

意义：独家版权经营意味着什么？

对音乐生产者

网络音乐平台对于版权的独家购买，让唱片公司拿到了一定数量的版权费用。在网络平台对于独家版权的竞争中，版权费势必水涨船高。可以说，出售独家版权和原有的版权分销方式相比，能够使唱片公司获得更多的经济利润。更重要的是，网络音乐平台能给唱片公司除了版税以外新的诸如音乐版权管理、艺人推广等更为多元化的衍生价值。独家版权经营对于音乐作品的创作者，包括演唱者、词曲作者、制作人，通过更高金额的版权分成，使音乐创作者的经济利益得到了一定的保证。**特别是虾米音乐通过"寻光计划"对于独立音乐人进行扶植，程璧、金玟岐、卡奇社等具备用户辨识度和潜力的原创音乐人因此获得了开演唱会、出唱片的机会。可以说网络音乐平台的版权大战在一定程度上保护了音乐生产者的利益。**

★ 对于音乐生产者而言这无疑是一大乐事，终于迎来了网络音乐市场规范化的一天！

对音乐消费者

基于独家版权的竞争在客观上造成了音乐曲库的分裂，不同的APP造成了封闭的生态链，用户不得不在两种收听方式之间切换。就拿虾米音乐和QQ音乐对比，两者在UI、云计算方式、曲库方面都有很大差异。用户不得不横跨平台，造成了操作习惯、歌单曲库、购买方式均产生很大的差异，在移动客户端切换平台极大地损害了用户体验。用户是否会因为网络音乐平台占据自己所喜欢的歌手的独家版权而转投阵营？根据现实状况，在手机中安装"双APP"成为一种常态。在短期内网络音乐平台的确可以吸引到更多的用户，但是用户对于这种现象的抱怨仍在持续，未来，用户有可能放弃"被"独家的歌手，从而放弃此音乐平台。

对网络音乐平台

对于内容分销平台，即网络音乐平台而言，独家版权经营是为付费下载模式服务的。而站在付费下载模式对立面的就是以Spotify为代表的流媒体音乐服务。流媒体相比传统的数字专辑下载模式，有两大优势：一是费用更低，订阅Spotify一个月只需要9.99美元，而一张Taylor Swift最新专辑的下载就需要12.99美元；二是用户体验更好，用户通过订阅流媒体，可以随时随地收听自己喜欢的音乐，不再受到存储介质的限制。因此，流媒体受到了极大的欢迎，Spotify现在共有6000万的活跃用户，有超过2000万的付费用户，在欧洲的市场份额已经超越了iTunes。

我国网络音乐平台选择独家版权经营的模式进行版权大战，并不是逆潮流而行的表现，而是有着自己的现实考量。**首先，选择独家版权经营是网络音乐平台抢占市场的要求。**我国音乐产业付费时代才刚刚到来，网络音乐平台的竞争还

微评

★ 独家版权经营虽然强化了公众的版权意识，但也为我们听歌带来了些许不方便，手机里安装多个音乐播放器是常态，希望随着网络音乐市场的不断完善，可以让听歌更便捷。

很激烈。网络音乐平台花费巨资抢占版权，就是为了抢占歌手背后的广大粉丝，以获取差异化的竞争优势。而阿里音乐集团董事长高晓松在2016年1月15日的全民互联网嘉年华上表示，未来阿里音乐的战略重点将从播放器转移到音乐平台上来，更是体现了音乐巨头通过音乐版权贯通泛娱乐全产业链的诉求。其次，我国数字音乐产业处于较低的发展水平。相比欧美国家，我国的数字音乐产业发展时间短、发展程度低。美国的数字音乐产业也是由以iTunes为代表的付费下载模式逐渐转变到流媒体模式的。最后，我国用户收听习惯促使网络音乐平台选择独家版权经营。从RSS订阅在中国的惨淡情况可以看出，我国用户尚未养成订阅服务的习惯。让刚从盗版免费时代走出来的中国听众一下子就接受流媒体音乐显然不太现实。因此，进行版权大战成为我国网络音乐平台不得已为之而又不能不为的行为。

未来：从版权独家到版权分享？

版权授权成为趋势

版权大战在2015年年底开始，发生了新变化。2015年10月13日，QQ音乐与网易云音乐宣布达成合作，本次合作主要以音乐版权转授权的形式进行，QQ音乐向网易云音乐转授音乐版权150万首。2015年11月24日，QQ音乐又和多米音乐签署版权授权协议。而进入2016年，QQ音乐又和酷狗、酷我两家公司签署相互转授权协议，授权音乐版权数量超过100万首。此次转授权协议达成后，QQ音乐将获得酷狗、酷我独家代理版权的大部分音乐作品的转授权，酷狗、酷我获得了QQ音乐独家代理版权的大部分内容。这种策略一方面通过分销版权使得网络音乐平台获得经济利润，另一方面避免了独家版权带来的生态封闭造成的音乐产业发展的困境。由"掠夺"独家版权转向基于版权的深度合作，我国网络音乐平台的未来发展势必会同音乐的分享精神更为契合。

版权环境得到改善

无论是独家版权还是版权共享，只要是基于版权的音乐平台竞争就需要一个良好的市场环境供其发展。这一方面需要政府继续加强顶层设计，通过加强监管力度，进一步打击网络音乐盗版行为，也从立法的角度出发建立音乐版权法律保护体系。另一方面需要音乐平台用户培养自身的版权意识，改变多年以来免费听歌的习惯，这就要求全社会共同努力去营造一个良好的文化氛围，也要求从教育出发对青少年加强版权意识的培养。只要根本上提升了我国网络音乐平台用户的文化素养，盗版猖獗的问题自然迎刃而解，版权竞争才会有真正的意义。

十几年间，音乐产业的市场规模从400亿美元骤降到150亿美元，传统音乐产业一直处在不断衰落的状态。宋柯转行卖烤鸭、虾米音乐创始人王皓转岗阿里钉钉、无数唱片公司的倒闭，音乐作为一门传统的娱乐方式深深地受到了电视、电影等新兴艺术的巨大冲击。而音乐平台改变了传统唱片业中唱片公司和用户双方之间的关系，它介入这种传统关系中，可能是音乐产业重新发展的动力。无论是Spotify、iTunes还是腾讯音乐、阿里音乐，它们都在尽自己的努力改变现在的音乐大环境。无论这场版权大战能否真正改变中国音乐产业的发展方式，至少音乐本身成为最后的赢家。

微评

★ 这样的情况是令人痛心的，音乐人迫于生计离开了自己钟爱的音乐舞台，梦想不再。希望音乐市场体系的不断完善能够让所有音乐人不用在现实面前低头！

你知道吗？未来的互联网文化产业原来是这样的

互联网文化产业也可以称为新媒体产业、数字文化产业或者数字娱乐产业，特别是移动互联网，通过商业模式创新成为当今文化与科技融合的核心领域。到 2016 年年底，互联网文化产业市场价值约占我国文化产业的 70%。那么，未来互联网文化产业将何去何从？我们从产业链条、产业门类和产业主体三个方面来思考研判。

从产业链条来看，互联网文化产业增值空间有多大?

文化创意：互联网的开放共享精神让创意无处不在

创意是文化创意产业产业链的源头。互联网的功能远远超出我们的意料之外，通过对硬件、软件、创意以及资本等要素的整合，互联网这个开放包容的环境与精神，形成的是一种开放共享精神无处不在的环境，这是一种颠覆。社交网络就是很好的例子，据调查，参与社交网络的人群中，94% 的人通过社交功能进行学习，78% 的人用以分享知识，49% 的人借以和专家互动，形成一个个鲜活灵动的"大脑链"，无数的创意在互联网的空间中流动、碰撞，这是文化创意产业发展的源头活水。

文化生产：互联网打通文化领域产业链

互联网颠覆了经济，也颠覆了文化产业，形成了新的文化产业链。无论是阿里巴巴完成对文化中国的股份收购并更名为阿里巴巴影业，还是爱奇艺成立爱奇艺影业公司，抑或是腾讯文学在与盛大文学合作之后又与美国数字发行公司Trajectory签署协议。**几大网络巨头开始进入文化产业领域，打造影视、文学、动漫、音乐、游戏等多领域的全方位业务。**BAT等互联网公司都开始了在影视、文学、音乐、动漫等诸多领域的布局，这是文化产业发展中的一抹亮色，更成为文化产业转型升级中的重要推动力量，借助于互联网行业的资本、技术以及互联网思维在这一过程中的不断渗入，更多的新鲜血液也将注入文化产业的生产环节之中。

文化流通：平台化让文化产品服务流通更加便捷

互联网给中国文化产业发展带来新的爆发点和增长点，越来越多的平台型文化企业与文化创意平台经济集群开始出现并且崭露头角，他们成为文化产品、服务便捷流通的重要载体。京东商城、凡客诚品、1号店、阿里巴巴、易讯、易购、库巴、当当、亚马逊等平台型企业均把平台经济的效应发挥到了极致，其平台上所搭载的文化产品与服务在很大程度上延伸了现有文化产业的流通空间，成为文化产业链条中至关重要的一环。正是这样的平台，让人们可以足不出户便可消费文化产品与服务。

文化消费：互联网刺激文化消费，反推文化供给

从电子阅读的逐渐普及到剧场、影院的网络低价售票，近年来网络已经成为居民文化消费的重要途径，尤其移动互联网的广泛应用已经深入人们文化娱乐生活的方方面面，极大地促进了文化消费。以2014年北京举办的第二届惠民文化消费季为

微评

★ 互联网公司从自身出发，已经开始进行互联网文化产业的全布局，这就需要对互联网文化产业的全产业链进行充分认识。

例，两个月期间，累计消费金额达101.4亿元，消费者通过网络订票、文惠卡等方式获得的优惠低至五折。其中，网上惠民文化消费季参与的网站数量增加到13家，电商公司围绕各类文化产品和服务展开促销活动，引导市民参与数字化文化消费。**互联网激发了人们的文化消费需求，而文化消费市场的繁荣又反过来推动了供给，促进了文化生产。**

从产业门类来看，互联网文化产业如何转型升级？

网络游戏：市场、内容和直播的变革

从市场规模来看，移动端游戏迅猛增长，移动游戏占比有望超过PC端游戏。根据艾瑞咨询2015年第三季度的数据，中国网络游戏市场规模达到353.9亿，其中移动游戏占比升至35.1%，规模达到124.1亿，PC端游戏占比仅48%。未来移动端游戏依然有持续上升的趋势。从游戏内容来看，IP泛娱乐继续深化，丰富了网络游戏内容。IP形成的产业链使得游戏、影视、文学、动漫正在加速行业整合，形成文化闭环。老游戏经典IP、文学影视类IP以及动漫二次元IP是目前市场上网络游戏内容来源最多的三种IP形式。游戏、动漫、文学、影视的叠加效应和联动推广，带动更多IP粉丝流入并发挥粉丝经济效应，游戏的市场进一步扩大。从游戏直播来看，随着网络游戏产业日渐成熟，游戏直播行业应运而生。根据艾瑞咨询调研数据，2015年国内的电子竞技用户达到1亿人，其中超过80%的用户会观看游戏直播。电竞行业已经形成从电竞游戏、电竞赛事、内容制作到电竞直播的完整产业链。伴随着手机移动端的发展，游戏直播平台将向移动端迁移，伴随着移动端游戏直播技术的提高，将会带来更大规模的用户量。

微评

★ 互联网文化消费成为供给侧改革的有效组成部分，起到了拉动经济发展的巨大作用。

微评

★ 作为内容生产源头的网络文学，在网络文化的全产业链开发之中起到了巨大的作用，这就需要监管和版权保护的进一步完善。

网络文学：产业链、渠道与监管的优化

从产业链的打造来看，**网络文学作为打造"超级IP"全产业链的重要一环，与游戏、动漫、影视、传统出版整合在一起，联合产业链各环节对明星IP进行多元化的衍生开发，将粉丝经济最大化，使得版权价值得到极大提升**。同时，将产业链不断深入推进，立体挖掘网络文学的价值，向文创衍生品、主题公园开发领域拓展，打造出真正意义上的网络文学立体化全产业链模式。从产业渠道的拓宽来看，网络文学以线下出版发行模式传播将成为历史。随着电子书的流行，网络文学的媒体依托变为智能手机、平板电脑、电子阅读器等。百度平台数据显示，网络文学移动端搜索指数占比已经超过80%。网络文学产业向移动互联网产业倾斜，满足了用户对操作平台多元化的需求以及他们利用碎片化时间阅读的习惯。从加强市场监管来看，我国网络文学的发展逐步成熟，但对于法律监管和版权保护方面还有待进一步加强完善。应加大对网络文学网站内容来源审核力度，从源头杜绝版权问题，建立良好的网络文学发展环境和大众交流平台。

网络视频：内容与硬件的升级

从内容方面来看，视频网站内容生产模式从单纯UGC（用户生产内容）向PGC（专业化生产内容）与UGC融合过渡。经历了"平台为王"还是"内容为王"的热议之后，视频网站越来越意识到仅仅依靠自身强大的用户群来支持平台运营并不是长久之计。各大视频网站未来将着重培育由自身平台衍生出的UGC内容，通过向PGC借力，与传统广电人才、影视公司的合作将进一步加强，通过另一种专业"自制"的方式获取内容版权，保证内容质量，打造自身品牌。从硬件来看，视频行业的智能硬件会成为新热点。**"平台+**

内容+终端"的方式会成为未来网络视频行业的发展趋势。
此前的网络视频行业中，主要依靠内容来吸引用户，而未来
观众的体验要求越来越高。通过软硬件结合的布局，给予观
众最好的视听体验享受才是网络视频行业拼抢的关键。

在线音乐：版权保护、付费与盈利的探索

从版权意识培养方面来看，2015 年 7 月国家版权局出台
《关于责令网络音乐服务商停止未经授权传播音乐作品的通
知》，要求网络音乐服务商停止未经授权传播音乐作品，并于 7
月 31 日前将未经授权传播的音乐作品全部下线。在这网络音
乐"最严令"下，对盗版音乐的清场效能释放，正是培育网络
音乐产业版权意识最好的契机。各在线音乐服务商通过版权购
买以及平台间战略合作、转授版权等方式获得正规的音乐内容
渠道。从用户付费习惯方面来看，企鹅智库的数据显示，手机
在线音乐的付费习惯远远没有养成，81% 的被调查者表示没有
为手机在线音乐付费。如果在线音乐服务商能够激发起用户的
消费需求和热情，那么未来的市场潜力和想象空间同样巨大。
从盈利模式方面来看，在共享、免费思维主导多年的在线音
乐市场，要靠直接售卖音乐作品来实现盈利，需要一段时
间的用户习惯培养。仅仅依靠用户会员费的盈利模式远远
不够，未来各大在线音乐服务商将积极参与到音乐生产制
造环节，深层次参与到版权制造、粉丝聚集之中。

从产业主体来看，互联网文化产业将何去何从？

政府：做好顶层设计，提供政策保障

随着互联网文化产业的蓬勃发展，政府越来越重视对于互
联网相关领域的治理和引导。首先，在总体规划方面，政府政

微评

★ 互联网视频行业
将重心从内容转向
用户，"用户为王"
是对于互联网文化
产业从业者的未来
要求。

策密集出台。2015年7月，国务院发布《关于积极推进"互联网+"行动的指导意见》，提出包括创业创新、协同制造、现代农业、智慧能源等在内的11项重点行动，并就做好保障支撑进行了部署。其次，在相关领域的引导方面，政策更加深化并具有针对性。2015年1月，国家新闻出版广电总局印发《关于推动网络文学健康发展的指导意见》，提出培育一批网络文学出版和集成投送骨干企业，打造一批具有市场竞争力的品牌。2015年12月，国家新闻出版广电总局发布《关于大力推进我国音乐产业发展的若干意见》，提出抓住"互联网+"和大数据的发展契机，推动互联网的创新成果与音乐产业深度融合，实现传统音乐产业技术进步、融合创新、业态升级。同时，**在"十三五"规划建议中，中央决定实施网络强国战略，积极拓展网络经济空间，主要包括继续实施"互联网+"行动计划、实施国家大数据战略、完善电信普遍服务机制、开展网络提速降费行动等**。随着这些互联网及相关领域政策的实施与落地，文化产业的发展环境和空间将得到进一步优化和拓展。

微评

★ 政府的顶层设计，为互联网文化产业的发展创造了良好的环境。

企业：互联网与文化企业的融合更加深入

目前，我国的互联网文化产业创业投资发展全面开花，各地文化企业发展也进入上升期。同时更多的资本逐渐进入文化产业，为我国文化产业的发展提供了强有力的资金保证，影视、游戏特别是移动互联网方面的发展更加迅速。互联网文化企业的发展也呈现以下趋势：首先，创业融资与投资难度加大并存。现有金融服务无法实现与互联网文化产业的对接。互联网文化企业门槛低、多样化有利于创业，使创业融资需求迅速加大，但轻资产、无形化、知识化的特点也较为明显，特别是处于初创期的文化型小企业，缺乏稳定的现金流，企业早期风险更是比传统产业高很多。其次，互联

网文化产业与传统行业进入深层融合。现在移动互联网的发
展更是推动了向传统行业的渗透，教育、旅游、广播电视等
传统行业面临着在线教育、在线旅游、在线视频等互联网行
业发起的新一轮挑战。最后，我国互联网文化企业将加速走
出去。在我国文化企业走出去的进程上，一批企业到美国、欧
洲、非洲、拉美构筑文化产业园区，开建国际化平台，向跨国
文化创意企业迈进。在游戏领域，我国一批企业已经开始走
向世界，像完美时空、趣游、搜狐畅游等都表现不俗。

行业组织：组织论坛，为政府和企业提供智力支撑

我国互联网文化产业发展还处于探索起步阶段，因此文
化产业的一些行业组织通过论坛等形式为互联网文化产业的
发展出谋划策。2015 年，在西安召开的中国文化产业峰会
上，中国民营文化产业商会会长李彦宏就指出，文化产业方
方面面都能与互联网、移动互联网结合，结合的过程会产生
新的用户消费习惯，会不断产生新的市场需求，也会产生一
批新的伟大的公司。文化企业能与互联网、移动互联网结
合，垂直打通各个文化产业环节，把文化产业做大，给用户
带来各种各样好的理念，在这样的大背景下，我们就有望共
同创造适合于移动互联网的新型文化产业生态。2015 年年
初举办的第一届中国互联网文化产业论坛也对互联网文化产
业的发展展开了一场大讨论。论坛以"互联网文化产业（企
业）趋势、商机与商业模式"为主题，以产学研结合的方式
深入研讨未来互联网文化产业的发展趋势、企业战略、技术
解决方案和商业模式创新的重要议题，努力为相关领域研究
与实践的各界人士和从业人员提供学术支持与智慧引领。此
外，还有一系列行业相关组织的大讨论，这些理论与实践的
探索为政府决策和企业经营都提供了有力的智力支撑。

微评

★ 专家、从业者对
于互联网文化产业
的深入探索，已经
为其发展勾勒出一
幅光明的蓝图。

VR产业，将会是下一个黄金市场?

在泡沫行业愈发增多的情况下，VR（虚拟现实）概念
在国内也被炒得火热。在"中国发展高层论坛2016年会"
上，马云和扎克伯格在谈话中指出2016年会是消费级
"VR元年"。关于VR的硬件软件、技术、内容制造的各种
分析预测也接踵而来。然而，巨额资本的涌入、应用场景
的增多，无法掩盖核心技术缺失、盈利模式待解等困境。
**目前，对于资本市场打得火热的VR，我们到底该如何看
待呢？**

VR发展为什么被看好？

顺应了文化与科技融合的大趋势

当今世界已经进入经济全球化和信息化、数字化时代，
促使文化产业的发展必须依靠文化与科技的融合。在文化产
业的发展过程中，以互联网为代表的技术已经成为必不可少
的要素。在互联网成熟发展的当下，VR将成为互联网之后
的另一个"强力胶"。

由暴风魔镜联合中国传媒大学国家广告研究院、知萌咨

询机构发布的《中国VR用户行为研究报告》的内容显示，巨幕电影、全景视频、VR游戏、全景漫游、全景图片均受到VR用户的欢迎，其中，**巨幕电影的比重最高，占83.2%**。感官冲击力强的影视内容最受欢迎，科幻大片、欧美大片、战争片占受关注的前三位。

随着VR技术逐渐走进市场，文化领域将有越来越多的内容与VR技术进行深度融合。2015年，已有部分VR技术在文化领域上的应用初现成果。例如，北京西山凤凰岭景区的千年古刹龙泉寺已推出虚拟现实应用《全景龙泉寺》。该应用包含龙泉寺全景视频、森林影院、见行堂剧场、全景动漫和有声听读经，其中，全景视频可以在卡通地图上找到对应的定位点，并能够帮助游客找到该景点的真实位置。另外，周杰伦在昆明开演唱会，很多人不可能去现场看，但是通过VR设备我们就可以直接在家里观看。

沉浸感与交互性所带来的新鲜体验

虚拟现实技术之所以如此受欢迎，是因为它具有3"I"的特征，分别是沉浸感、交互性和想象性。理想的虚拟现实技术可以具有一切人所具有的感知功能。

浸没感，又称临场感，指用户在观赏过程中能够感到作为主角存在于模拟环境中的真实程度。在理想的模拟环境中，用户难以分辨真假，使用户全身心地投入到计算机创建的三维虚拟环境中，该环境中的一切看上去是真的，听上去是真的，动起来是真的，甚至闻起来、尝起来等一切感觉都是真的，如同在现实世界中的感觉一样。

交互性，指用户对模拟环境内物体的可操作程度和从环境得到反馈的自然程度。例如，用户可以用手去直接抓取模拟环境中虚拟的物体，这时手有握着东西的感觉，并可以感

微评

★ 具有3"I"特征的虚拟现实技术，让人们不出家门就能体验到惊险刺激的情节和瑰丽多彩的景色。

觉物体的重量，视野中被抓的物体也能立刻随着手的移动而移动。

想象性，强调虚拟现实技术应具有广阔的可想象空间，可拓宽人类认知范围，不仅可再现真实存在的环境，也可以随意构想客观不存在的甚至是不可能发生的环境。

移动终端设备的发展

我们知道，个人电脑行业先经历了桌面时代，然后才逐步向移动方向进化。**虚拟现实技术并非如此，它诞生在一个桌面和移动并存的时代。**对于消费者来说，在更强大的虚拟现实设备出现之前，他们已经在三星 Gear VR 和谷歌 Google Cardboard 上获得了虚拟现实体验。恰恰是这些廉价的移动虚拟现实系统，帮助这一技术被主流所接受。

由于在移动设备上运行，可能在使用量上不会有 PC 和游戏机那么多。即便如此，**很多 360° 视频和便携游戏都开始尝试应用在 100 美元左右的移动虚拟系统里，而不是相对较贵的桌面虚拟现实系统，**这得益于 Cardboard 较低的入门门槛。2016 年初谷歌"乘胜追击"，宣布正式建立一个虚拟现实部门，希望让更多人体验到移动虚拟现实技术。

代表未来的娱乐趋势

目前，互联网几乎占领了人类所能想象到的大部分空间，这是因为互联网是一种技术、一种平台以及一种思维，使得互联网加任何行业都成为可能。我们有了"互联网+"的概念，放在 VR 身上同样生效。从虚拟现实具有的特点以及能达到的效果来看，"VR+"也将同"互联网+"一样，成为未来很多行业的发展趋势。从 VR 产业的发展状况来看，缺少吸引人的内容是其软肋之一。VR 从本质上来说只是一

微评

★ 让文化娱乐产业的内容生产同 VR 技术深度融合，既是未来娱乐产业的发展趋势，也是虚拟现实具有真正吸引力的现实要求。

种技术和平台，当技术的难关突破之后，优质的内容才是技术存活下去的关键。**而文化娱乐业正是生产文化内容的典型行业，所以虚拟现实技术与娱乐业的结合合理且有宽广的未来。**

VR发展的瓶颈在哪里？

技术瓶颈依旧存在

作为引领全球VR技术的巨头企业有三家，即 Oculus、HTC 与 Sony。它们推出的VR头盔设备，是业界公认目前最高层次的产品。国内试水 VR 的公司有很多，拿到融资的创业公司也不在少数，**但国内大部分初创企业生产的VR产品基本处于VR市场的最初级层次，本质上更像是一个高级玩具。**少量国内 VR 设备生产商能够生产一体机，达到第二个层次的水平。所以，从国内VR设备生产商的整体水平来看，真正尝试从技术上研发VR的公司并不多。所以，无论是国内还是国外，虚拟现实技术的提升依旧有很多空间。

早在2014年，许多数码厂商试着消费级的虚拟现实设备时，该行业的技术巨头 Oculus 公司不留情面地表示："如果演示成果还达不到我们的水平，干脆不要做。"这种言论并非表明这个品牌害怕自己的霸主地位被撼动，而是担心突然涌现出太多粗制滥造的产品，毁了这个初具规模的行业。

资金链容易断裂

时至今日，整个VR市场依然是资本驱动的方式，收入来源是VC投资，几乎每家公司都在亏损，这种烧钱方式究竟什么时候是尽头？一拥而上，一哄而散，这可能是虚拟现实产业当前的局面和未来不得不面对的尴尬。

虚拟现实和增强现实项目是非常烧钱的项目，目前市场上估值过高且产品处于相对早期阶段。这个过程中如果融不到资就会面临资金链断裂的问题，创业团队也就面临崩盘的危险。**国内很多公司更多是披着"VR的狼**

皮"在融资，一拥而上挤入市场，没有真正技术实力的这些公司在烧钱结束后走向死亡也就在所难免。说到底，还是资本驱动下出现泡沫。虽然在所难免，但一拥而上，对于很多没有技术实力的企业来说，后果难免会令人失望。

内容的生产滞后于技术发展

VR 发展到现在，相比技术难关，内容难关似乎更为明显和突出。2016 年，VR 与内容产业的融合主要集中在影视、游戏、主题公园等领域，即受众对沉浸和观赏体验有明显要求的领域。但目前，这些领域仍然没有出现现象级的 VR 内容。所以，VR 产业似乎迎来了一个爆发期，但业界普遍认为，现有的设备和内容受多方面的因素限制导致 VR 产业只行进到初期阶段，这个阶段大体可以描绘成硬件设备扎堆爆发而软件内容没有跟上。

VR 产业的发展，未来会如何？

怀疑与期望并存于这个慢慢狂热的市场，大量的资本开始注入，无论是巨头，还是创业公司，都不想错过可能来临的"黄金时代"。所以，技术难关、内容瓶颈、设备问题后面的 VR 产业会在 2016 年迎来真正的"元年"吗？

VR 产业百亿美元市场不是梦？

许多看似美好的技术，总会在不经意间陨落，就连现在正火的虚拟现实也一样，它曾在 20 世纪 90 年代风光过一阵，如今只能算是重生。但是高盛在最新 VR 报告中称，这一次，VR 技术不会重蹈 20 年前的覆辙，将形成百亿美元的市场，并彻底改变人们的生活。

高盛估算，到2025年，AR（增强现实）和VR硬件软件营收将达800亿美元，如果他们迅速跳出小众市场走向大众，年营收最多可以达到1820亿美元，考虑到产业可能要花费一定的时间解决延迟和其他技术问题，即使按最慢速度预测，到2025年AR和VR行业的年营收也有230亿美元。

如果高盛预测准确，2025年时VR和AR市场将变得比TV市场更大，规模达到1100亿美元，而TV市场只有990亿美元。这是极有可能出现的状况，因为电池和蜂窝网络技术的改进会导致VR产业加速发展，接下来高端VR头盔会抛弃线缆和配套电脑，变成真正的移动设备。

高盛给出的预测，我们只能通过以后的发展现实来证明，但是预测的成真度还是值得期待的。

VR与各行业的融合更加紧密？

在没有互联网出现的时候，消费者会以为广播电视就是最好的传播媒介。科学技术发展到现在，已经打开了人们对未来世界的想象，仿佛任何超出想象的技术都能在人们的心理承受范围之内，这也提升了人们对科学技术的期待值。

从观影角度来看，文化娱乐的发展经历了从2D到3D，再到4D等多维的发展，**沉浸感的营造愈发成功，技术更新带来的文化产品的改变，大大丰富了人们的文化消费，提升了文化消费的期待值。**同时，文化创作者只能"马不停蹄"地创造新鲜感来吸引消费者。无论是电影、游戏、主题公园或者其他的文化消费形式，都需要通过更高、更新的技术来丰富艺术创作，找到下一个爆发口。

当然，VR技术绝不仅仅在文化娱乐的领域有可以看得

见的未来，它所营造的深度沉浸感以及逼真的媒介体验，使其同样能够在教育、医疗、设计、通信和某些特殊行业大展身手。可以说，虚拟现实绝不仅是一种改变游戏行业的技术，更是一种改变人类生活的技术。

重蹈3D电视的覆辙？

未来，能否出现一批现象级的优质内容打开出口，我们不得而知。如果只是继续发展VR设备，依旧缺乏丰富的应用场景和内容，虚拟现实产业或许将重蹈当年3D的覆辙。

2010年的CES（国际消费类电子产品展览会）的热点是3D电视，而且和VR一样呈现出蓄势待发的趋势。但是在两年后的CES上，3D电视热潮已经完全退尽，几乎没有人再专门为3D功能购买电视，4K、超高画质技术取而代之成为新的趋势。内容匮乏也是一个重要原因，用户花高昂的价格买到3D电视后，很难体会到全家人一起看电视的那种快乐，而且无法观看正常的电视节目，只能戴上眼镜观看数量不多的3D电影。

VR很有3D电视的势头，而3D电视曾经面临的两个问题也出现在VR身上，也就是佩戴麻烦和内容缺乏。因此《福布斯》杂志在一篇文章中指出：**虚拟现实很可能会成为另一个3D电视，至少在一段时间内，虚拟现实在消费电子领域不会成为主流。**

网红经济，究竟引爆了什么？

进入 2016 年，很多人都被"papi 酱"这位网络红人刷了屏，最近她更是收获了真格基金、罗辑思维、光源资本和星图资本高达 1200 万元的联合注资。"papi 酱"同资本领域的结合将"网红经济"这个词语再次推到风口浪尖。如何正视网红经济的影响力，并充分利用其推动文化产业的发展也就成了我们需要密切关注的问题。

网红经济发展新模式

中国：网红 2.0 与电商

2015 年 12 月，《咬文嚼字》杂志发布 2015 年度"十大流行语"，网红排在第九位，这个词语在新时期下有了新的内涵。papi 酱、艾克里里等新一代网红 2.0 借助微博、微信公众号等社交媒体发布自制内容，与依靠炒作而出名的网红1.0 迅速地做了切割。

更不容忽视的是，**他们借助淘宝、微商等电商平台，将自己的知名度和号召力变现，成为一股不容忽视的经济力量**。特别是在女装、化妆品领域，网红 2.0 已经开始依靠其

微评

★ "网红"这个名词是一个时代产物，先进的网络红人已经不是依靠炒作的网红 1.0，而是多指网络内容的原创生产者。

影响力，通过成为网店模特、经营者的方式引导消费潮流。国泰君安的研究报告估算网红"雪梨cherie"的淘宝店全年可净赚1.5亿元人民币，这个惊人的数字表明网红2.0同电商平台的结合已经走进了发展黄金期。

美国：网红经济链与YouTube

相比较中国的网红依靠电商平台变现而言，美国的网红经济则形态更为丰富，经济链条更为完善。以YouTube为代表的UGC短视频平台是美国网红的主阵地，2007年YouTube推出了YouTube partners，通过广告分成的方式为网红们提供经济利益。**由此发展产生了MCN（Multi Channel Network）模式，它让美国网红更专注于内容提供，通过专业的团队帮助其进行广告议价、宣传推广、受众分析等工作。**作为内容提供者的网红可以不断地根据受众的反馈调整自己的战略方向，这就大大延长了其生命力。

另一方面，MCN模式的运作也形成了完整的网红经济链，网红经济不再是社交网站和电商的简单结合，而是进入了产业化阶段。网红的内容生产、广告分成、电商经营乃至于宣传推广无不通过专业团队进行运作。在最新一季的真人秀《极速前进》中，所有的参赛选手都是YouTube上的网红，**这种方式在为节目带来天然流量的同时促进了网红自身热度的提升。**由此可见，网红经济已经开始渗透进美国文化产业发展的方方面面。

网红经济的背后是什么？

满足人们的多元化需求

网红经济实际上是粉丝经济在新媒体时代的新发展，它

微评

★ 美国已经形成了成熟的网红经济运作模式，其内容生产和盈利模式都被纳入了产业发展的体系之中。

只不过将十年前的李宇春、张靓颖为代表的草根明星换成了今天的艾克里里、周扬青等网络红人。**新媒体时代更为去中心化、去权威化的特征，使得大众不再过分追逐镁光灯下的明星，而是开始纷纷寻找可以代表自己观点的意见领袖，网络红人成为小众化、特色化的关注中心。**因此，他们只要抓住了自身的目标受众，哪怕获得骂声一片依旧有着强大的变现能力。就像大众对"网红脸"再嗤之以鼻，也改变不了网红模特赚得盆满钵盈的现实，这就是网红经济满足人们多元化需求的表现。

微评

★ 众声喧哗的新媒体时代让网络红人成为代表人们观点的意见领袖，他们的出现满足了先进大众的多元需求。

强调电商平台社交属性

网红经济的发展同样是电商平台社交化转型的一次勇敢尝试，强调快销的电商平台本身就与以网络红人为代表的陌生人社交有着天然的耦合性。服装电商经济就是通过对接网络红人，利用网红的自带流量和自带销售在节约成本的同时获得了更高的收益。特别是进入2015年，随着微博和微信的持续下沉，体量庞大的四、五线市场开始受到社交网络的巨大冲击，网红开始成为广大低端市场的消费风向标。**电商平台在这股潮流下利用网络红人增添自己的社交属性，是基于市场考量的必然选择。**

★ "网红＋电商"已经成为最新潮流！

网红经济的未来在何方？

文化供给侧改革的新方式

网红经济市场规模已经过千亿，它的出现满足了普罗大众对于视频娱乐、服装、化妆品、电子产品等与生活休戚相关的消费需求。因此，**网红经济的未来发展要搭乘供给侧结构性改革的快车，力求让网红经济产品能够满足消费者的高**

级需求。罗永浩从网络红人走向创业家，创办锤子科技，用自己研发的手机同苹果、三星相对垒，正是从供给角度出发力求满足人们需求的表现。根植于影视娱乐、广告传媒业的网红经济，本身就是文化供给侧改革的有机组成部分，提高网红经济的质量和格调，就是在从供给侧出发服务于大众的文化消费。

文化产业转型升级新方向

网红经济想要从一种经济现象转变为良性循环的经济发展新常态，就需要合理、规范的产业化发展。将网红经济纳入文化产业发展的有机组成部分，成为文化产业转型升级的新方向，对于两者来说都是利好消息。**网红经济进一步进入文化产业，既是"文化产业+互联网"在新形势下的必然要求，也是网红经济寻找实体依托的必然选择。**目前，如涵、LIN家、Uni引力等网红孵化器与网聚红人平台已经开始发挥引导网红经济产业化的作用。**它们作为内容生产的源头在泛娱乐化的产业链下为文化产业的融合发展贡献源源不断的优质内容，成为文化产业转型升级的新方向。**

安迪·沃霍尔曾说过："在未来，每个人都能出名15分钟。"这正是对现今火热的网红经济的一次预言。然而网红经济需要的不仅仅是"出名"，它需要的是在爆炸式地引发关注度之后的良性、有序、健康发展。如果能真正做到这些，它会成为文化产业发展的下一个引爆点。

微评

★ 网红经济的发展需要被纳入网络文化产业的发展体系之中，让"网红"的原创内容为文化产业的转型升级作出贡献。

关于网络文艺，你不可不知的五个问题

2015 年以来，无论是在习近平总书记的讲话中还是在政府的各项会议中，构建清朗网络空间，大力发展网络文艺，已经成为日后一个阶段的重要工作。官方"正名"后的网络文艺迈向崭新未来，指日可待。

Q1:网络文艺目前的发展形势如何？

第一，我国网络文艺消费的规模不断扩大，网络已经成为人们文艺欣赏和消费的主要途径。当前，网络音乐和视频的使用人数都突破了 4 亿，这样的市场份额是传统文艺市场很难达到的。

第二，网络文艺与其他文化产业的融合发展迅速。以网络文学为例，一些广受好评的作品如《琅琊榜》《芈月传》等，都成功地带动了出版、影视、动漫、游戏等相关产业发展，开创了创作与产业融合、传统与当下融合的新模式。

第三，网络文艺 IP 开发成为热点。据统计，2015 年投资在 2000 万元以上的网络剧有近 20 部，其中包括《盗墓笔

微评

★ 网络文艺不仅仅规模急速增长，在发展方式上也展现出了新的特色，产业融合、价值开发、生态营造成为当下网络文艺的产业前沿。

记》在内的5部"超级网络剧"，投资成本高达5000万元至上亿元。大IP的开发热潮基于其粉丝和受众基础，粉丝文化也是网络文艺的主要特征之一。

第四，网络文艺促进了商业"生态圈"的构建。2016年，张学友的网络数字音乐专辑创造了超过30万张的销售量。这个成绩归功于腾讯QQ音乐、京东与环球音乐的合作，共同打造了以音乐版权为核心的一站式"音乐生态圈"，打破了传统音乐产业的宣传、销售模式。

同时，也要注意到当前网络文艺作品的质量参差不齐、良莠不一，在不断涌现精品之作的同时也存在着大量的粗制滥造。在未来发展的轨道中，版权保护机制将是重中之重，需要有相关的法律、法规为原创保驾护航。

微评

★ 网络文艺根植于大众文化，自然也就让草根精神融入到发展的过程之中，规模庞大的受众是网络文艺不断产生精品的人才保障。

Q2:草根当中出写手，写手当中出名品，借鉴意义有几何？

第一，牢牢把握政策红利。无论是2014年召开的文艺工作座谈会打破惯例，邀请2名网络作家参加，还是2015年审议通过的《关于繁荣发展社会主义文艺的意见》中指出要"大力发展网络文艺"，都是中央高层对网络文艺极为重视的一大信号，能否明确信号，抓住利好时机，对于网络文艺来说十分关键。

第二，互联网是文艺生根发芽的土壤。近年来，中国网络视频迎来了用户原生内容的黄金时代——大量个人用户制作视频上传到视频网站上，互联网为打造符合大众碎片化阅读习惯的高质量网络文艺产品提供了广阔平台。

第三，内容为王，接近地气。网络文艺创作者大都是草根出身，他们身处市井，更能体察大众的喜怒哀乐，更易于捕捉自己内心的声音，因此创造出来的文艺作品更加深入大众生活，为老百姓所喜爱。

第四，年轻受众，天然土壤。截至2015年6月，20~29岁年龄段的网民比例为31.4%，在整体网民中的占比最大。可见年轻网民群体的庞大基数成为网络文艺天然土壤，读者年轻化是网络文艺的另一特点。

第五，草根精神，坚持不懈。当前的网络文艺盛行，离不开草根文艺创作者的努力。想要做出文艺精品就要脚踏实地，从大众消费心理以及消费习惯着手，通过有效的数据分析，找到大众消费的痛点，方可在网络文艺市场中占据一席之地。

Q3:新的文艺群体跃跃欲试，文艺经典和文化名家可能从中产生？

近年来，互联网技术和新媒体带来了文艺观念和文艺实践的深刻变化，也催生了一些新型的文艺群体。这些人中很有可能产生文艺名家，古今中外很多文艺名家都是从社会和人民中产生的。

首先，互联网为抱着文艺创作梦想的人创造了平台，让每一个普通人都能参与到网络创作这场盛宴中，全国五分之一的人都是文学网民，其中有3000万人发表过作品，100万人是注册写手，尽管当前大多数网络文学的文学性并不强，然而精品文化的打造正是我们需要提升的地方，巨大数量的积累必然会产生质的变化。

其次，网络文艺作品同传统文艺的不同之处在于，它的受众基数大，传播实效性强，大众参与程度高，更容易广泛流传。

微评

★ 未来的网络文艺发展需要规范引导，让更多的受众成为文艺创作群体，挖掘普罗大众间的"艺术天才"。

最后，经典的文艺作品需要法律的健全保护，营造良好的传播氛围必不可少。就目前来看，网络文艺作品的发表无需过多的审核，网络传播渠道也难以掌控，准入机制模糊，因此，完善网络立法，保证网络文艺环境的健康，是创作优良网络文艺作品乃至经典作品的先决条件。

网络文艺的大发展最终应形成一种"线上线下"双向循环互动的模式，"线下"的传统文艺创作者可借助互联网这一工具拓展其创作方式、传播方式，而"线上"的网络文艺创作者也可通过作家协会等机构与"线下"形成交流，最终实现共同发展的局面。

微评

★ 创作者需要在洞察生活细节、提高艺术创作技巧的同时树立正确的价值观，创造出高品质、高品位、内涵丰富的网络文艺作品。

Q4:网络文艺创作者，要做出哪些努力?

对于作品本身而言，首先，好内容是创造优秀文艺作品的核心。只有那些弘扬真善美的社会正能量、洞察生活细节、反映现实意义的文艺作品才能真正为广大群众所喜爱。创意题材是创造优秀文艺作品的关键。网络无限放大了人类对未知世界的好奇心和探知欲望，也为文艺作品题材增添了更多可能性，应当充分利用这样的时代条件，避免网络文艺作品的泛化和同质化。其次，网络文艺作品还要符合当代的传播语境。互联网时代，最大的变革就是传播语境的改变，人们更喜欢通俗易懂的文体，平易近人的行文方式。一部优秀的文艺作品在注重内容的同时，也需要在形式上更生动有趣。

对于创作者而言，首先，要树立正确的价值观。网络文艺创作者应该增强社会责任感，弘扬社会主义核心价值，注重对作品内容的把握，创作和人民的现实生活与切身利益相关的"接地气"作品，远离网络文艺常见的低俗、色情、暴力的创作禁区。其次，要提高艺术创作能力，增强自身文化修养。网络文艺创作者要通过系统、完善地学习艺术技巧和本领，提升自己的审美趣味，扩大自己的欣赏视野，在潜移默化中逐步提升自己的艺术修养。最后，要与创作环境相适应。网络文艺创作者要将自己置于现代传播的语境之下，善于利用互联网进行作品营销和品牌塑造，扩大自身影响力，在政策红利下同政府一起营造一个更为和谐、有序的创作环境。

Q5:发展网络文艺的政府担当？

从源头上讲，政府首先要为网络文艺提供正确的价值规范和引导，确保网络文艺始终坚持以人民为中心的创作导向和为社会主义服务的精神要领。其次，要鼓励优秀原创，提供包容的发展环境。原创的内容，是网络文艺的核心竞争力和永葆生机的源泉；包容的环境，是网络文艺推陈出新的关键。政府要加大对原创网络文艺的支持，通过激励机制和平台建设鼓励文艺工作者创作出经济与社会效益统一的作品。

从环节上讲，首先要建立健全网络文艺作品的评价和监督机制。从价值取向、艺术水准、审美情趣、观众口碑等诸多方面对网络文艺作品进行考量。在行业协会和监督机构的共同作用下，鼓励社会力量参与到网络文艺的监督工作中，形成共同抵制低俗网络文艺作品的社会风气。其次，要完善著作权及相关法建体系，加大对版权保护的宣传力度，提高网络文艺工作者的维权意识和人民群众的正版观念，营造公平、均衡的法律环境。

在大环境方面，要重视网络安全，打造健康的网络生

微评

★ 政府要对于网络文艺的发展进行规范引导，也要为其发展创立一个良好的市场环境和生态系统，这是网络文艺有序、健康、持久发展的保障。

态系统。政府要落实"十三五"规划建议当中提出的"加强网上思想文化阵地建设，实施网络内容工程建设，发展积极向上的网络文化，净化网络环境"。将网络安全上升到国家文化安全的高度，增强责任意识，建立健全审查监管制度，杜绝扭曲价值观的文艺作品在网络上流通，全力确保网络安全。

上下求索：繁荣背后的文化思辨

文化，是润物细无声的心灵浸润。文化的特殊属性让文化产业也成为有温度、有情怀的产业。纵观文化产业的发展，欣欣向荣之象令人欣喜，朝阳产业活力无限。然而，在文化产业呈现出数字繁荣盛况后，其发展中的问题也逐渐凸显，这同样值得我们深思。

影视基地：有"形"还得有"神"

　　当下，随着文化产业在国民经济中作用和地位不断上升，影视行业的发展逐渐成为文化产业整体发展中表现最为抢眼的一抹亮色。2014年以来，在诸多利好政策的推动下，各路资本纷纷涌入，搅动着影视市场的一池春水。根据国家新闻出版广电总局公布的数据，2015年上半年我国电影票房高达203.63亿元，仅用半年时间就超过了2014年全年的2/3。

　　影视行业持续升温的背后，是影视基地建设的高歌猛进。从1987年央视无锡影视基地建设算起，不到30年间，全国各地竞相兴建影视城、影视基地和影视主题公园，大大小小的基地园区总量已有数千家。这其中涌现出了诸如中影（怀柔）影视基地、浙江横店影视城、上海影视乐园等一批较为成功的产业园区，然而与此形成鲜明对比的却是大部分基地的运营状况并不乐观，如何破解这一困境是多数影视基地面临的一大难题。

好现象：产业集聚，探索多元运营模式

　　随着我国影视行业的不断成熟，目前已形成包含剧本创作、拍摄制作、宣传营销、播出发行和衍生品开发的完整产业链。**在此背景下，影视基地的功能不再局限于单纯地提供场景，而是向产业各个环节延伸，即影视基地不仅要着力于为影视剧作品的生产制作提供全面服务，如道具、服装、影视器**

材和群众演员等，更开始在发行渠道、金融服务、企业注册
等方面发挥重要作用。

　　影视基地要发挥产业集聚效应，首先要将大量专业化的
影视机构，导演、编剧、制片人、演员等从业者，影视投
资、版权中心等产业主体在物理空间上集聚。在此基础上，
中介机构、法务咨询和公共服务机构的加入，将更有利于基
地在信息、人才、资本等方面的高效流动，同时最大程度降
低合作的成本。

　　以中影（怀柔）影视基地为例，它通过吸引政府文化创
意产业的专项资金，建立起了包含影视设备租赁、影视后期
制作、专业技术服务、展示传播平台、影视版权交易、影视
旅游、数字存储、教育培训等多个服务门类的电影产业链，
同时还带动了周边区域餐饮、住宿、娱乐、购物等行业的发
展。随着基地产业集聚优势的显现，其号召力也不断提升，
目前近400家上下游企业入驻，彻底打破了传统影视基地功
能服务单一、盈利能力不足的发展瓶颈，实现了电影产业各
环节的有效集聚。

大问题：没有规划先行，重复性建设多

　　作为一种与文化、旅游和城市建设相结合的产物，影视
基地的建设正在急速扩张。由于大部分影视基地在建设之初
就缺乏明确的定位和完整的发展模式，尤其在如何运用当地
资源发挥自身特色方面缺少切实可行的计划，因而出现了不
少影视基地内的人造景观和基础设施高度雷同的现象。**随着
近年来古装剧、穿越剧的流行，很多影视基地纷纷兴建大量
仿古建筑，从春秋到秦汉，从唐宋到民国，不一而足。尤其
是热门的"三国城""汉唐街""明清楼"等场景**，更是供给

微评

★ 作为影视作品的
拍摄基地，影视基
地已经开始具备了
文化旅游、产业园
区等多元化的运营
功能，它已经开始
覆盖影视产业的全
产业链。

★ 一味地进行"影
视旅游城"的打
造，产生了千篇一
律的现象，这种同
质化的竞争并不利
于影视基地的持续
发展。

远远地超过了需求。

事实上，低水平的重复建设是国内影视基地发展中普遍存在的问题，既造成了大量资金和土地资源的浪费，也将整个行业带入了同质化竞争的泥潭，对影视行业的整体发展颇为不利。这就要求政府在影视基地的规划和论证方面提前做足功课。一方面，要以严谨的调研为基础，基于当地的文化禀赋和特色，对影视基地进行准确的定位；另一方面，要全面评估当地的产业基础、资金能力、人才储备和技术水平等关键性要素，以完整的发展模式为支撑，为基地的发展制定短、中、长期规划，从而奠定坚实的基础。在这个过程中，要特别注意影视基地的建设时间跨度大、转换成本高，盲目投资和仓促上马都是最不可取的做法。

微评

★ 影视基地的发展应该立足于自身的特色优势，这种优势不仅表现在其自然环境和建筑风貌上，还表现在其所拍摄作品的品牌价值之中。

★ 成熟的影视基地不仅是展现影视特色的场所，同时也应该是展现当地民俗文化、生活方式的场景博物馆。

新思路：文化为魂，打造核心竞争力

在激烈的竞争中，**走差异化道路、打特色牌是在众多影视基地中脱颖而出的不二法门**。现如今，很多影视基地片面追求建筑形式的多样化，不知不觉走上了"大而全"的路子。然而高投入未必能换来高收益，很多建成的场景全年接待的摄制组数量屈指可数，偌大的宫殿俨然成为摆设。可以说，这样的发展方式只学到了影视基地的"形"，而忽略了以文化内涵为根基的影视基地的"神"。

影视基地作为一种跨越时空的虚拟生活场景，其核心是某一时代独特文化的固化与再现，这种文化的魅力是保持影视基地生命力持久不衰的最重要因素。在我国"十大影视基地"中，镇北堡西部影视城是唯一一个坐落于西北地区的影视基地，被称为"中国一绝"。**在这里，当地人的生产生活方式得到再现，独具地方特色的风俗文化随之传承下来。通**

过对荒凉地貌和残留古堡的文化包装和艺术提升，这座西北小镇不再是一般意义上的影视剧拍摄基地，而是一座中国古代西北地区劳动人民的流动的场景博物馆。正是因为这种独特的文化魅力，镇北堡西部影视城吸引着大量西北和农村题材的剧组在此取景，也激起了很多文学青年的向往。

没有历史文化积淀的景点设施很难保持长期的吸引力。影视基地的发展要跳出对建筑场景"形"的模仿，要站在对历史文化的精髓再现的思维高度来经营，用传承历史精神的眼光来布局影视基地的未来发展。

（本文原载于人民日报海外版2015年12月7日第7版）

《歌剧魅影》走后，中国音乐剧应该反思什么？

2015 年下半年，堪称音乐剧经典的《歌剧魅影》首次引进北京，掀起了大众观赏热潮，在这一过程当中，不仅展现了文化经典历经沉淀和积累后经久不衰的魅力，同时也应当为我国业界人士带来思考：我国的《歌剧魅影》何时能够出现？当下相对而言依然小众的音乐剧产业，如何转变思路，积极突围，进而步步走向繁荣？

由头：让观众等待了 16 年的《歌剧魅影》

《歌剧魅影》自 1986 年在伦敦西区首演以来，至今已在全世界 27 个国家的 145 个城市上演了 74000 多场，有超过 1.3 亿名观众观看。早在 1999 年，相关单位就有意将这"人生必看一次"的经典引入中国，然而在当时，却没有一间剧场可以达到这部大制作、高科技音乐剧的条件。为了让观众欣赏到这部"音乐剧之王"，2012 年四海一家与金融街集团合作，将天桥艺术中心打造成为北京地区第一个真正意义上的专业音乐剧剧场。在舞台、灯光、音响等多个方面采取独特设计，配置一批国内外最先进的设备，不仅完全符合《歌剧魅影》的技术条件，也可以满足其他音乐剧的演出要求。经多方努力，这才有了自 2015 年 11 月 20 日起的 64 场《歌剧魅影》演出。

思考：音乐剧火爆背后的秘密

微评

音乐剧是 19 世纪末起源于英国的一种歌剧体裁，是由对白和歌唱相结合而演出的戏剧形式。音乐剧融音乐、戏剧、歌舞等于一体，是一门综合艺术。它的音乐通俗易懂，内容紧扣时代，因此深受大众的欢迎。

★ 《歌剧魅影》作为世界顶级音乐剧之一，融合了多种艺术表现形式，它不限于对英国文化的表达，而是以世界共同关注的价值观，通过国际化艺术表现形式展现在世人面前，迎合了大众的文化消费以及时代发展趋势。

经济水平提升，文化消费多元

对于音乐剧产业来讲，业界有一个流行的说法："年人均 GDP 一万美元"是音乐剧产业的转折点。日语版《猫》诞生于 1983 年，韩语版《歌剧魅影》在 2001 年面世，也是在这两个年份，日韩两国年人均 GDP 超过了一万美元。反观我国，上海和北京分别在 2008 年、2009 年突破这一大关。江苏、浙江、广东等省份也先后在 2012~2014 年间跻身这个行列。在物质需求能够得到满足的情况下，大众对文化、娱乐的需求也与日俱增，文化消费的类型也逐渐从单一的电影、电视向多元化的领域发展。

艺术平民化趋势显著

早在 18 世纪，欧洲就出现了艺术大众化的趋势，诸多音乐家从宫廷走到普通百姓中间，与市井风情密切相关的轻歌剧、喜歌剧等通俗的表现形式诞生，这都为后来音乐剧的诞生奠定了基础。随着爵士乐、摇滚乐、电子乐的蓬勃发展，音乐剧的语音也从正统的歌剧向流行转变。同样，随着我国互联网时代的到来，音乐剧也正在以一种更加平易近人的姿态变成大众日常文化活动的重要组成部分。"**文章合为时而著，歌诗合为事而作**"，正是因为音乐剧始终能够将当下时代的音乐风格和深受人们喜爱的讲故事的方式有机融

★ 艺术大众化，不仅在欧洲盛行，在中国的文化艺术领域中也逐渐出现，以民间传说和故事为题材，通过通俗易懂的文艺表现形式，表现社会的风俗文化，满足大众对于通俗文化的需求。

合，才兼备了更具吸引力的综合性和现场感染力。

海外音乐剧引进带动国内市场

自《巴黎圣母院》和《悲惨世界》于2002年登陆京沪之后，便开启了国外经典音乐剧目引进的大幕。2007年英文版《妈妈咪呀》在北京的16场演出最终盈利1800万元，缔造了当年的票房神话。这些为国内观众所熟知的作品进入国内市场并轮番上演，一方面，起到了培养受众消费习惯，提高受众审美欣赏水平的作用；另一方面，引进国外音乐剧需要对舞美、道具、表演流程等各个环节都有一定了解的优秀人才，在这一层面上，越来越多的高等院校在大势所趋下相继成立了音乐剧相关专业，为音乐剧发展输送必需的人才。

探析：我国音乐剧发展的三大模式

随着《猫》《悲惨世界》《歌剧魅影》等诸多国外经典作品频频引入国内剧场上演，我国人民群众精神文化需求的层次日益提高。越来越多专业人才投身于音乐剧行业当中，我国音乐剧的发展大致形成了"引进""中文版""原创"三者相结合的发展模式。

原版引进模式

在音乐剧业界当中，往往把引进欧美市场的成熟产品作为开拓市场的第一步。即便口碑和获益颇丰，但并非每部引进音乐剧都稳赚不赔。以2008年为例，北京共上演了《猫》《灰姑娘》《发胶星梦》《阿依达》四部音乐剧，除了《猫》平均售票率达八成，另外三部戏都惨淡收场。此外，引进剧的另一问题是高昂的成本导致票价居高不下，平均500元左右的票价对于对音乐剧不甚了解的群体吸引力并不大。

制作国外剧目中文版

2011年上演的音乐剧《妈妈咪呀》是首部将国外音乐剧经典"汉化"之

后进行本土化呈现的作品。2012年，《猫》的出现，更是将这一模式推向了高潮。在两年当中，这两部音乐剧在全国巡演、助演高达672场次，总票房收入破两亿元大关。**通过中文版音乐剧的制作，不仅在无形当中推动了制作水平的提升和市场经验的积累，并且能够在一定程度上规避原创的风险和直接引进的文化差异。**

原创音乐剧

一般而言，以引进国外经典音乐剧开拓市场、普及剧目，进而制作国外剧目的中文版，培育本土专业人才，最后打造自己的原创音乐剧，是发展音乐剧的三步战略。目前，我国也正在向原创的方向努力。从著名音乐人三宝与编剧关山合作的《金沙》、与李盾合作的《蝶》，到小柯剧场打造的《稳稳的幸福》，再到开心麻花的《爷们儿》系列音乐剧，多种不同类型的音乐剧在业界人士的不断探索和尝试中取得了长足的进步。

洞察：热演背后本土音乐剧的冷思考

三分钟热度，欠缺长远规划

当前，我国音乐剧的生产与市场运作方式主要是一次投入，短期产出。大多原创剧目在宣传期借助知名主创人员的噱头吸引了大批观众，然而在演出几场后便没了下文。在这样的机制下，会导致音乐剧后劲不足，难以深入人心，相应地，一旦没有后续剧目的衍生和不断开发，就没有源源不断的新生力量刺激大众去进一步了解和喜爱这种文化消费形式。一个相对稳定，具有长远规划的创作、生产实体，是音乐剧产业走向成熟并被社会接受所必不可少的条件。

微评

★ 对于国外剧目的中文版的制作，是中国音乐剧快速发展的必经之路。不仅是音乐剧《猫》，还有舞台剧《战马》，通过中外合作，在资源共享中提高中国制作剧目水平，更重要的是未来中国音乐剧走出国门，中外合作的经验对于减少文化折扣带来的影响将会具有重大作用。

演出场所缺失，硬件环境不足

相较于每年都在突破的院线数量和银幕数量而言，在我国，固定演出音乐剧的剧场还只是凤毛麟角。反观在音乐剧兴盛的西方国家，无论是英国伦敦西区，还是美国纽约百老汇，都具备了成熟的剧场体系，这些地标性的建筑更是日益成为整个国家对外文化交流的重要窗口和品牌。以伦敦西区为例，其目前拥有的50多家影院，每家都会不定期地有作品上映，其经营早已不仅是音乐剧发展的重要依托，更成为整个城市旅游文化事业的重要支撑之一。

质量良莠不齐，人才储备不足

当前，尽管引进的音乐剧大火使这个行业的前途看上去一片光明，然而需要意识到的是，我国的音乐剧人才培养体系尚未健全，在专业的积累和储备上有所欠缺。一旦缺少兼备了解艺术，洞察市场能力的人才，就容易出现"重利益轻艺术"的现象。也正因为创作的低水平，导致音乐剧产业链在启动时便出现断裂，以致上演率、上座率、票房营销无从实现，衍生产品等后续动作无法跟进。

反思：如何走好原创音乐剧崛起之路？

把握本土脉搏，深挖文化内涵

对于中国音乐剧的成长而言，其最终目的在于将其具备的艺术造诣与群众可以接受的表现形式相结合，贯彻文化产业社会效益与经济效益相统一的理念。而实现这一切的基础前提就是对于本民族文化内涵的准确把握和深度挖掘。我国历史文化底蕴深厚，民族文化是音乐剧取之不尽、用之不竭的宝藏，同时也是促进音乐剧在国内真正繁荣发展的重要基石。我们在引进国外经典音乐剧的时候，既要学习其精良的制作和成熟的表现形式，也要思考关注它们与本土文化的交汇融合。将外来形式与我国的传统文化、民间音乐结合起来，广泛借鉴我国民间艺术的表现形式，使音乐剧更贴近观众，符合人民的文化需求。

加大扶持力度，加快人才培养

一方面，政府要以国家大型音乐剧创作为主轴，积极扶持原有的省级、地市级歌剧院团、歌舞团及一部分民族传统戏曲，允许外资进入音乐剧行业组建中外合资的音乐剧剧团，争取对各类传播积极思想、弘扬正能量的音乐剧予以政策扶持和税收优惠；另一方面，对一部成功的音乐剧而言，优秀的创作者和表演者是必备的要素，因此，我国应当重视音乐剧人才的培养，完善音乐剧相关学科和专业的建设，有计划有步骤地打造一支成熟的音乐剧产业相关从业人员队伍。

重视小制作，吸引民间资本

就目前国内音乐剧的发展现状来看，低成本和小制作无疑是一条行之有效的重要途径。在之前的探讨中我们可以发现，原版引进的音乐剧票价最高，中文改编音乐剧的价格与观众的心理期望值常常发生矛盾，在这样的情况下，倘若原创音乐剧也采用大制作、大投入的方式，票价自然也居高不下，在成熟的观赏市场尚未成熟起来之前，其能收回的成本寥寥无几。此时，**鼓励制作生产一批小投入、低票价，但内容精良的音乐剧，不仅有利于吸引民间资本、民间组织的投入，更能拉近音乐剧与平民百姓的距离。**

微评

★ 未来，中国音乐剧的发展将会出现"小剧场黄金时代"，部分音乐剧将随着演出市场的专业化和精细化逐渐找到自己的定位，而小剧场音乐剧因投资少、制作周期短、资本回收快等特征将成为资本市场热衷的领域。

中国电影真的步入了IP黄金时代？

　　现今，IP于我们而言早已不是一个陌生的名词，随着IP成为影视圈炙手可热的资源，各个电影公司相继加入IP争夺战。一时间，囤积抢夺IP资源成为影视投资的"制胜法宝"，IP电影似乎与生俱来地包含了"粉丝足量""市场保证"的言下之意，成为行业"新宠"。这让我们不禁思考：中国电影真的步入了IP黄金时代？

现象——IP电影面面观

IP电影的井喷式发展

　　IP电影在中国的发展时间虽短，但势头猛烈。经过两年的发酵，"IP"已成为2015年中国电影的关键词，从网络热门小说、怀旧金曲，到动漫、综艺节目，凡是好IP都被各个制作方抢占版权，实现电影化运作。"IP电影"以燎原之势攻占了五一档、国庆档、贺岁档等重要档期。放眼望去，"IP电影"无处不在。2015年中国全年IP电影票房85.87亿元，同比增长121%，占国产片总票房的36.1%，比2014年的24%高出12个百分点。在市场的刺激下，2015年IP电影的发展呈现井喷之势，绝大多数电影都迈过了亿元票房大关。《滚蛋吧！肿瘤君》《夏洛特烦恼》等IP电影赚足了口碑和票房。《寻龙诀》更是创造了中国IP电影的历史，截至1月12日，其累计票房高达16.45亿元，在华语片票房榜上的位置升至亚军（如表1所示），一时间，中国电影似乎被IP概念占据了天下。

表1　2015年具有代表性的IP电影

电影	IP类型	票房
《寻龙诀》	小说	16.45亿元
《夏洛特烦恼》	话剧	14.41亿元
《西游记之大圣归来》	小说/动漫	9.56亿元
《滚蛋吧！肿瘤君》	漫画	5.09亿元
《左耳》	小说	4.84亿元
《奔跑吧，兄弟》	综艺节目	4.21亿元
《栀子花开》	歌曲	3.8亿元
《何以笙箫默》	小说	3.35亿元
《万万没想到》	网剧	3.22亿元
《烈日灼心》	小说	3.04亿元

何谓高价值IP？

　　纵观国外的超级IP开发，可以发现一个具有可开发价值的真正IP，至少包含四个层级。**从IP的表层到核心，可以分为呈现形式、故事、世界观和价值观四个层级。**前期开发的层级深度决定了作品的价值，也决定作品是否能成为真正的常青IP。第一层是呈现形式和流行元素，能够给观众带来最直观的感受和冲击。但需要注意的是，形式和元素并不是IP开发的核心。第二层是故事，故事是推动IP高效开

微评

★ 高质量IP的开发，应是以具有正确的价值观、世界观、人生观的故事为核心，表现形式为关键。只有通过优质的故事内容才能具有IP产业链延伸的可能，同样具有普世性、大众化的外在表现形式也是IP开发的重要因素，因此，IP开发要将"内容与形式"并重发展。

发的工具，能够为电影提供基础的创作蓝本。第三层是推动故事发展的普世元素，即开发IP深层内核。正义、友情、爱情、亲情都可以成为让受众产生共鸣的普世元素。第四层是价值观，是IP最核心的因素。人物设定、风格选择、故事发展都是可以替代的元素，但真正的IP有自己的价值观，不是故事层面的短暂快感，也不是短平消费后的一时狂热。超级IP通过沉淀价值观，能够对全球观众产生审美和文化层面的持久影响。

追因——IP电影盛行，原因何在？

情感众筹，受众黏合度高

IP的一个重要特点是情感众筹，受众黏合度高。受众在使用一个文本时，情感已经投入进去，所以当其成为IP并形成另一产品时，受众实质上是在消费自己的情感，所以会产生非常高的黏合性，这是IP盛行的最主要原因。IP电影的开发过程也是生产情感的过程，所以当一个IP被改编为电影时，受众会把对原有IP作品的情感投入到电影中，对影视作品的黏合度自然也会随之提高。

粉丝经济的驱动

超级IP一般都拥有强大的粉丝群，且内容和题材都受到年轻人青睐，改编成影视剧后对年轻人而言更有吸引力。IP电影就像磁铁一般，能吸众多资源为其所用。而IP电影与生俱来的粉丝基础，则让电影前期宣传事半功倍。制片方在营销前就可利用其内容制造噱头，小说的粉丝自然直接转换成电影的观众，进而增强电影的辐射力和影响力。

低风险高回报的稳妥选择

电影投资的首要风险来自剧本，而在一个好故事的基础上进行改编其风险会降低很多。改编剧本风险比原创小，而且剧本开发周期比较快，一般三个月即可改编完成。成熟的 IP 比原创剧有更大的商业价值。相比较原创剧，运营成熟 IP 的最大优势是降低了投资风险，因为粉丝效应就是收视率和票房的最好保障。

互联网为 IP 电影的发展提供无限可能

大数据技术的发展让 IP 开发者获取信息更准确、高效、便捷，如今中国电影 IP 热，很大程度上来源于互联网对中国电影圈的渗透。互联网时代，人人都是传播者，IP 电影的口碑传播相较于传统的电影具有更广泛的传播基础。互联网的快速传播能力，让 IP 电影更加具有话题性。

反思——IP 电影开发背后的冷思考

IP 能够发挥整合资源的效果，吸引更多的资本进入电影市场，助推中国电影产业发展。但这背后的实质是资本追逐 IP，驱动力是希望 IP 快速实现利益转化。大量 IP 资源补给为电影打下了产业发展的基石。但市场高歌猛进时，其风险也不容忽视。大量业外资金及从业者的加入，也使这个时代的电影面貌比以往任何时候都更复杂、更发人深思。

IP 运营单一，止步产品层级

对于真正的 IP 运营来说，跨媒介内容生命力和商业价值是巨大的。在全球票房中，单一 IP 累计票房最高的均为系列作品，票房最高的 IP 中 70% 是动漫改编。每年，好莱坞超级英雄系列电影数量只占 10%，却创造了 80% 的利润。除漫画改编电影获得成功之外，好莱坞的 IP 在游戏和衍生品方面也创造了巨大利润，逐渐凸显了 IP 跨媒介内容运营的重要性。

相较而言，国内大多数 IP 电影只能算作产品级别，缺乏长期生命力和跨媒介商业化的能力，很多产品盲目跟风，主要依靠平台强势导流和市场一时喜好，最终导致生命周期如昙花一现。IP不应该仅仅是简单的一部电影，或者由电影再转化为电视剧，IP的系列开发模式才是目前中国电影发展真正需要深思的问题。

资源盲目囤积，IP转化率低

当前的影视机构往往手握多个网络小说IP，并密切关注具有较好市场价值的IP，影视圈不时上演IP资源大战。但纵观网络小说，有价值的IP仍旧不多。已被购买的热门IP，也有很多未实现资源转化。资本从小说流向电影，从低盈利的产业向高盈利的产业流动，所承担的风险要更大。许多公司盲目跟风，看到某一类型的小说拍成电影走俏，就大肆网罗同质性IP，盲目囤积IP资源导致了后期IP转化率低。

文化产品的孕育需要时间的打磨和沉淀。这一点从IP电影在国外的发展可窥一斑。国外的超级IP都是经过多年的酝酿，如我们所熟知的《哈利·波特》《变形金刚》《钢铁侠》等，都是围绕一个核心IP进行开发，并且名利双收。反观中国的IP开发，资本的追逐导致追求周期短、效益高的IP开发模式，在此思维引领下的IP电影必然会陷入发展困境，造成全面创造、长期打磨的IP锐减。

一味迎合市场，作品原创乏力

在资本疯狂追逐、业界不断造势的背景下，快速扩张的电影市场在资本引领下把IP电影带入快餐式的创作环境中，快节奏、流程化的直接后果就是电影类型单一化、原创能力不足。现在的IP电影已经沦为影视公司圈钱的工具，不仅会逐渐瓦解受众的信任感，也会消磨电影创作者的艺术创作水品。看似繁荣的电影市场实际上如空中楼阁，急功近利和拿来主义不仅不能真正推动电影事业的发展，反而会造成恶性循环，无法保持中国电影的长久生命力。

IP电影以市场为中心造成了IP资源艺术水平低的问题。尽管网络IP也不乏可圈可点的精品，但从整体来看良莠不齐。网络IP多以读者为中心、以市场为导向，虽然市场反应良好但艺术水平较低。**然而IP电影的现状则是市场为先，只要有市场就大肆开发。这样的态势也会反作用于网络IP生产者，传递给他们一个扭曲的价值观，久而久之造成中国经典影视作品的持续低产。**

　　文化精品的打造不能一蹴而就，我们应不断积蓄力量，创作精品，择机而发。电影的生命力离不开扎实的艺术创作。快速扩张的电影创作既是机遇也是挑战，这就要求电影创作者要有创新意识，不能满足于对原有粉丝力量的依赖，更应该把功夫下在营造IP品牌上，赋予IP更多内容价值，打造更多思想精深、艺术精湛、制作精良的IP电影，以此推动我国电影产业实现真正的繁荣。

微评

★ IP电影的资本化特征很大程度上阻碍了中国电影发展的进程，其主要原因在于IP电影大部分是迎合观众和市场趣味而制作的，其社会价值和思想深度浅薄甚至恶俗，长此以往，真正做电影艺术的人便少之又少，那么未来，中国精英电影如何发展，又如何抵制好莱坞电影的进攻？这应该是IP电影繁荣背后我们急需要思考的问题。

文化地产的春天来了吗?

　　"发展旅游地产、养老地产、文化地产等新业态"出现在了"十三五"规划纲要的第八篇"推进新型城镇化"中。此次是"文化"首次正式亮相于推动房地产健康发展的相关建议里，这表明了城市建设者和规划制定者的"文化自觉"。一直遮遮掩掩，不能拿到明面上谈论的"文化地产"，此次为何能被写进国家规划当中?

　　文化地产一直被认为"徒有虚名"。一些地产项目中，房地产开发商加入文化的"药引子"，增加了博物馆、美术馆、电影院、主题演出等文化元素，使原有土地发生了意想不到的放大效益，地产有了文化附加值，地价提高。尝到"文化"甜头的地产商，纷纷向文化靠拢，加大对文化的投入和布局，进行华丽转型。对于文化人来说，看不惯地产的"土豪作风"，认为是"披着文化的外衣卖空壳"。之所以会出现这样的质疑，是因为应该以文化软实力为核心竞争力的文化园区、主题公园，大部分都沦为了地产商圈地圈钱的幌子，文化软实力并没有与"硬实力"共生，而成为建筑的"装饰物"。那么，文化软实力和硬实力共生的文化地产，应该是什么样的呢?

　　为文化地产正名

　　文化地产是以文化软实力为核心竞争力的房地产开发模式，是用文化引领规划、建筑设计、园林景观、营销体系、物业服务的系统工程。文化地产是把"死建筑"变成"活建筑"的系统工程。房地产传统开发模式是以"建筑"为核心，文化和概念仅作为营销手段；而文化地产是以"文化和生活方式、居住理想"为核心，用文化提升固化建筑价值。钢筋水泥是外在筋骨，文化是内在筋骨。

当然，仅仅包含文化概念、文化元素的地产项目不能称为文化地产。事实上，文化与地产联姻由来已久，在建筑风格、园林景观、生态环保、配套服务、人居理念等方面都有文化发挥的空间，但这些都与文化产业无关，只能说是地产项目所表达的一种人文情怀。

那么是不是文化产业聚集在一起形成建筑群，就能称为文化地产呢？当然也不能如此认定，如果这里面没有地产开发参与，就不能称为文化地产。

目前，文化地产并没有较为明确的分类，从发展现实来看，大致出现了以下几类：文化旅游地产、文化影视地产、文化商业地产、文化体育地产、文化创意地产等。无论以何种主题进行分类，文化地产必须要有明确的"文化"主题，完善的"服务"体系与合理的"功能"配套。能够将文化、功能与服务的概念完美地融合，从而引起目标人群的消费冲动。

发展文化地产的现实背景

文化产业发展环境利好

近年来，文化产业的发展无论是从政策环境还是市场环境，都迎来了机遇期。可以说文化产业的发展环境，没有最好，只有更好。随着人们物质生活以及审美能力和审美需求的提高，文化消费在人民的消费生活中所占比例越来越大。

微评

★ 文化地产最核心的要素是以文化为内容，以建筑等为表现形式，通过文化内容去激活冰冷建筑，使得建筑具有灵魂，成为凝固的艺术。

文化和创意渐渐渗透到每个行业领域中，用文化对人的心灵和精神的冲击力，来提升产品的吸引力。为了进一步增加文化消费，优化文化产品的供给，国家在文化与其他领域的融合方面提供了极大的优惠和便利条件，用积极的态度鼓励文化产业与其他产业的融合发展。

地产需要文化拓展道路

新经济体制条件下，我国商业地产的集中开发构成了区域经济发展的主线之一，也成为区域经济发展中的重要力量。但随着扩张加剧，开发过剩，商业地产逐渐遭遇瓶颈，经营品牌、品种、价格等均严重雷同，有限的资源受到各类商家的激烈争夺，同质化现象十分普遍，拖延甚至阻碍了区域经济的发展步伐。反观文化产业，它具有知识密集型、高附加值、技术整合性，对于增强城市文化竞争力、提升产业发展水平、优化产业结构具有不可低估的作用。在传统房地产开发的路越来越难走的情况下，文化产业可以成为新的突破口。

助力新型城镇化

新型城镇化要实现真正意义上的城镇化的居住环境，而不是简单的平房到楼房的平移。人民离不开土地，居住环境永远都是与人民幸福感休戚相关的事情。美国的建筑学家富兰克认为房地产建筑的本质是生命不息的创造，而非无生命的钢筋水泥混凝土的堆砌。所以，用文化地产来实现"看得见山，望得见水，记得住乡愁"的居住环境的营造，正符合新型城镇化的推进需求。

微评

★ 文化地产的发展，是推动新型城镇化的重要引擎。文化地产项目多建设在具有丰富文化内涵以及优质自然环境的城郊地区，通过文化地产的助力，促进当地的经济和文化发展，助力新型城镇化的发展。

文化地产发展，建议几何？

文化产业基础是支撑

如果没有文化产业做支撑，文化地产就是一个空壳，无法产生集聚效应。或者沦为"挂羊头卖狗肉"：表面做产业，其实还是卖住宅。文化产业支撑不足，正是造成文化地产被很多人诟病的原因。

那么，在内部文化产业基础不足的条件下，如何发展文化地产？这时候就有必要考虑引入外部的资源，比如浙江丽水就在积极引入深圳大芬油画村的优势产业资源，包括资金、市场、人才，同时还有对产业运营模式的借鉴学习。但是同时要注意到，任何一个产业市场的持续发展都是靠时间积累而成的，这种产业转移、引入能否顺利进行，还要看当地的投资环境以及产业基础是否有力承接。

人才提供后续发展动力

文化地产项目的成功需要文化产业做支撑，而文化产业的持续发展需要充足的人才做支撑。对于一个新兴的文化地产项目，一个重大的难点就是人才问题，即产业人才从何而来，后续又如何让这些人才留下来。除了起始阶段不可缺少外部人才的引入，产业体系内还应当有自己的人才培养战略，从而形成可持续发展、不断循环的人才资源体系。另外，为了留住人才，除了产业培育外，还应当让这些人才看到实实在在的可以实现的市场效益；同时提供工作、生活方面的配套服务，让引入和培养的人才能够在此安居乐业。

树立品牌才能获得可持续发展

品牌，简单地讲就是消费者对产品以及产品系列的认知程度，直观地反映了一个产品在消费者心中的依赖性以及好感度。文化地产作为地产产品，若想赢得消费者长久的注意力和好感度，得到可持续发展，就必须通过品质与内容的升级打造能够面向全国乃至全世界的品牌。文化地产树立品牌，不能简单地依靠广告，更多地是依靠产业的发展形成巨大的社会效益和经济效益，产生强大的外部效益。

正确定位是关键

定位是生产的开始，没有明确的定位，就像一张没有辨识度的脸。所以，定位对于文化地产而言也是至关重要的，它直接决定项目的规划、推广与运营等战略思路。

对于文化地产而言，其定位是文化产品的展示、生产、销售还是原创基地？不同的定位就有不同的功能布局和业态分布。是大而全，还是细而精？从项目定位延伸的角度来看，文化地产的建筑规划设计也至关重要，它影响的不仅仅是项目的形象问题，还决定了项目的功能分配，以及后续的产业规划。

营造春节文化氛围，文化市场需疏堵结合

随着近年来群众物质生活水平的稳步提高，多数群众的春节消费观念开始发生变化。主动进行文化消费，参与文化活动，注重精神层面的提升成为近几年春节消费的重要现象。这一现象需要用全面的观点来看待——在看到春节文化市场活跃景象的同时，更需要及时发现春节文化市场繁荣背后隐藏的市场隐患与监管问题，要充分认识到健全有力的文化监管措施与体系在保证春节文化市场平稳运行、文化产品与服务有序优质供给、群众春节文化消费品质提升、营造良好春节文化氛围过程中的重要作用。

繁荣背后几多忧：春节文化市场的监管重点

大型文化活动监管需配套

庙会、灯会、花会是春节期间的典型群众性文化活动的代表。随着人们生活水平的提高和传统文化的复兴，庙会、灯会、花会这类颇有传统民俗色彩的文化活动在春节期间市场火爆，成为春节期间重要的文化活动。火爆之余，庙会、灯会也逐渐暴露出一些问题，需要引起关注。第一，灯会、庙会参与主体众多，演出活动、产品售卖等活动相对杂乱，有序组织需要提前筹划，多部门协同联动。第二，游人众多，安全隐患需高度重视，安全是春节期间文化活动的最根本前提。**第三，商业化倾向严重，有待进一步规范，庙**

★ 春节作为中华民族传统的文化习俗，在商业化过程中一定要守住传统文化的根，不能因利而变。要讲传统文化与现代文化相融合发展，在内容上保持原汁原味，在形式上可以丰富多彩，才能让春节不失本味。

会、灯会等活动的设计越来越"现代"，严重的商业化痕迹失去了庙会、灯会的原本意味。

网络文化监管有必要

网络文化已经渗透到人民群众生活的方方面面，各种网络文化产品和服务层出不穷，影响和改变了人们传统的生活方式，在提高人民群众精神文化生活方面起到积极作用。春节期间的网络文化生活更是重要内容，春节本身的话题性以及其他与春节相关的热点话题很容易在网络上发酵、扩散，成为人们春节文化生活的重要组成之一。网络文化的开放性、虚拟性、多元化，使网络文化市场呈现出了其他门类文化市场所不可比拟的魅力，但同时也造就了该市场监管难、控制难的特性，使网络文化市场成为问题易发难根治的文化领域，春节期间的网络文化监管同样需要引起高度重视。

群众文化活动需引导

群众性自发的文化活动是丰富春节文化生活最接地气的形式之一，是将文化发展成果惠及广大群众最有效的形式之一。春节期间有大量群众文化活动，如社火表演、群众民俗演出等，在这一过程中，群众文化活动的内容与形式，群众文化活动的质量与群众文化活动参与的安全保障等问题均需要予以全面考量。

农村文化市场监管不能忘

春节前后大量的农民工返乡过年，相较于平日，春节期间农村的社会活动更为复杂。同时，春节期间是农村庙会活动、集会活动、群众红白事、群众文化活动等相对集中的时间段，农村文化市场最为活跃。在这一背景下，一些低俗表演等不良文化现象容易在农村以及城乡结合部滋生，"文化垃圾"更容易趁机下乡，对农村文化市场造成污染，这些现象需要引起高度关注。

双管齐下：春节文化氛围营造需疏堵结合

完善文化市场体系是中央"十三五"规划建议的重要方面，保障春节期间文化市场舒畅运行，营造春节文化氛围则是对我国文化市场体系的一次检验。在春节文化活动不断丰富、文化消费不断活跃的当下，文化市场良性运作、文化氛围的有效营造，需要疏堵结合方能更有成效。"疏"是引导，是事前的规划与布局，更是一种积极主动的防范；"堵"则是对劣质的、具有不良影响的、危害文化市场健康运作的文化现象进行严厉查处、惩罚。

疏：积极作为，引导先行

第一，丰富春节文化内容供给，主动作为活跃文化生活。文化产品与服务是文化市场有序运作的前提和基础，也是春节文化氛围营造的重要前提。**在文化产业方面，要通过供给优质文化产品与文化服务，丰富文化市场。在公共文化方面，则要通过有规划地组织一系列年味浓郁、内容丰富、形式多样、群众喜闻乐见的文化活动来营造喜庆、祥和的节日氛围，满足春节期间人们的文化需求。**

第二，强化春节期间文化市场规范落实，事前打好"预防针"。强化文化市场各个主体在管理规范等方面的宣传与教育作用，强化市场主体责任、加强行业自律，构建信用体系。

第三，加强文化消费意识引导，培养文化消费的健康习惯。春节期间是文化消费的一个集中期，面对多样多变的文

微评

★ 对于春节文化的疏导，应该注意两点。一是要尊重各地春节习俗，不可搞统一和一刀切。二是要加强春节期间文化产业市场的监管，保障文化市场的健康有效发展。

化消费以及存在的问题，必须加强引导。在这一过程中，一方面要引导人们提高文化消费层次和能力，帮助人们提高对各类文化产品的理解力、领悟力、辨别力、接受力，帮助人们选择更有价值和意义的文化产品，加强春节期间文化消费的计划性和选择性。另一方面，要引导人们树立健康向上的文化消费理念，通过宣传引导，帮助人们梳理有利于提高自我综合素质，有利于培养高雅情趣，有利于社会文明的文化消费理念。

堵：监管有力，保驾护航

第一，发挥"黑名单"作用，提升违规成本。落实《文化市场黑名单管理办法》，加强文化市场事中、事后监管，通过提升文化产品黑名单和经营主体黑名单的违规成本形成对文化市场参与主体的警示作用。

微评

★ 春节文化活动的监管问题，对于社会力量监管的措施应该要集中于行业协会、企业自律和个人自觉等层面，不可宏观而语，而要从细微处着手。

第二，要动员社会力量，构建春节文化活动监管的全面体系。**用创新及时和敏锐的方式对不可避免的变化做出迅速的反应，是社会力量在春节文化市场监管中的重要优势，应发挥社会力量协助政府应对文化市场监管过程中出现的各方面问题的重要作用。**在这一过程中，应充分利用互联网等新媒体平台，构建社会力量参与监管的畅通渠道。

第三，网络空间实时监测，防患未然积极应对。首先，春节期间应加强互联网管控，通过安排专人进行网络巡查，重点查处通过信息网络传播有害信息、擅自从事网络文化服务等行为；其次，还应实时关注春节期间的网络舆情，对出现的有害信息及时处理，净化网络空间；最后，要坚决打击含有违禁内容的文化产品及服务，维护好文化安全和意识形态安全，为群众提供健康向上的文化消费环境。

是悖论还是必然？实体书店究竟引爆了什么？

上一秒，所有人还在为实体书店"命不久矣"哀叹的时候，下一秒，实体书店竟然逐渐回暖，各种形式的实体书店如雨后春笋般在全国涌现。亚马逊、当当两家网络书店巨头先后宣布要在国内开设实体书店；台湾诚品落户苏州；无印良品书店安家上海；国有大型书城山东书城闪亮登场；单向街等民营书店获得风险投资；三联书店第二家24小时书店正式营业，种种迹象表明，实体书店正在逆流而上寻求新的生存空间。这些特色实体书店有哪些亮点？为何我们需要实体书店？实体书店如何持续兴旺？让我们共探究竟。

实体书店2.0：特色各不同，不仅仅是卖书

无印良品书店：通过传递生活理念引导消费

在2015年的"双十二"这一天，国内第一家MUJI BOOKS落户上海淮海路，在开业当天就排起了几百米长的队伍。它开在繁华的商业地段，也是中产阶级最为活跃的地段。与其他书店相比，作为半路出家跨界卖书的MUJI书店有着自己独特的创意，如果说其他书店努力在书店里卖杂货，那么MU-JI则是致力于在杂货铺里卖书。

从陈列摆放上看，它是按照自己所售的商品类别来卖书的，通过模糊商品的界限，创造一种提示消费的环境。它模糊了书籍的分类，而是按照情景化卖书，枕边书、案头书、椅边书、房间与书、微波炉与书……售卖食品的区域也许会出售与美食相关的书籍，行李箱旁边则摆放着旅行相关的书籍。把书穿插在商品之间，甚至每一个页面的停留位置都是精心选择的，与生活结合得天衣无缝。

在书籍的选择上，MUJI售卖的书里，没有漫画，没有周刊，也没有商业书籍和成功学。他们会选择非速食的、即使很长时间后重温仍会收获良多的书籍，通过精心挑选的书告诉消费者们他们所倡导的生活方式和设计理念。通过这种传递理念的方式，它让不了解MUJI的人通过书籍了解MU-JI，让原本就是MUJI的粉丝更加忠实。

库布里克书店：激发空间功能的最大可能性

来自香港的库布里克书店在2009年落户北京，2010年底在杭州有了分店。书店的名字就来自著名的电影导演斯坦利·库布里克。北京库布里克在东直门MOMA里，对面就是百老汇电影中心，在书店+咖啡厅的形式之外又与电影的气质相结合。

一开始只售卖图书、咖啡及影碟的库布里克书店并不满足仅限于买卖的交流，而是尝试开发更多的功能，与不同领域的人合作，提供活动场地或者自行出版发行书籍，开拓更多交流分享的空间。库布里克书店的最大特点是其多功能的设计，发掘出了空间最大的多样性和可能性。北京库布里克书店会与不同的艺术单位合作，举办各种各样的与文化艺术相关的展览、讲座、教学、分享会等。书店内还设有画廊、DIY工作坊，专门摆放各地创意小物件和手工艺品，都是艺术家的原创作品。**库布里克使书店不仅仅停留在售书，而是与其他文化领域的元素结合，开发出一个书店可以具有的多种功能，同时也通过其他的方式吸引众多的文艺中产阶级光顾书店。**

微评

★ 当前实体书店的2.0时代，在与其他文化元素集合的同时，要尤其注意协调不同文化元素的比重和作用，不可让书店成为文化超市，让实体书店失去读书学习、思想汇聚的作用，成为商业活动的场所。

诚品书店：打造心灵慰藉的文化场域

本着人文、艺术、创意、生活的初衷，诚品书店发展为今日以文化创意为核心的复合式经营模式。早在诚品创始之初，就将未来发展定位到了人文的高度。其最大的特色是连锁不复制和贴近读者的人文关怀，它会针对每个店附近的环境来做市场分析，摆放的书、装修风格等都会因其接待对象的不同而各异。诚品经常邀请文化创意界与学术界人士参与演讲、展览、座谈、出版等各项文化活动，强调的是一种文化场域的体验和参与。

诚品书店是典型的复合式经营的成功案例，与其说是书店，它更像是一个涵盖音乐馆、风格文具店、Art Studio、Cooking Studio、设计展览、创意集市等形态的文化百货王国。"知识无终点，全年不打烊"是诚品书店提出的独特的经营理念，诚品对传统意义上的"书店"进行了概念上的创新，希望把它打造成一个心灵可以得到停泊和慰藉的场所，更注重心的交流，这样的诚品不像是一个卖家，而像是一个朋友。

亚马逊书店：线上大数据优势的线下开发

自从在西雅图大学城开设了第一家实体书店，亚马逊便成为第一个吃螃蟹的人，开辟了线上书店巨头建立线下书店的新模式。依靠大数据的支撑，亚马逊对读者的兴趣定位更加精准、商品配置更加合理。店里销售的书籍多是网络口碑优质的畅销书，每本书下面会附上一张由 Amazon.com 上读者对这本书的意见汇集而成的评价卡，不仅介绍了书籍特色，也帮助读者做了筛选。把网上书店的互动、共享特性迁移到了线下。除了卖书，亚马逊也通过这家实体店来展示自家的电子产品，包括电子书阅读器 Kindle、平板电脑 Fire Tablet 等，让顾客体验操作产品，搭配解说服务，透过实体书店拉近与消费者间的距离。

逆袭有道：为何我们离不开实体书店？

体验为王，凝聚社群力量

《网民看出版：图书出版满意度调查报告（2015）》显示，在所有图书

微评

★ 实体书店在与电商书店竞争的过程中，要避其锋芒，以体验为主。将实体书店打造成为一个读书讲书、学术研究、读书沙龙等多种形式的文化体验活动场所，并相应地提供餐饮等服务，让实体书店由商店转型成为文化体验之地，从而与电商书店一较高下。

载体中，51.9%的网民表示更偏爱纸质书，即纸质书位列网民图书载体偏爱度排行榜的首位。**实体书店相较于电商而言最大的魅力在于能够以书为切入点，通过特色资源的整合和一系列增值服务，打造成集休闲、餐饮、阅读、服务等活动于一体的文化体验与交流平台。**随着互联网的发展，似乎没有什么东西不能在网上买到，在这样的情形下，实体书店作为一个阅读空间就显得更加珍贵和回归本真。在快节奏的城市生活中，一群爱好相投的人聚在一起，也使书店更容易成为城市人阅读交流的空间。通过丰富的线下体验和活动，吸引用户，为线上引流，激发用户的文化消费需求，让阅读成为一种时尚潮流和休闲生活方式，进而推动全民阅读。

网购缺点暴露，隔阂读者距离

在网络购书刚刚兴起的时候，以其便捷、低价的优点受到消费者的欢迎。而近几年，它的缺点逐渐显现出来。在网络上，屏幕对图书的展示空间有限，商家总是会把畅销书放在首页，而读者关注到的也总是这些畅销书。这就导致了图书销售的两极分化：畅销的更畅销，冷门的更冷门。对于真正爱书的人来说，在实体书店的书架上去发现图书，是读书的乐趣之一，而网上购书却无法实现，它需要输入书籍名称去搜索，实际上隔离了读者与书之间的距离，用户黏性成为短板，发现一本好书的惊喜感在网络上不可能实现。

多元化业态，一站式体验

如今在书店业内有一个基本的规律，其毛利的三成来自图书销售，七成则来自文化创意和餐饮。从目前的书店形态来看，它们不再是人们传统印象中的书店模样，而是以更精致时髦、更个性化的形象走着复合式经营之路。实体书店

2.0，与其说是"书店"，不如说它们是"文化空间"。书是低毛利产品，文创和餐饮是高毛利产品，多种业态混搭，店铺才能获得较好的盈利。台湾诚品书店的经营中，约七成是非图书产品，采用的是文化和其他产品结合的综合体模式，咖啡厅、餐厅甚至小舞台也有一定的生存空间。这既是图书业与其他行业进行融合的探索，也是综合型书店吸引消费者的原因所在。

走向：实体书店激活城市文化

在强调创意营造和文化民生的当下，实体书店扮演的角色已不再是单纯的书店，更多的是一种文化交流的媒介、文化创意的载体和生活美学的倡导者，以更加优雅和多元的姿态，将艺术、时尚、图书、百货最大限度地融合，书店本身也逐步成为城市文化的重要组成部分。

微评

★ 实体书店在当下文化交流与文化发展的过程中具有不可或缺的作用，它是一个国家或者城市文化的代表。当前实体书店面临进行转型阶段，传统的实体书店已经无法满足大众的文化需求，未来的实体书店中的文化体验功能将大于图书购买功能，因此，实体书店要跟上时代发展潮流，积极改革转型，才能避免濒危的境地。

提供文化服务

在探索转型的过程当中，实体书店正在从图书销售场所向文化服务场所升级，其承担的文化传播、公共服务、推广阅读等重要任务，是线上书店所无法实现的。因此，将实体书店纳入公共文化服务体系，促进实体书店积极融入各种文化社区至关重要。为确保实体书店的健康发展，保留其多样性和公共文化的职能，政府一方面应帮助实体书店拓宽融资的渠道，加快融资的进程，使实体书店的资金周转更加通畅；另一方面对书业秩序进行规范，规范图书定价方式，使图书定价有明确的法规可以遵守，避免线上线下书店的恶性竞争。随着人们的精神文化需求日益增长，实体书店有望成为一处潜力巨大的文化高地，为实现全民阅读、推进基层公共文化服务做出极大的贡献。

营造文化氛围

现如今，实体书店已经激活了城市空间的文化氛围。新型实体书店在选址、特色和市场定位上正在和咖啡馆、购物中心、文创、展览演出等业态相互融合，既聚集人气，又充分利用人流量变身新的文化消费和休闲空间。对于整体文化氛围的营造和人们精神文明程度的提高具有重要意义。随着社会的发展变化，"快餐式"的浅阅读文化已经逐渐取代了深阅读成为主流，为避免图书在精神层面和文化层面的作用大幅减弱，实体书店回暖恰逢其时。引进多元业态，经营延伸产品，打破书店只能单一经营的思维禁区，是实体书店发展的关键。

尤其是互联网的飞速发展对实体书店来说，既是机遇，又是挑战。要把握"互联网+"的时代潮流，将线下的实体书店与线上的网络书店相结合，形成产业链，实现跨越式的发展和一站式的服务，以满足读者的不同需求。同时，要做到以人为本，提升书店的人文气息，改善书店的体验环境。

塑造城市品牌

实体书店最终的走向是要成为一个城市"软实力"的象征。如同一提到台湾，人们下意识地就会想到诚品书店，诚品书店已然成了台湾的文化名片。一个优秀的实体书店应当是地域文化特色的展示窗口和进行文化交流传播的名片。比起卖场功能，实体书店在更高层次上来讲也是在代言、分享一种文化产品和文化创意，通过对所在城市特点、文化的把握，形成能够代表城市文化氛围和人文精神的载体。因此，在今后实体书店的发展过程中，因地制宜是关键，不同的城市有自己不同的特色，而书店就要根据这些特色来确定自己的风格，把自己和城市相联系，塑造城市品牌和良好形象。

关于这件事，你需要冷静思考

自2014年以来，助力"双创"成为国务院常务会议的高频话题，政府针对"双创"发布了一系列政策措施，涉及从政府职能到税收优惠，从用地到人才，从金融创新到平台建设等层面。政策密度如此之大，显示了党和政府对"双创"推动的决心。在政策频出的这几年，社会的创业环境和就业形势均发生了显著变化。

2015年10月21日李克强总理在国务院常务会议上强调"要用政府税收减法，换取'双创'新动能加法"，这一税收利好信号再一次将人们对于"双创"的热情推向了高潮。面对我国现在"双创"如火如荼的大好形势，我们是时候该放慢脚步重新审视"双创"红利问题。

政策落地情况

政策利好愈发普遍和实惠

随着改革的深入，促进"双创"的政策越来越实惠，也更加具有针对性。如李克强总理在2015年10月21日主持召开国务院常务会议时提出，要用政府税收减法，换取"双创"新动能加法，确定完善研发费用加计扣除政策等。这是直接惠及中小企业和科研工作者的政策。再比如鼓励地方设立创业基金，对"众创空间"的办公用房、网络等给予优惠等。

创业基金纷纷成立

2015年以来，各级政府和企业纷纷设立创业基金，积极响应国家关于"双创"的政策号召。一些地方已经在试水创业基金，据官方消息，四川省2015年6月发布的《四川省2015年"互联网+"工作重点方案》就明确提出引导"互联网+"创新创业投资子基金。成都市也启动了相关创业活动，将用5000万元专项扶持资金打造创业孵化器，为创新人才和科技企业提供相应扶持。

创业拉动就业的成效显著

2015年3月，国务院出台了《关于发展众创空间推进大众创新创业的指导意见》，旨在将创业和就业结合起来，以创业创新带动就业。据人社部数据，我国2015年一季度城镇新增就业320万人，就业形势平稳，失业率保持在较低水平，这与创业活动的蓬勃发展有着密切的联系。

政策落地情况存在区域性差异

相对于北京、上海、深圳等具有浓厚创业创新氛围的城市，以传统产业为主的地区和领域的创业行为依旧比较少，政策落实情况还有待提升。虽然很多地区正在进行多方面的改革，但是创业层次依然比较低。在政策层面，如河南、河北、山东、东北等地区的配套政策比较迟缓。另外，有的地区虽然出台了相关的配套政策，但是缺乏政策监管，并没有得到应有的成效。

孵化器建设的实际情况

"众创空间"是科技部在调研北京、深圳等地的"创客空间"、孵化器基地等创业服务机构的基础上，总结全国各地的总体发展经验而提炼出的符合"四众"特点的新名词，是"双创"浪潮下的产物。根据国务院在2015年9号文件《关于发展众创空间推进大众创新创业的指导意见》中的定义，"众创空间"是顺应网络时代创新创业特点和需求，通过市场化机制、专业化服务和资本化途径构建的低成本、便利化、全要素、开放式的新型创业服务平台的统称。

国外并没有"众创空间"这个说法，它通常与"创客空间"联系在一起。"创客空间"在国外已经发展成熟，中国第一个创客空间是于2010年在上海建立的新车间，经过几年的发展，已经在北京、上海、深圳等文化产业发达的城市出现了很多各具特色的创客空间。"创客"文化和"创客空间"以及各种类型的孵化器构成了"众创空间"的发展基础。

"众创空间"呈现井喷式发展

在政策和资本的推动下，"众创空间"如雨后春笋般出现在中国的各个省市。有一组数据可供参考，2015年3月两会期间，全国政协委员左晔称，国内创客空间只有70余家。现在，仅深圳一座城市就有近百家创客空间。根据深圳市2015年6月出台的促进创客发展的三年行动计划，到2017年底，深圳市创客空间数量将达到200个。重庆市更是提出了到2020年，在全市建设1000个众创空间的目标。除了政府的大动作，有实力的企业也不甘落后。海尔集团打造了"海创会"的众创空间，建筑面积达14000平方米，承载海尔集团的创新项目。

"创客空间"有余而创客不足

中国此轮创客和"创客空间"的蓬勃发展，很大程度上源于自上而下的政策和资本的驱动，"创客空间"存在一定程度的泡沫成为很多业内人士的共识。国外的创客和"创客空间"源自车库文化，它多为有相同兴趣、相同想法的人聚集在一起交流碰撞思想的空间，通常是自下而上的成长方式，更为自发、开源和自由，使创客的培育和发展也有更为深厚的土壤。**中国的创客和"创客空间"在近几年有一定发展，当前政府想通过政策红利来撕开一个小缺口，从而释放**

微评

★ 对于众创空间，国家政策红利更多的是引导和鼓励作用，除此之外，还需要更多的创客主体对于好的创业项目进行打磨，才能切实地推动"双创"的发展。

出创新的无限潜能。但**"国内无论是创客群体还是投资人，似乎都还没有准备好迎接一个真正的大众创业时代的到来"，真正靠谱的创客是需要时间来培养和教育的，同时，好的创业项目同样需要时间的打磨**。过于快速的发展，会使创业圈出现浮躁和急功近利的情绪。

对"众创空间"的认识有待加强

"众创空间"是为创业者提供工作空间、网络空间、社交空间和资源共享空间的地方。它显然不是一个单纯的物理空间，也不能将它与当前任何一种具体的服务平台混为一谈。科技部一再强调，众创空间绝对不是大拆大建、大兴土木的房地产工程，而是在各类新型孵化器的基础上，打造的一个开放式的创业生态系统。

根据投中研究院的调研结果，众创空间至少包括以下几个特点：开放与低成本、协同与互助、结合性强、便利性和全要素。

突然火爆起来的"众创空间"一开始就被打上了创业的烙印，它自然是帮助和鼓励创业者进行创业活动的空间，但是过于被动的商业性"创业"往往不能孵化出成功的项目。在这种氛围下，"创客"成了专指可以做出商业化项目的创业者，"创客空间"则演变成了"给创业者提供的办公场地"，成了接近联合办公空间的地方。

另外，很多地方政府和企业在并没有真正理解"众创空间"的情况下就盲目建设，导致资源浪费，无创业公司入驻，空间大量闲置。有些创客空间来自空厂房和咖啡馆的临时改造，戴上"创客空间"的帽子，即使没有任何相关盈利和活动，也足够去争取政府的资金补助。

从草根到精英：理性对待创业

政策红利是否惠及每个人？

李克强总理就如何将支持性政策和市场热情转换为"双创"红利给出了答案：大众创业、万众创新首要在"创"，核心在"众"。要激发"双创"红利，就必须把"众"字落实。"双创"依赖"众人"发挥巨大能量，无论是草根还是精英，都可以通过互联网投身到创业创新的队伍中。那么政策红利就要争取惠及每一个想要创业、正在创业的人，同时能在国内培育一种自由、创新的氛围和热情。

无论是大企业、中小微企业还是小的工作室或者个人，在政策面前都是享受红利的主体，要确保每个创业单元都能以最小的阻力来获得所需要的资源，这就要看政策红利是否能够惠及每个或大或小的创业单元。

在国家的大力扶持下，中小微企业的数量逐渐增多，各地政府也纷纷设立专项资金鼓励青年人创业，奖励优秀的创业项目，政府在尽可能地改善创业者的创业环境，很多创客纷纷感受到了政策带来的效应。但问题依旧存在，北京、广州陆续发布区域内创业情况调查，二者在多处不谋而合，两地很多创业者认为创业环境较差或者一般，存在政策主体分散、申请门槛高、申请程序复杂等问题，导致了创业青年对政策的满意度不高。有些创业者没有兴趣深入了解国家的相关政策，指出很多创业青年并没有明确地感受到创业政策的帮助，在具体操作过程中仍然非常复杂。

除此之外，相对于北京、上海、广州、深圳等一线城市，很多二、三线城市也并没有很明显地感受到变化。

人人都适合创业吗？

自国务院出台"双创"相关政策以来，中国的青年创业者们对于这一轮力度如此之大的创业政策利好予以热切回应。据统计，2014年一年间，首次参与投资创业的自然人达到291万余人，2015年前三季度，我国经济增长6.9%，保持在7%左右，就业率不断提高，其中"双创"起到了重要的支撑和拉动作用。

这样的数据自然体现出国家创业政策的高效，创业似乎成了不怎么遥远的事情。青年创业的数量也大大提升，但创业环境的优化不意味着创业难度的减小。

随着互联网的发展，越来越多的人投身到互联网大军中去，竞争愈发激烈。创业者和创业项目越来越多，能够成功的人却不见得有太多的增加。这就要求青年创业者既要牢牢抓住机会，又要全面评估自身能力，分

析时势。

创业者不能跟风和盲从，乔治·斯穆特说，真正在创业上有较大突破的人，要在学科和专业背景上非常好，在某一个领域具有天分，"有一技之长"。

"双创"红利需要政府继续保驾护航

推动"大众创业，万众创新"是一项宏观而系统的工程，它不应该仅仅停留在一句简单的政治口号面前，而是要真枪实弹、披荆斩棘地去闯出一条符合我们国家现实情况的特色发展之路，这个过程尤其需要作为"双创"政策现实策划人的政府继续扮好"后台服务器"的角色，继续优化政策实施细节，做好顶层工作。

首先，政府要继续推进简政放权，进一步转变政府职能，进一步取消和下放与促进创业密切相关的审批事项，降低市场准入门槛，简化行政审批手续，推进投资创业便利化，营造有利于创业的良好环境。

其次，政府要健全创业人才培养与流动机制。传统的教育理念在一定程度上束缚着我们国家国民的创业热情，作为政府应该尽早把创业精神的培育和创业素质的教育纳入国民教育体系，实现全社会创业教育和培训制度化、体系化。加快完善创业课程设置，加强创业实训体系建设。

再次，政府要继续推进鼓励"大众创业，万众创新"的相关利好财政政策，优化创业企业财税，强化对创业企业的扶持力度，落实扶持小微企业发展的各项税收优惠政策。

最后，政府要健全对于创业行为的安全保障体系建设，包括建立小微企业融资增信体系，完善政府担保体系，加强对创业知识产权保护等。

对话民生：公共文化的时代使命

公共文化服务是保障人民基本文化权益的根本途径。文化源于人民，也因此服务人民、造福人民。"十三五"以来，国民经济发展进入"新常态"，文化发展也需要更加突出文化民生，促进基本公共文化服务标准化、均等化，不断满足人民群众日益增长的精神文化需求是建设社会主义文化强国的时代使命。

今天，你的文化"脱贫"了吗？

微评

★ 文化脱贫，不仅要加强顶层设计，更要从基层做起，加强乡村文化建设，实施文化惠民项目，提高农民文化素养，将文化扎根于乡村建设，这将是文化脱贫的重中之重。

　　打赢脱贫攻坚战，实现全面小康战略最关键的是要先进行文化脱贫。文化部等七部委此前也提出，到2020年，贫困地区的基本公共文化服务指标接近全国平均水平，明显改善贫困地区的公共文化服务能力，扭转贫困地区与发达地区发展差距扩大的趋势。革命老区、民族地区、边疆地区、贫困地区文化要实现跨越式发展，要真正打响文化扶贫攻坚战，贫困地区应在文化方面自我奋起。

　　2015年12月7日，中共中央、国务院发布的《关于打赢脱贫攻坚战的决定》（以下简称《决定》）提出，确保到2020年农村贫困人口实现脱贫，是全面建成小康社会最艰巨的任务。根据现行国家扶贫标准，截至2014年底，中国农村贫困人口有7017万人，其中6个省份贫困人口超500万人。这意味着，从2014年统计以来到2020年的六年时间，每年要减贫1170万人，任务非常繁重艰巨。《决定》提出，**要推动文化投入向贫困地区倾斜，集中实施一批文化惠民扶贫项目，普遍建立村级文化中心。"治贫"必先"治愚"，隐藏在经济贫困背后的文化贫困才是制约农村脱贫致富的关键因素，所以文化扶贫成为我们共同面临的一项重要问题。**

文化扶贫是个啥？

当下，从中央到地方，全国上下都在提文化扶贫，而要真正落地实施，还是要先搞清楚什么是文化扶贫，文化扶贫提出的背景以及我国文化扶贫实施的现状等问题。

首先，什么是文化扶贫呢？文化贫困从根本上来说是产生贫困的主要根源，而贫困文化则是文化贫困的直接后果，是长期生活在贫困之中的乡民的文化习俗、思维定式和价值取向的积淀，是贫困者对贫困的一种适应和自我维护。"贫困文化"是制约经济发展的重要因素。"贫困文化"是指包括小富即安、满足现状、闭关自守、故步自封、墨守成规等特点在内的封闭、惰性、小农意识。它是现代市场经济条件下传统文化和封建意识在贫困地区的表现。文化扶贫就是通过向贫困地区的人们传输新的价值理念、科学文化知识、实用技术等，来提高他们自身的科学文化素质和自我发展能力，从而实现脱贫致富的一种方式。

其次，文化扶贫是在什么背景下提出的呢？邓小平同志曾说："我们国家，国力的强弱，经济发展后劲的大小，越来越取决于劳动者的素质，取决于知识分子的数量和质量。一个十亿人口的大国，教育搞上去了，人才资源的巨大优势是任何国家比不了的。有了人才优势，再加上先进的社会主义制度，我们的目标就有把握达到。"我们所说的文化扶贫工程，便是根据我国农村劳动者素质低下，又不可能完全依靠正规教育来加以提高的现实情况提出来的，是从发展农村"文化力"出发，加快农村"两个文明"建设的要求提出来的。与此同时，扶贫开发进入攻坚阶段，许多深层次的矛盾需要去破解，许多艰难的问题需要去解决，而全面提高广大农民的综合素质则成了关键。"文化扶贫"就是在这样的形势下应运而生。

最后，我国文化扶贫发展的现状如何？文化部于1993年12月决定成立文化扶贫委员会，开展文化扶贫活动。2005年，中办、国办下发了《关于进一步加强农村文化建设的意见》，2011年中国扶贫开发协会下发了《关于实施"文化扶贫工程"的意见》，在这些政策的推动下，"文化扶贫工程"顺利推进，见到了明显的成效。"万村书库"工程、"手拉手"工程、电视扶贫工程、为农村儿童送戏工程和报刊下乡等工程的先后实施，无疑为羸弱的农村文化注入了新鲜的血液，推动了农村经济社会的发展。"文化扶贫"进入我国扶贫事业发展的崭新阶段，是扶贫模式从"输血"扶贫、"造血"扶贫到"树人"扶贫的新发展、新转变、新突破，是由治标向治本的重大转折。

为啥要进行文化扶贫？

微评

★ 中国促进新型城镇化建设以及全面建设小康社会，必须要将文化扶贫纳入工作重点，在提高农民生活水平的同时，也要兼顾到农民的文化生活，力争做到双效统一。

文化的缺失是制约我国地区整体发展的重要因素，虽然国家长期以来一直在推行文化扶贫，但是地区文化的建设仍然不尽如人意。我们一起来分析一下其主要原因。

第一，文化扶贫是农民现代化的需要。农民的现代化包括文化素质的现代化、行为方式的现代化、人生态度的现代化。**文化扶贫正是从新农村建设的长远发展要求出发，在让农民的口袋鼓起来的同时，也让农民的脑袋富起来。着力于向他们输入新的知识信息、价值观念和行为方式的能力，使农民认识到自身存在的价值，摒弃故步自封、墨守成规的消极态度，注重现在和未来，具有强烈的竞争意识和创新意识，为农民脱贫致富保驾护航。**

第二，文化扶贫是促进乡风文明的需要。贫困地区之所以贫困的原因不能简单地归结为资源匮乏、信息闭塞、环境恶劣，根本原因还是生产技能差、思想观念落后、文化素质低下等文化因素，另外，部分农村的传统美德在逐步地缺失，乡风不正问题严重。文化扶贫的实施，能够充实、丰富和活跃农民群众的文化生活，抵制封建迷信、破除陋习，消除赌博浪费等不良习气，倡导健康、文明、科学的生活方式，改变落后的精神面貌，促进乡风文明、乡村和谐。

第三，文化扶贫是构建和谐社会的需要。和谐社会需要雄厚的物质基础，也需要强大的思想保证和精神支撑。文化扶贫能发挥文化具有的体现人文关怀、实现文化权益、促进文化提高、实现人的全面发展的独特功能。一方面能够使农民的思想道德素质、科学文化素质得到质的提升，激发农民群众的主体意识觉醒，促进良好社会风尚形成，巩固社会稳定。另一方面能够降低农村基尼系数、恩格尔系数，利于实现共同富裕。

文化扶贫有哪些障碍？

我国文化扶贫成绩斐然，部分地区文化设施逐步完善、人们的文化素质不断提高，但与社会发展相比还有一定的滞后性，文化扶贫过程中还存在一些突出问题。

首先，领导重视不到位，导致了文化扶贫的形式化。长期以来，文化扶贫存在的突出问题就是形式主义比较严重，缺乏实质性和有效性的措施。一些领导在扶贫开发的过程中只看重短期的经济效益，忽视了文化建设的重要性，导致文化建设资金投入严重不足、文化建设人才极为短缺。因此，文化扶贫的内容很难对上农民的"胃口"，送科技下乡、送文化下乡等活动也只是一年几次而已，相对于农民的文化需求来说只是杯水车薪。

其次，**文化基础设施落后，阻碍了文化的传播和发展。文化基础设施是进行文化建设的物质载体，然而大多数的贫困地区文化设施建设不容乐观，村级文化设施建设非常薄弱。**据统计，到 2011 年我国共有村级文化活动室约 28 万个，只占全国行政村总数的 47.7%。由于农村没有文化活动

微评

★ 乡村文化基础设施建设是文化脱贫的重要举措之一，文化虽为意识形态，但也需要一定的物质载体去传播和弘扬，应通过加强乡村文化基础设施的建设，增加农民对于文化娱乐的消费，提高农民的文化消费意识。

场地，所以很多地方的农民娱乐活动集中于一台电视机上，或者三五成群地邀约在一起搓麻将、打扑克，不利于乡村文明的建设。同时也滋生了一些低俗文化，严重影响新农村的建设。

最后，农民的思想陈旧、学习意识淡薄，增添了文化扶贫的难度。贫困地区多数分布在"老、少、边、穷"的偏僻地区，由于生态环境的恶劣，信息闭塞缺乏与外界的交流，长期处于一种封闭的状态，在这样的生存环境下传统小农思想在人们脑海中已根深蒂固，他们安于现状，小富即安，知足常乐，即使也有现代化的强势冲击，但没有从根本上激起他们生存的紧迫感。同时，贫困村里的人们学习意识比较淡薄，所以在开展文化扶贫的过程中他们总是处于一种消极状态，这为文化扶贫带来了一定的难度。

如何推进文化扶贫？

文化扶贫是一项持久性、系统性的工程，它需要各级政府的高度重视和社会各界人士的广泛参与，挖掘被扶贫对象自身的发展潜力，才能真正地为文化扶贫注入活力。

第一，领导干部要加强对文化建设的重视。《决定》提出，强化脱贫攻坚领导责任制。实行中央统筹、省（自治区、直辖市）负总责、市（地）县抓落实的工作机制，坚持片区为重点、精准到村到户。因此，各级领导一方面要从思想上认识到文化扶贫的重要性，制定一些有利于文化扶贫的法规为文化扶贫提供制度保证；另一方面要把文化扶贫作为考核政府工作人员业绩的重要指标，加强对它的重视。针对长期出现的文化扶贫中的形式主义，要加强对其监督和惩戒机制，设置完善的监督体系，对于没有认真完成工作的领导要加以适当的惩戒，保证文化扶贫工作的有效性。

第二，通过"互联网+"来加大文化扶贫。《决定》提出，完善电信普遍服务补偿机制，加快推进宽带网络覆盖贫困村。实施电商扶贫工程。通过加快贫困地区物流配送体系建设，加强贫困地区农产品网上销售平台建设，提供贫困地区农村电商人才培训，提升贫困地区农村互联网金融服务水平等一系列措施不仅可以在一定程度上弥补贫困农村地区基础设施落后的问题，而且可以为贫困地区农业发展、信息获取、咨询培训以及金融支持等方面提供扶持。

第三，加大对贫困地区的人才投入和培训帮扶。《决定》提出，大力实施边远贫困地区、边疆民族地区和革命老区人才支持计划，贫困地区本土人才培养计划。积极推进贫困村创业致富带头人培训工程。因此，可以鼓励大中专院校、科研机构为贫困地区培养人才，帮助农民建立农民夜校、开展农业科技咨询热线等，鼓励科技人员经常性地下乡到贫困地区指导农民需要的各种技术，建立城镇和乡村文化机构帮扶的对子关系，举办适合农民特点的文艺活动。

第四，改变城乡二元体制，统筹城乡教育发展。《决定》提出，着力加强教育脱贫，加快实施教育扶贫工程，让贫困家庭子女都能接受公平有质量的教育，阻断贫困代际传递。因此要改变城乡二元体制，促进教育公平，加强贫困地区教育，在资金投入和政策支持上向贫困地区和基层教育倾斜，对贫困家庭给予资金补贴，改善教育基础设施条件，提高师资力量，使每一个适龄儿童接受最基本的义务教育，这是提高农民素质的一项基础性工作。

总之，文化扶贫是一项需要社会各领域关注、多方介入的长期性系统工程，任重而道远。文化建设对社会的全面发展起着重要的作用，文化扶贫工程关系到我国广大贫困地区能否真正脱贫致富。《决定》也提出，健全社会力量参与机制。鼓励支持民营企业、社会组织、个人参与扶贫开发，实现社会帮扶资源和精准扶贫有效对接。我们相信，只要扎实推进文化扶贫的稳步实施，通过政府、大中专院校、企业以及行业组织的共同参与，必将改善贫困地区文化知识落后的局面，促使贫困地区的人们摆脱文化落后的现状，进而使其步入社会主义现代化新生活。

文化社区营造：文化创意如何下沉民间？

微评

★ 文化社区在城市文化建设当中起到不可忽视的作用，通过文化社会的创意营造，提高大众对于文化娱乐与创意设计意识，培育社区创意营造氛围，以点带面，进而增加和培育整个城市的文化和创意意识。

作为区域发展的微型细胞，社区的文化建设、社区居民凝聚力或多或少都影响着整个地区的精神文化发展。通过文化创意产业与社区互动融合，不仅能够促进文化创意产业的发展，更能提升社区居民的归属感与认同感，在加强社区文化建设的同时也可以带动区域文化的创新。

文化社区最大的特点，就是它以历史文化的延续或是重塑手段所造就的文化魅力。**文化社区的建设能够有效地利用城市资源，降低发展成本，以文化、艺术激活城市闲置地区，形成新的创新发展集群和文化产业集聚区，进而成为城市文化内涵的一个展示窗口，凸显城市的鲜明文化特色。**

文化社区营造的成功案例

中国台北北投社区

台北北投社区以其特有的文化元素作为文化创意设计的来源，以不破坏当地文化、加强地区性共识、提升本地文化创意产品的商机为主，并结合本地形象的建立，由团队提供技术转移回馈社区达成社区互补的机制。通过加入地区性文化因素，配合精湛的手工艺技术，推出了"北投温泉精品计划"，借由精湛的工艺技术，聚焦于温泉精品的设计，结合工艺、艺术、文化与生活，透过文化创意的加持，以形象品牌对地方、企业，甚至对文化形成经济效益。

北投社区营造始终秉持社区营造必需奠基于本土资源的原则。在此基础上，北投社区营造注重与区域文化产业发展相互作用。北投温泉社区营造计划的实务操作有三个层次：文化、创意与生意。经由三个不同的中心，即北投旅游信息中心、北投文化创意设计中心与北投温泉精品中心。通过操作三个不同层次的话题，即文化故事、创意市集与温泉精品，完成三个不同层次的文化加值工作，即信息加值、知识加值与创意加值。此外，还设立了北投社区大学，开展社区终身学习、参与古镇保护、社区总体营造，提供丰富资源让社区居民能终身学习，培育更多社区发展人才，积极开展具有地域性和公共性的课程，进而提高居民参与社区营造的积极性。其目标则是经由北投温泉精品计划，营造社区、培育产业、回馈社区、营造文化创意产业的环境。

中国台湾新竹九赞头社区

九赞头原本是一个名不见经传的小聚落，人口不到两千，但是在台湾社区营造和文化发展进程中被人们熟知。虽然九赞头没有老街或古迹等特殊人文景观，可是当地居民却把一份浓厚的乡情转化为一场实实在在的社区营造活动，并成立了"九赞头文化协会"。

纵观十几年来九赞头文化协会的社区营造运动，他们一直尝试从传统的客家生活文化产业出发，来推广及创新客家文化创意产业，并借着与其他社区的互动与观摩，激荡出适合九赞头社区永续发展的模式。从创立《九赞头月刊》到成立"九赞头文化工作队"，从举办环保童玩节、首创客家布偶剧团到成立九赞头人文公社且建设27间文化创意生活教室，九赞头社区通过一系列的方式营造文化社区，并获得了社区营造成果展最佳创意奖。不难看出，九赞头社区成功地随着内外部环境的变迁与社会脉动，从一个暮气沉沉的老旧社区，蜕变成为新竹地区推动社区营造的标杆社区。

中国台湾南投县桃米社区

"桃米里"，一个原本经济凋敝、年轻人争相逃离，还因为临近垃圾场而被戏称为"垃圾村"的普通村落，通过创意融入社区，到如今已变成了生态旅游深度开发，观光旅游营业额达到1亿多新台币的"社区理想国"。

2000年，经调查发现，因经济衰退而低度开发的桃米，竟蕴藏着丰富的生态资源，桃米的青蛙种类及数量占整个台湾的很大比重。因此，桃米社区提炼的新文化符号是"青蛙共和国"，在桃米，处处可以看到青蛙雕塑和图案，还有湿地公园，以及一家家民宿院落里的生态池——为青蛙营造生态家园，甚至连男女卫生间也命名为"公蛙"和"母蛙"。这不仅吸引其他做生态村的社区代表和官方考察团前来交流，对一般游客吸引力也不小。尤其是园区中的"纸教堂"，已成台湾知名的旅游景点。如今，来桃米看青蛙、观蝴蝶、游览纸教堂成为经典项目。桃米的核心经验在于依托当地特有的生态文化资源，对其进行深度挖掘开发，始终坚持了生态发展这个核心方向并充分调动当地居民的积极性，使社区文化建设不再是任务而是所有人的文化认同感。

日本古川町

古川町有一个别号叫"木匠的故乡"，整个社区有160位木匠，木匠的人口密度居全国之冠，"飞驿匠师"全日本知名。重新发掘工匠技艺，成为社区营造活动的另一个起点。古川町的房屋，全部以古法建造，所有结构通过榫头衔接、不用铁钉，保存了传统日本木造工法的精密与严谨，成为小镇的特色。从木造房屋的造型到出檐、窗户、格栅、斗拱，层次丰富的统一感，形成了古川町独特的魅力。为了保留并传承珍贵的古川文化，古川町将当地工匠文化的精华进行了集中展示，建设了"飞驿之匠文化馆"。此举将小镇的木材产业和木匠传统技艺提升到精致文化的层次，建筑本身成为工匠的范本，日本很多建筑师和木匠也都到这里开展学习之旅。"飞驿之匠文化馆"成为社区营造的里程碑。

古川町改造后的风貌魅力以及社区营造的理念，极大地带动了当地旅游产业的发展，每年接待游客上百万，并曾获得"日本故乡营造"大奖，成为日本故乡再造的典范，"故乡再造旅游"也成为人们新的旅游方式。

对文化创意与社区营造互动的思考

微评

因地制宜挖掘特色，尊重传统合理开发

社区营造要立足于培育区域特色文化，结合区域实际，提炼出符合区域历史且具有感召力的文化精髓，增强社区的凝聚力、居民的归属感和认同感。纵观具有代表性的日本和中国台湾地区的社区营造，无一例外都是从当地的文化资源、生态资源等具有特色的资源进行深度挖掘，因为社区营造没有可供完全复制的发展模式。因此，在社区营造的过程中应该根据社区的特点来选择切入点，而不是任由政府制定改造的策略。当然政府的引导力量不容忽视，合理的引导措施可以让每个社区都积极寻找到属于自己的切入点，而强制性的改造措施创造的是千篇一律的文化和创意，达不到百花齐放的效果。

此外，还应注重传承传统文化。文化社区的营造离不开当时历史文化底蕴的滋养，用创意将地方产业与传统文化艺术结合，才能使社区焕发独特魅力。文化社区的营造不是天马行空的肆意开发，应秉持尊重自然、尊重传统的发展理念，用创意思维助力传统资源开发和文化社区营造。

设立社区学校，涵养文化创意人才

社区营造如果缺了"人的参与"，就难有专属于本地区的个性与特色，更遑论保存或重构记忆中的乡愁、创建属于本地人的新故乡了。《社区设计》里曾提到，"重新思考社区定义，不只设计空间，更要设计人与人之间的连接"。当一

★ 对于社区创意营造，需充分挖掘和整合本社区内的人文资源、自然资源以及民俗资源，立足于本地特色文化，实施差异化发展路径，打造具有特色的文化社区。

个设计将人与人连在一起的时候它不会失去意义，因为人与人之间的互动会让它葆有生命力。文化社区的营造离不开专业人员的引领，但需要注意的是，文化社区的主体是生活在其中的居民，他们是文化社区营造的关键。而在此过程中，如何提升参与者的文化素养成为重中之重。通过设立社区学校，对居民进行文化创意与设计、社区营造等相关知识的普及，既能够提升居民的参与感，又能够增强文化认同感，从而使文化社区营造的人才遍布社区，人人都是社区营造的重要参与者。

微评

★ 社区创意营造要坚持从生活生产中来，到生活生产中去，通过对于细节的创意营造，改变整个区位的创意氛围，才能打造小而美的文化社区。

创意融入生活，培育"小而美"社区

创意不是高高在上的概念，而是每个人都可感可知的生活情趣。因此，**文化创意要渗透到生活的细枝末节，呈现出文化创意与社区营造相互融合的态势**。社区营造经过与文化创意产业的协同发展，能使区域的众多历史文物古迹、建筑与生活空间得到保护与再利用，从而改善整个社区乃至城区的风貌，既获得了经济利益又使文化创意产业能够凝聚基层民众的力量，助力社区营造。

通过凝练一个很小的主题，就能迸发出很大的创意。如桃米在发现生态这一资源以后，抓住生态的建设，让"青蛙"成为社区营造的主题，进而围绕生态的主题，展开了生态产业、生态厨艺、生态雕塑等一系列与主题相关的改造。由此可见，社区的发展不一定追求大而全，而应该遵循小而美，即用一个很小的主题，集结各方力量，在不断交流和碰撞中产生创意，进而构造出属于自己的特色。

合理整合资源，多元主体合作

社区营造要逐步实现由政府主导向社会广泛参与转变，

转变原有的治理观念，形成"顶层设计"和"民众参与"的互动，建构社区多元网络结构。首先，政府要转变原有的主导观念，主动放权并积极培育民间组织；其次，要发挥调动民间个人参与文化社区营造的积极性，只有这样才能在文化社区营造过程中培育民众的认同感和归属感。

从自上而下的政府主导建设文化认同到社会自主文化寻根，从单一主体主导到多元主体参与是社区内源式发展的体现。在社区总体营造过程中，要突出立足社区资源、动员社区力量、弘扬社区文化、保持社区记忆、培育社区资本、形成社区特色。通过社区文化设施和文化内涵的改造，装满社区居民的记忆的装置，通过艺术融入当地的生活。通过民众的自我构建，将社区的文化记忆打造成一个文化集聚地，这样的过程既是创意迸发的过程，也是一步步增强居民文化认同感、彰显社区文化魅力的过程。

对话：公共文化服务要从百姓出发

公共文化服务，是政府公共服务的重要内容。它是指以政府部门为主的公共部门提供的、以保障公民的基本文化生活权利为目的、向公民提供公共文化产品与服务的制度和系统的总称。2016 年 4 月 25 日在北京举行的十二届全国人大常委会第二十次会议初次审议了《中华人民共和国公共文化服务保障法（草案）》。草案规定，国家应当重点增加农村地区图书、报刊、戏曲、电影、广播电视节目、网络信息内容、节庆活动等公共文化产品供给，促进城乡基本公共文化服务均等化。会议结束的第二天，老范同中央电视台新闻中心主任记者代钦夫先生一同探讨了《公共文化服务保障法》制定的意义，以及我国公共文化服务发展的成功和不足之处，并对公共文化服务的运作逻辑、公共文化设施建设的现状、社会力量在公共文化中的作用等问题，提出了自己的一些见解。

代钦夫：为什么要制定《公共文化服务保障法》？《公共文化服务保障法（草案）》对哪些目前严重制约公共文化服务体系建设的问题进行了规定和规范？

范周：《公共文化服务保障法（草案）》是建设现代公共文化体系的基础法，其意义与《公共图书馆法（草案）》《非物质文化遗产保护法》等法律不同。当下我国公共文化服务建设工作需要一部基础性法律起统领性作用，对公共文化建设的科学路径进行概括和总结，尤其要对建设过程中存在的诸多问题进行全面梳理和有序规范，推动公共文化服务工作向科学化、规范化、制度化转变，为维护好、实现好、发展好人民群众的基本文化权益提供重要保障。

《公共文化服务保障法》的立法有利于奠定公共文化领域的法律基础，对完善公共文化服务法律制度体系具有重要意义；有利于明确政府的主导责任，促进公共文化服务均等化发展；有利于理顺政府、市场和社会的相互关系，推动形成鼓励社会力量参与公共文化服务供给的良好机制；有利于促进公共文化服务单位管理机制改革，改善和创新服务方式、提高服务效能。一个"统领"、四个"有利于"是此次立法的基础。

代钦夫：当前公共文化服务"自由发展"的状态是否遇到了瓶颈？

范周：在"自由发展"中我们需要不断调整发展方向、解决其中的问题。过去通常是行政部门维护百姓的权益，但有了相关法律后"维护"就变成了"保障"。

从"维护"到"保障"是一种根本性的转变，政府保障、保证老百姓应有的、最基本的文化权益，是政府必须做到的规定动作。除此之外涉及的投资、资金方面的问题，过去可以看作可缓可急的次要问题，但有了保障法后，保障人民公共文化权益就成为必须要做到的事情。按照中、东、西三个经济发展不同的地区，建立不同的文化考核指标体系。有了这个指标体系，就解决了文化管理的一系列问题。近年来教育的快速发展归因于《教育法》中规定了国民经济生产总值的4%用于教育，如果达不到4%，政府就是违法的，任何一个官员面对违法两个字，不需要考虑干还是不干、干好还是干坏，那是你生存的前提。从这一点说，这次从"维

微评

★ 文化领域的立法问题始终是文化发展的保障性问题，在公共文化服务领域更是如此。只有明确的立法，才能够使公共文化服务的建设更有力。

护"到"保障"、从"可急可缓""可多可少"到"必须"作为法律规定的刚性条款纳入政府的预算。所以《草案》的出台就解决了长期以来"说起来重要、干起来次要、一旦忙起来就不要"的问题。**同时《草案》还强调了公共文化服务的均等化发展，将我们国家少数民族地区、老少边穷地区等特殊人群的文化权益纳入了重点保障范围。**

代钦夫：是否可以理解为《草案》是对政府进行制约、考核、规范的法律？

范周：对，所以我开始就讲这个法是约束规范政府行为的。**政府保障有力，老百姓自然可以更加充分地享受文化权益。**

代钦夫：事实上，我们国家公共文化服务建设不只是文化部的事，相关的部委、部门、事业单位，从中央看就包括十几个。这就使得公共服务领域常常出现重复、推诿的现象。您对于这个问题怎么看？

范周：《草案》当中对整合社会资源有了明确的规定。**一方面我国目前公共文化服务投入资金不足、资源短缺；另外一方面大量的公共文化资源处于闲置状态。**成序列的公共文化设施不属于文化部门管理范畴，比如工会系统的工人文化宫、青少年系统的青少年宫、科技系统的科技馆，还有妇女系统的活动中心。有人计算过，这四部分以及高校公共文化设施的体量几乎等同于正在建设的公共文化设施。**我们完全可以通过社会治理、资源整合让这些非文化部门主管的公共文化服务的设施、资源成为老百姓公共文化服务的重要载体。这就需要通过法律中的"整合社会资源"六个字将其落到实处。**不久前我到了嘉兴去参加文化示范区建设验收，嘉兴最大的成功经验就是文化礼堂的建设。通过举办"文化有约"活动将当地的工人文化宫、青少年宫等公共文化设施通过社会投入和政府社会采购相结合的机制全部吸纳到公共

文化服务体系中来。这一点我在公众号中写的文章《嘉兴的
"文化有约"给了我们什么启示?》中有所提及。我们要加
强公共文化的投入，但是这个投入确实太大，所以必须整
合当前的资源。

代钦夫："读书日"期间我从文化部了解到，我国平均
每47万人有一座图书馆，2014年国务院的调研报告中显示
图书馆的数量为3171座。从数量上看图书馆还远远不够，
您怎么看?

范周：网吧、手机算不算图书馆?一部手机所存储的数
据可以相当于一个地级市的全部图书数量，也可以看作是一
座图书馆。像这样的公共数字资源均为可开辟的第二阵地。
《草案》中对于公共文化资源的使用也有所提及。草案建立
了公共文化服务公示制度和目录提供制度、公共文化设施免
费或者优惠开放制度、公益性文化单位提供免费或者优惠的
公共文化服务制度等。**目前，我国已实行公共图书馆、文化
馆（站）、博物馆等免费开放。《草案》中也提到，被列入
"公共文化设施"的科技馆、纪念馆、体育场、青少年宫和
妇女儿童活动中心等公共文化设施也将免费或优惠开放，而
老百姓将是最直接的受益者。**

代钦夫：对于社会关注的热点问题，比如社会力量购买
公共文化服务等规定，《草案》是如何考虑的?

范周：我国公共文化服务社会化发展动力不足，主要表
现为三方面：**全社会公共文化服务资源尚未有效整合；吸引
和鼓励社会力量参与公共文化服务的政策动力、激励机制尚
不健全；社会力量参与公共文化服务的方式、途径有限。**立
法部门在起草《草案》的过程中，学习、借鉴了一些国外的
做法，在发达国家公共文化服务也不是政府全包，但一定是
政府主导。对此《草案》明确提出，鼓励和支持社会力量参

微评

★ 公共文化机构和
公益性文化组织是
提供公共文化服务
的重要主体，除了
公共文化服务保障
法，我国还正在努
力完善博物馆、图
书馆、非遗保护等
方面的立法。

与公共文化服务，并对国家鼓励和支持公民、法人和其他组织出资兴建、捐建公共文化设施，参与公共文化设施运营和管理，参与提供公共文化产品等做了具体规定，提出对社会资源进行整合，强调了推动公共文化设施运营和管理的社会化。**在激励机制方面**，《草案》提出对在公共文化服务中有突出贡献的公民、法人和其他组织给予表彰与奖励。同时，公民、法人和其他组织通过公益性社会团体或者县级以上人民政府及其部门，捐赠财产用于公共文化服务的，依法享受税收优惠。因为其产权隶属不同，所以需要有一套办法让社会参与其中。比如现在的高校还是有围墙的，社会无法进入。如果社会进入高校，周边的居民与高校在同一个社区中生活，但高校的设施能否让周边的居民使用？

代钦夫：刚才您讲的我理解为三个亮点，一是规定了政府的职责，二是照顾老少边穷和特殊人群，三是社会资源协调机制。除了这三点之外《草案》中还有哪些亮点呢？

范周：除此之外，《草案》中还提到**在硬件条件加强的同时，也要加强软件服务力度**。现在确实强调投入不足的问题，但是到基层会发现有一些地方建起了"高大上"的图书馆、博物馆，可里面的软件却没有跟上，内容稍显贫瘠、服务手段也较为落后。人民群众过去的文化消费形式、习惯，随着生活水平的提升已经有了更高的要求，公共文化服务也要随之改变服务手段和形式。在《草案》中提到了几个"结合"：第一，公共文化与文化产业结合，文化产业中的一些内容是对公共文化服务中特定人群的"定制服务"；第二，公共文化与科技结合，需要打造数字化、现代化的服务；第三，公共文化与整个社会管理相结合，许多地方在"新型城镇化"进程中忽视了公共文化服务的建设，例如上海浦东陆家嘴，之前无法解决几十万金融界人士的公共文化需求问

微评

★ 公共文化服务的完善，不仅仅是一个"独善其身"的事情，还需要文化产业、科技发展、城市建设等多方面的配合与协调。

题，现在通过"补课"，建设了水平最高、内容丰富、国际化标准的公共文化社区。但我们的公共文化服务建设一定要通过"补课"吗？**还需通过法律来促进公共文化服务与产业、与科技、与城市管理有机融合，明确要求其发展目标、方向。从源头上、顶层设计上、立项审批上解决问题。**

代钦夫：在《草案》正式通过后，是否需要中央政府和地方政府在《公共文化服务保障法》的基础上再做出更加细致的条例呢？

范周：非常需要。**首先，我国幅员辽阔，却导致了各地区发展不平衡的结果。**东部"不够吃"，中部"刚刚好"，西部"吃不了"。西部消化、实现不了这些指标，达标工作对西部来说压力过大。而东部却认为要求过低，所以东部需要新的标准。在这部法案正式颁布、实施之后，各省市需要结合当地的实际情况来提出各自新的标准。**第二，我国在这方面的立法相对宽泛，《草案》正式通过之后，在实践当中还需结合实际进一步补充、完善。**互联网对于公共文化的影响在这部法律中有所提及，我个人认为，不久的将来互联网对社会的影响将为公共文化服务带来巨大的变化，随着这样的变化，这部法律也会继续修订、完善。所以不论是社会发展的需要还是经济发展的客观情况，都要求这部法律适应我国的实际国情。**第三，地方政府还需重点关注基层公共文化服务建设。**公共文化服务建设的核心是要提高效能、要加强公共文化的考核、要关注是否能满足老百姓的需求，而不是以"完成任务"的态度"重建设、轻使用"，否则只会劳民伤财。最基层的乡村文化建设可与乡贤文化建设这样的社会风尚相结合发展，当地的文化人以及学有所成、荣归故里的人，才是中国乡贤文化的根。中国人很注重血脉和文化的传承。基础文化建设应该在这些最能够扎根中国土壤的内容上精耕细作，而不应像建设农家书屋一样，一味地关注书的数量，而不注重其成效。公共文化服务建设需要真正做到以人民为中心，重在不断满足人民群众基本文化需求。

作为"文物学校"的博物馆，如何真正实现教育功能？

2016年1月，全国文化厅局长会议在京召开，会议部署了2016年文化工作的重点任务。文化部党组书记、部长雒树刚指出，要增强博物馆展陈感染力，推进博物馆资源与学校教育的衔接。众所周知，博物馆作为公共文化的重要组成部分，以其公益性、开放性以及巨大的艺术性承担着丰富的社会功能。博物馆文化拥有四大力量，即以其民族的凝聚力，诉说着民族文化的博大精深、源远流长；以其历史的穿透力，演绎着漫长历史的沧桑巨变、岁月坦诚；以其文明的渗透力，寻觅着中华文明的悠悠源头、绵绵根脉；以其艺术的感染力，守望着精神家园的时代传承、人文自豪。那么，如何充分发挥博物馆的教育功能？需要我们共同思考。

博物馆为何具有教育功能？

拥有收藏、科研和教育功能的公共文化机构

从张謇在南通设立中国第一所博物馆到现在，博物馆已经从最初贵族阶级的私人收藏地发展为公共文化机构。博物馆的发展是随着社会的发展同步进行的，回归社会成为其发展的趋势。人类是先具有了收藏宝物的行为，而后才有博物馆的出现。无论是在中国还是在西方，博物馆文化都称得上源远流长。作为数百年来社会发展的缩影，博物馆已经从早期的收藏、保护和展

示珍品的场所，演变为跨越人文和科技等领域，同时将科研、教育等作为主要职能，通过满足大众的文化知识需求，来服务于社会的公共文化服务机构。博物馆的三大功能是收藏、研究和教育，它不仅是收集珍贵文物标本及其他实物资料的场所，更重要的是传播科学知识，进行思想道德教育和科学研究，丰富人民群众文化生活的重要场所。这三大功能的关系没有主次之分，却有着承前启后的关系。收藏和科研，是为了更好地保护和利用，其最终是为了社会教育服务。

承载丰厚的文化内涵，满足不同的文化需求

博物馆作为一个城市乃至国家的文化符号，承载了丰厚的文化内涵。它能作为公共文化服务的重要组成部分，是因为通过博物馆丰富的文化资源的展陈，让人们能够几乎免费欣赏到具有巨大历史价值、文艺价值的文化艺术作品，进而对人们的审美能力产生潜移默化的教育和提升作用。可以说，博物馆是另一种形式的学校，在这座学校里，没有老师和课本，只有无声的艺术和令人沉浸的氛围，它是可以真正让人对文化魅力产生现实感的空间。出自古人之手的字画瓷器，在你眼前触手可及。这种教育感化能力是学校中一般形式的文化课堂所不及的。

此外，博物馆所拥有的文化资源可以满足多样化的文化需求，如观赏艺术品、鉴赏历史文物、学习知识、休闲娱乐等；博物馆可以满足不同层次人们的需求，如科研人员的专业研究需求，在校学生"实物教学"的需求，儿童接触世界、启迪智力的需求等；博物馆还可以满足不同社会群体的特殊需求，如 18 世纪后期中国新兴民族资产阶级将博物馆视为学习介绍西方资产阶级文明的工具，再如 20 世纪 60 年代摆脱殖民统治的亚非国家将博物馆作为树立国家形象、维

微评

★ 博物馆与学校的教育功能之不同，体现在其深厚的文化内涵和历史价值上，它可以通过生动的实物来进行教化。

护国家统一的机构。

我国博物馆教育功能的短板在哪里？

目前，博物馆的教育功能是最能体现它作为公共文化空间的特征之一。作为构建现代公共文化服务体系的重要组成部分，博物馆的教育功能得到了一定程度的发挥，然而还存在很多问题亟待解决。

对博物馆教育的理解不到位

微评

★ 博物馆的藏品与其对历史的讲解实际上存在一定的脱节，大多数情况下，人们进入博物馆参观后，并不能够通过"看"藏品真正对历史文化产生深刻的了解。

★ 博物馆的服务和教育形式、手段都需要有更多种渠道的拓展。

博物馆的首要存在条件就是"博物"，即拥有足够丰富的藏品。成立于1925年的故宫博物院现有藏品超180万件，是中国最大的古代文物博物馆。**180多万件的文物是多么庞大的一个数量，它的每一扇门、每一块砖都藏着故事。但是能够展出的藏品又有多少呢？很多藏品因为年代久远而变得"脆弱"，再加上有限的展出条件，大量珍贵的藏品只能存在于藏品目录中，难与世人见面。**这也是中国乃至世界上很多国家博物馆的问题。同时，各界对"教育"的理解有偏差，与博物馆教育相关的部门也举办过许多讲座等各种活动，但是90%以上的博物馆仍然将展厅讲解作为最主要的教育形式。**目前，中国博物馆宣教界，多将博物馆教育理解为接待服务、讲解、组织活动，忽视了对博物馆教育职能的挖掘，对博物馆教育理论的研究也不够深入。**

"以人为本"的理念未确立

目前，很多博物馆依旧遵循守旧被动的展陈和传播方式，博物馆教育几十年如旧。说到底，都是没有将"以人为本"作为立馆思想，而是一直"以物为本"。"高高在上"的姿态使得博物馆的传播、教育和展陈方式不接地气，也缺少动力去真正地思考如何丰富教育形式。博物馆给人的首要印象除了"高大辉煌"就是"高高在上"，抑或是陈旧老套，没有生命力。文物是没有生命的东西，但却是有艺术生命的。如果只是将其单纯地放在那里，它背后的故事，它所体现的文化价值又怎么会被众人发现呢？而且绝大部分人是缺乏艺术审美能力和审美知识的。同时，对于人才队伍的教育存在误区。博物馆的宣教队伍几乎清一色的是博物馆的讲解员，业内人士包括教育工作者本身都把博物馆教育等同于讲解本身。

缺乏对教育资源的合理充分利用

在西方国家的博物馆经常能看到学校结合各种课程的教学内容，组织学生们有针对性地参观博物馆，博物馆也有结合学校教学大纲设计的面向各门课程的参观教学活动。利用博物馆藏品实施教学，比坐在课堂上用抽象概念的教学更适合学生。利用博物馆资源进行教育活动的延伸做得还不够。从时间上来说，我们国内的博物馆大多在晚间基本上是没有什么活动的，而国外的博物馆则会在晚间举办各种教育活动，活动形式包括讨论会、放录像、电影、举办讲座等；从活动范围看，国外博物馆的社会教育活动也不局限于展厅，一般在展厅之外都设有为未成年人独立开展教育活动的专门区域，另外还会有很多经常性的延伸到博物馆之外很远地方、很大范围的教育活动；在国外，从事教育活动的人员也不仅限于博物馆教育部门的人员。

博物馆与教育资源如何有效对接？

教育功能的发挥是一个"系统工程"，这需要对博物馆立馆思想和传播方式等各个环节进行科学规划。那么，我们该如何深入推进博物馆教育职能的发挥呢？

用群众喜闻乐见的形式，深化教育功能

博物馆应从主观上努力，更新观念，开展丰富多彩的活动，为社会服

务。比如，同当地的电视台合作，设置有关博物馆文化的专题录像片。目前是网络时代，各种类型的网络节目形式都可以应用到博物馆的教育当中。还可以利用节假日以及当地的旅游旺季，与公园和旅游点合作，组织有特色的文物展览。只有以群众喜闻乐见的方式，才能得到社会的认可和支持，才能发挥馆藏文物的优势，扩大社会效益和经济效益。

微评

★ 科技手段是拓展博物馆教育功能的重要途径，在这方面，故宫的数字化开发是值得学习的例子，无论是APP 的开发还是VR 技术的应用，都能够使博物馆更加亲民。

利用科技手段，破除"疲劳效应"

综合利用科技手段来提高博物馆的感染力，增强教育效果。目前，不同于以往只有静态文物和单调讲解的参观方式，融入多种科学技术的布展方式成为提高群众主动性和兴趣性的手段。在很多博物馆使用的新技术当中，实景再现的陈列手段以及交互式自助设备的应用是较为引人关注的手段。科技手段的加入可以弥补博物馆实体空间的局限性，例如很多藏品由于各种原因不能展出。另外，科技化的手段可以增强展出效果，沉浸式技术的应用让人仿佛身在画中。

挖掘历史资源，革新教育手法

博物馆有着自身历史资源的优势，要充分挖掘历史题材，进行重新演绎，形象生动地再现历史事件，让群众振奋精神。过去，博物馆的宣教工作是单一讲解，就文物说文物，就图片讲图片。虽然编写了大量的讲解词，同时注重对各个层次、各种知识结构的观众进行讲解，但是总让人觉得缺乏活力，缺少动态认识，达不到教育的效果。所以，要提升博物馆的教育功能，就要在做好阵地讲解的同时，坚持进行宣教创新，让文物"动"起来，演"活"历史。

加强对外联系，丰富教育形式

很长时间以来，博物馆都以雅文化者自居，拒众人于千里之外，使博物馆门庭冷落。要发挥其教育功能具体有以下三点可以尝试：一是"送讲座出去"。充分利用博物馆内的资源，分成不同的专题，撰写一系列的专题报告，以讲座形式送到共建单位进行宣讲，让观众在听讲座之中深受启迪，陶冶他们的情操。二是"送展览出去"。在陈列展览基础上，提取精华，把文物以及历史资源相整合，制作成流动展板，带进共建单位。三是"送节目出去"。大力挖掘历史文化资源，把历史内涵转化为舞台艺术，把静止的文物和史实转化为舞台表演，满足不同群众群体多样化、个性化的文化需求。

精心选拔与培养人才队伍

在培养博物馆教育部门人员时要做到以下几点：一是健全评估体系。健全人才评估科学体系，会让博物馆教育人员觉得"有奔头"，是稳定队伍的一剂良药。二是建立人才梯队。整合全国人才资源，培养人才梯队，是中国博物馆教育的当务之急。三是借鉴先进经验。广州市文化局选派广州市属博物馆教育人员到首都博物馆和上海博物馆跟班学习的做法，可以促进国内博物馆教育的均衡发展。四是整合资源。在现有条件下，这将是快速培养博物馆教育人才的有效途径。

不只是阅读：图书馆如何成为城市的文化担当？

图书馆作为城市文化的重要组成部分，具有文化展示、文化服务、文化教育、文化交流、文化休闲等多项功能。为市民提供公益便捷的公共文化空间，是城市公共文化服务体系建设的发展需要。公共图书馆发展和现代城市之间存在着必然的互动关系，增强公共图书馆与城市的互动效应，是构建公共文化服务体系的重要目标。

世界上的公共图书馆服务体系有何亮点？

澳大利亚墨尔本——重新定义公共图书馆

在墨尔本，图书馆不仅是借书的实体设施，还是社区的文化中心，人们能够在此休闲聚会、获取信息。**可以说，图书馆是一个为人们提供各种文化服务的公共文化空间。在墨尔本，图书馆为本地社区提供了具有针对性的文化服务：家庭图书馆服务、儿童图书馆服务、少数族裔与多元文化图书馆服务以及围绕地方建设开展的相关活动。墨尔本图书馆针对特殊对象的读者活动增强了社区的文化凝聚力，体现了城市**

微评

★ 应当使图书馆与城市产生互动，真正成为城市当中的文化场域。

的人文关怀，更是城市公共文化服务体系建设的良好驱动。

新加坡——创新功能，制造"惊喜"

培养阅读兴趣，促进全民阅读。2011年4月23日，新加坡金文泰公共图书馆正式开放后，推出了新鲜的神秘棕色服务袋。该项服务为忙碌的读者打包好一本每两个月更换一次主题的书籍。**借书时，读者只需拿起特别设计的神秘棕色袋即可借书，不仅省却了找书的烦恼，而且，读者每两个月能盼来一次"小惊喜"。**该项服务在给读者带来便利的同时，还让他们享受到了特别的阅读乐趣。**好书交换活动，公众将想要交换的书送到图书馆换取交换券，即可以到新加坡国家图书馆挑选自己喜欢的书籍。**此外，通过协同创新促进与城市和谐可持续发展，与工程师学会合作，增辟"工程师角落"，与婚姻咨询中心合作，成立"婚姻咨询站"，创新了图书馆的建设定位，图书馆不再是单一的阅读空间，而是提供综合性服务的公共文化空间。

德国柏林——"借书如借画"

"借书如借画"这一口号是柏林中心图书馆独特之处，柏林中心图书馆设立了艺术品借览区，读者可以像借阅图书那样，把这类艺术品借回家研究、观赏。仅凭一张有效的借书证，读者即可免费借阅10幅版画、10幅油画和5件雕塑，借阅期限为3个月，并可续借。"借书如借画"使图书馆的功能实现了由单一化向多元化的转变，增加了图书馆对公众的吸引力，同时也在无形中提高了图书馆阅读者的流动频率。

微评

★ 通过这种巧妙的活动设计，使图书馆摆脱了严肃、沉闷的固有特点，更加具有趣味性、互动性，有利于培养人们对读书活动的兴趣。

★ 将艺术品与图书馆相结合，使艺术品走下神坛更加亲民，人们可以将其带回家仔细研究观察，但这也需要市民的整体素质达到一定高度。

法国——主动"引流"

在图书馆公共服务体系与城市互动中，法国国家图书馆以时尚新潮的巴黎姿态，追随公众的喜好。在法国国家图书馆，公众除了传统的阅读，也可以分享到先进的技术、新颖的理念，集中各种阅读新技术和设备的未来阅览体验室"Labo法国国家图书馆"在新馆展览区免费迎客。此外，法国国家图书馆还竭力让城市的困难和边缘群体更多地了解图书馆、走进图书馆。法国国家图书馆会主动联络与各种弱势群体有交集的人士，诸如志愿者、社工、教师、培训人员等，通过他们将越来越多的弱势人群带进图书馆。走向馆外系列活动包括"送展出馆"项目，让图书馆的珍品展示给更多的人，让城市的文化生活更多地获益于法国国家图书馆。

公共图书馆服务体系与城市互动新思考

划分受众群体，开展针对服务

公共图书馆服务体系的建设应坚持标准化与特色化并行的标准，针对不同阅读群体的特殊阅读习惯开展不同的服务，满足不同阅读群体的特殊阅读需求及文化需求。公共图书馆服务体系的建设应与城市的发展现状相适应，以城市发展进程中人们的文化需求为出发点，**深入了解不同群体、不同区域的特殊文化需求，只有从实际情况出发，才能逐步推动建立覆盖城乡、便捷实用的公共图书馆网络，明确公共图书馆应当具备的基本条件和运行管理的基本要求。**

挖掘特色内涵，推出定制服务

互联网时代，个性化、定制化早已成为鲜明的时代符号，

微评

★ 由于不同地区的发展水平不同，人们的文化需求也存在一定差异，为了使图书馆实现从"普及"到"提高"的功能，划分受众群体是必不可少的。

公共图书馆服务体系的创建运营也是如此，唯有将城市精神特质融入公共图书馆服务体系建设，才能形成良好的双向互动效应。坚持以人为本、服务读者，推动公共图书馆丰富服务内容、提高服务水平，满足人民群众精神文化需求是个性、定制服务的前提。在此基础上，用城市精神特质定位公共图书馆特色服务体系，用公共图书馆服务体系建设反哺城市公共文化，图书馆才能被赋予色彩和温度，和城市文化建设相得益彰。

创新发展理念，文化资源共享

随着城市发展理念的不断更迭，图书馆公共服务体系也发生了翻天覆地的变化。**图书馆不再只作为阅读资源的供应方存在，人们也不再满足于简单的阅读需求，图书馆逐渐转型为提供各种文化需求的综合体存在。不断丰富的图书馆内涵也为公共图书馆服务体系带来了发展转型新机遇。**公共图书馆服务体系建设应创新发展理念，拓宽服务领域，把公共图书馆建设成为集艺术品、图书、创意产品等优质文化资源同步供应的综合体，满足人们日益增长的文化需求。

丰富服务供给，多方联合助力

为了促进公共图书馆服务体系的建设，应以丰富供给来源为切入点。一是坚持政府主导、各方参与，明确政府是发展公共图书馆事业的主体，同时鼓励公民、法人或者其他组织，以及高等学校图书馆、科研机构图书馆等各方力量积极参与公共图书馆事业；二是公共图书馆可以依法以捐赠者姓名、名称命名文献信息资源专藏或者专题活动；三是公民、法人或者其他组织设立的公共图书馆，可以依法以捐赠者的姓名、名称作为公共图书馆的馆名，或者命名图书馆的馆舍、其他设施。

微评

★ 使图书馆成为城市文化综合体，有利于真正促使文化机构与城市文化发展相结合，与国家的"大文化"发展相结合。

微评

★ 数字化的手段可以使图书馆的功能更加方便快捷，也更有利于吸引年轻化的群体，培养年轻人的读书习惯。

建立服务网络，打造数字平台

数字化是图书馆资源服务读者的最有效途径。**图书馆结合公共文化服务体系建设，构建公共数字文化平台，有助于打通读者服务"最后一公里"。**通过全面整合城市文化资源，并对其进行数字化加工，向城乡市民推送文化信息、文化产品，展示文化地图、地方文化，提供便民服务、数字资源阅览下载等公共数字文化服务，打造包含移动客户端APP、大型外展触摸平台、传统PC三大全媒体应用体系的公共图书馆数字文化平台，是建设全面感知、立体互联、共享协同的智慧图书馆的重要途径。

评述：上海浦东公共文化融入智慧城市建设

浦东新区的开发开放，谱写了上海改革开放和经济发展的新篇章，也成为我国经济转型发展的桥头堡。在经济发展获得腾飞的同时，上海浦东的文化建设也走在了全国的前列。浦东新区不仅有东方明珠电视塔、上海科技馆、上海国际会议中心、海洋水族馆、东方艺术中心、滴水湖等知名的文化设施和旅游景点，同时也整合资源，创建了国家公共文化服务体系示范区。上海浦东将公共文化服务融入智慧城市的建设之中，在"智慧"助力公共服务的同时，让公共文化服务反哺城市建设，达到文化与科技的深度融合。公共文化服务体系和智慧城市建设达到互补共融的效果，共同创建了一个时尚、先锋、智能并充满人情味的浦东。

时尚、先锋、智能，这些都是属于浦东的关键词。上海浦东新区拥有"十二五中国智慧城市领军新区""国家公共文化服务体系示范区"的称号。利用先进的信息技术，将公共文化因素蕴含在智能管理之中，蕴含于建设过程之中，浦东在实现城市智慧式管理和运行时，让公共文化服务于民众、改善其生活氛围与环境、提升生活质量。这篇小文也许能让我们读懂上海在建设公共文化服务中的智慧和经验。

打造陆家嘴专属智慧生活圈

在被誉为"东方曼哈顿"的陆家嘴金融城，尽管2014年以来每年平均有近60万平方米商务办公楼宇宣告竣工，但这种建设进度仍远跟不上新增企业的需求。一年上百场的文化活动进驻楼宇，从知名乐团在楼内大厅举办音乐会，到楼宇间各企业、机构单位共同举办的朗诵会、晚会，再到陆家嘴中心绿地开展的各种户外文体活动，白领们的精神文化生活不断充实，工作、生活面貌焕然一新。大多数楼宇企业对文化进楼宇持开放支持态度，认为这是发展企业文化的大好机遇。一些企业腾出办公空间，或将大厅略作改动变为文化活动场地。作为整个浦东的核心，小陆家嘴地区的"生活圈"如今已被各项公共文化服务点亮。在这片东起即墨路、浦东南路，西至黄浦江边，南起东昌路，北至黄浦江边范围内的公共区域内，1.7平方公里的面积吸纳的外资银行资产总额却超过200亿美元，平均每平方公里逾117亿美元，小陆家嘴地区已经成为中国资本密集度最高的地区，而此地也云集了20多万金融白领人才。

据了解，多年来，浦东着力在小陆家嘴这块"智慧高地"上打造专属的文化生活圈，政府通过连续高密度文化导入，培育了一批具有市场化运作能力与活力的优质文化品牌项目。不仅活跃了陆家嘴白领的文化生活，还吸引了沪上越来越多青年人群来此娱乐消费；同时，还将推进白领公共文化服务常态化，让众多样式丰富、形式各异的文化项目，以"天天可参与、周周有活动、旬旬有演出、月月有亮点、季季有高潮"的态势有序覆盖陆家嘴金融城区域都市白领阶层。例如，每周一、三、五中午在中心绿地举办白领午间爵士会，"滨江剧院"每月3场的国内外精彩演出，音乐、话剧旬旬演，东方明珠广场定期举行的广场音乐会、多媒体灯光秀……这些都不断创新着小陆家嘴白领公共文化服务方式，将符合白领"高、大、上"审美口味的都市文化和高雅艺术传送到他们身边，同时也让金融城的都市白领有更多的机会参与文化活动，在相互交流、互动中感受与国际化大都市相匹配的文化氛围、人文气息，带动城市形成"智慧型"文化生活圈。

公共文化助力浦东"智力"开发

浦东将公共文化建设蕴含于智慧城市的总体建设当中，作用及意义已日益凸显，同样在社区中，其独特性与先进性已让居民尝到"甜头"。自 2013 年 11 月，浦东取得第二批"国家公共文化服务体系示范区"创建资格以来，陆家嘴街道在智能城市建设中，围绕浦东新区创建国家公共文化示范区的总体要求，以**"一切为了人的发展，一切为了幸福生活"为主题，通过"智慧社区"建设，积极打造符合智慧城市的现代公共文化服务体系。通过建设创新文化培育基地、培育社区自治管理文化、建设公共文化服务信息化平台等来实现社区的"智慧化"。**在整项工作推进中，无论是街道层面，还是基层单位都参与其中。街道提供资金保障、职能科室提供业务指导和服务、居民区党组织担负指导监督、居委会主导推动、社工站协同工作、居民骨干组织实施、居民群众积极参与，并监督"自治金"项目的运作，形成了良好的民主自治文化氛围。

在浦东，智慧城市的建设给公共文化的发展提供了人力物力财力；反过来，文化的进步又为浦东这个智慧"大脑"激发出更多潜力，不断为其开发着"智力"。浦东建设智慧城市、优化智慧型服务，同样体现在公共文化硬件设施的建设与完善中。例如，金融图书馆便是在上海全力打造国际金融中心、建设陆家嘴金融城的背景下应运而生。随着社会经济的蓬勃发展，人们对金融知识的需求也日益高涨。然而，上海还没有以金融为专题提供特色服务的图书馆，这项空白恰好为陆家嘴金融图书馆的建立提供了契机。金融图书馆注重打造立体化、多元化、数字化的金融生活体验，组织多样化的读者活动。在读者、图书馆、金融机构之间搭建了一个

微评

★ 城市让生活更美好，新型城镇化是立足于"以人为本"的理念之上的，真正的智慧城市，能够提升人的幸福感。

互动交流的金融信息平台，以及提供不一样的阅读生活体验，通过这个平台，拉近金融机构、金融人士与社区居民之间的距离，让金融信息以一种更亲民的方式走入寻常百姓家。"金融理财讲座下社区"品牌服务项目由此诞生。

文化融入科技，实现市民生活"智慧化"

作为浦东建设现代公共文化服务体系的重要内容之一，浦东公共文化数字平台建设是浦东推动文化创新和公共文化服务标准化、均等化的重要项目。2011年，浦东新区开设"浦东文化网"，2013年开设了"浦东文化"微博，2014年开设"浦东文化"微信。2014年下半年起，浦东新区整合现有的文化资源和文化服务，着手建设浦东公共文化数字平台，为全体市民提供统一的数字化服务入口，进一步推进公共文化数字化建设，为构建全域数字覆盖的服务模式探索了工作机制、积累了现实样本。2014年下半年新区开始建设浦东文化云数字平台，突破网站平面建设意识，开发线上立体"公共文化云数字化平台"，为市民提供跨越时间和空间的展示平台，利用互联网的开放资源达到更好的文化推广和传播效果。

浦东文化云数字平台采用全景和虚拟技术，将演出、培训及教学等各项服务移植到互联网，市民网站就能享受同步、直观、生动的艺术体验，改变了传统网页平面静态展示，通过虚拟空间延伸文化阵地和服务项目。此外，浦东公共文化云数字化平台汇聚了各类群众文化活动演出并进行在线展播，成为浦东市民获取公共文化服务信息、参与活动、学习交流的数字化中心。同时，打造全媒体公共文化网络新阵地，也是时代发展的要求，许多人已经无法在没有信息、没有沟通的封闭的空间生活。其中，"浦东发布"五微工作法（"微直播""微讨论""微访谈""微现场""微感言"）成为政府职能部门和百姓间的沟通桥梁。

老范点评

国际化与基层化齐头并进

浦东新区作为第二批"国家公共文化服务体系示范区"的创建对象，其最大的特点是国际化，而公共文化服务体系建设则要接地气，真正做到基层化。因此，国际化的智慧城市建设要向发达国家看齐，而智慧化的居民生活则要注重基层公共文化服务。在这方面，浦东新区充分利用新媒体在基层公共文化服务建设中的重要作用，通过全媒体公共文化网络新阵地的打造，以及"浦东发布"五微工作法的创新等举措为公共文化服务体系建设闯出了一条新路子。

智慧化与人文化协同发展

让智慧管理与公共文化水乳交融，这在全国各地同时期的公共文化服务建设中是罕见的，也是真正见到实效的。一方面，陆家嘴街道通过建设创新文化培育基地、培育社区自治管理文化、建设公共文化服务信息化平台等将公共文化服务根植于社区建设，进而实现社区生活的智慧化；另一方面，陆家嘴通过高密度的文化导入，培育一批具有市场化运作能力与活力的优质文化品牌项目，为民众提出各种喜闻乐见的文化活动，进而实现智慧城市的人文化。

标准化与均等化稳步推进

公共文化服务体系的构建要兼顾不同人群，也要统筹城乡差异。浦东公共文化数字平台为全体市民提供统一的数字化服务入口，为构建全域数字覆盖的服务模式打造了现实样本，推动了公共文化服务体系建设的标准化、均等

微评

★ 城市的发展，一方面体现在经济发达、生活便捷，另外不可忽略的一点就是城市的人文氛围。

化与全覆盖。比如，数字图书馆为盲人阅读提供了便利，同时也兼顾到了老年群体和其他弱势群体。此外，还需清醒地认识到，上海城乡文化一体化呈现出新的发展势头，但长期存在的城乡"二元化"发展模式导致城乡文化发展不协调的问题依然存在。

　　浦东新区在智慧城市建设的过程中，公共文化服务体系建设呈现出诸多鲜明的特点，这离不开政府的重视，也充分体现了公共文化服务建设在政府工作中的重要地位。我们相信，上海浦东在未来的公共文化服务体系建设中能够传递更多宝贵的经验和智慧。

文化情怀：
仗义心声的文化温度

文化的情怀是人心，文化的温度是温暖。一个民族最大的资源是文化，最能打动人心的也是文化。执着、追求、坚守，这渗透于文化内外的力量虽无形无声，却无处不在，沁人心脾，给予人们精神上的激励和满足，使人感受到温暖与尊重。在这个精神缺失的时代，文化的温度只有成为当代人们生活的一部分，才能更好地去延续，从而更好地温暖人心。

新生代农民工的文化治愈

2013年贾樟柯导演的《天注定》以一个年轻人绝望地从宿舍楼上跳下作为全剧的落幕，它的真实版就是发生在2010年的"富士康跳楼事件"。**对此，富士康曾给出了一个对这群年轻人的描述：平均年龄只有20多岁的他们，脆弱迷茫，犹疑徘徊，负面情绪的无效疏解导致了这样的极端选择。这群年轻人有一个名字——新生代农民工。**

你确定你不是"新生代农民工"吗？

2010年中央一号文件中第一次出现了"新生代农民工"的说法，并对其给出了官方解释：他们是出生于20世纪80年代以后，年龄在16周岁以上，在异地、以非农就业为主的农业户籍人口。从这个定义中的几个关键词来看，新生代农民工可能是路边小贩，可能是写字楼上班的白领，也可能是正在教室上课的大学生。所以，你确定自己不是"新生代农民工"吗？

国家统计局发布的《2014年全国农民工监测调查报告》显示，2014年全国农民工总量为27399万人，其中外出农民工有16821万人。在这1.6亿的外出农民工中，20世纪80、90年代以后出生的占了60%，大约为一个亿，这一个亿的新生代农民工群体成为外出农民工群体的主要部分。**他们向往城市生活，愿望更加多元，除了可以得到更多的工作机会，更是被丰富的文化**

生活吸引着，他们有着"农民工"的标签，身份认同经常遭
到挑战。

2011年，农民工诗人杨成军走进了《中国达人秀》
节目，为妻子朗诵了自己的两首原创诗歌，感动了所有人，
他的作品也结集出版。他在原创诗歌《农民工》里说道：
"我们是一群离阳光最近的人"。他们面临着回不去的农村，
融不进的城市，却是**"一群离阳光最近的人"**。据调查，新
生代农民工的吃穿住行花销并不大于第一代农民工，而在文
化和娱乐生活的支出却高于老一代农民工，显示出与父辈农
民工完全不一样的生活方式和精神需求。**他们的文化和娱乐
需求量大，能够熟练运用互联网，对知识的渴求和对自身的
思考也促使他们通过自学和上夜校等方式来实现自我提升。**

微评

★ "新生代农民
工"的身上有着出
身与追求的双重尴
尬，追求高质量的
生活和获得身份认
同是他们最切实的
需求。

新生代农民工的文化困境

**自身精神空虚，文化生活单调，社会交往范围狭窄，整
体形象又被外界过度消费，新生代农民工群体处于社会公共
文化服务的最底层。**

整体形象被过度消费

2014年一组《流水线上的"90后"》照片，让大众看
到了底层"90后"的现状，**他们身着统一工服，有的戴着
耳钉，有的留着剪刀式刘海，五颜六色的发型凸显着各自的
存在。**他们后来有了一个名字——"杀马特"。相较其英文
smart的来源，"杀马特"成为追求表面时尚、造成花里胡哨
视觉效果的"90后"农民工的代名词，也成为网络世界消
费农民工形象的一个典型例子。**"杀马特强子""留几手"**等
微博红人塑造了自己的"杀马特"形象，而他们并不是农民

工，而是知识文化精英。他们只是借用或者恶意使用这种语言与形象，制造网络狂欢，强化了社会公众对于此群体的歧视与隔离。

文化生活单调，娱乐方式单一

受消费能力和教育经历的限制，64%的农民工在休息时间大多会选择打牌、聊天、看电视等形式，26%的人会选择看书，这些书籍主要集中在武侠、言情小说等，还有10%的人会在业余时间睡觉、逛超市。由于城市文化具有开放性和流动性特征，而乡村文化有着比较孤立保守和封闭的特征，这两种文化的巨大差异使得许多农民工在短时间内无法适应城市的文化生活，依旧保持着农村文化娱乐的方式。

"开放"的公共文化资源不开放

首先，社区文化资源单一，大多只有网吧、体育馆和阅览室等相对低成本的文化设施，阅览室提供的书籍也多是小说、报纸和专业性工具书，难以满足他们多元的精神文化需求。其次，社区有限的文化资源优先保障社区户籍人口的需要，将新生代农民工群体排斥在城市基本公共文化服务人群之外，很少将其纳入公共文化服务体系之内。

无形的户籍制度为现实中的人们竖起了一道高墙，为本该对国民开放的资源贴上了标签，让农民工虽身在社区，却享受不到应有的人文关怀。

新生代农民工的文化治愈

将新生代农民工纳入城市公共文化服务体系之中

文化部、人力资源和社会保障部以及中华全国总工会曾

在2011年联合下发《关于进一步加强农民工文化工作的意
见》，明确提出到2015年，我国将形成相对完善的"政府主
导、企业共建、社会参与"的农民工文化工作机制，农民工
文化服务将切实纳入公共文化服务体系中。这是我国第一次
对农民工文化建设进行全面部署。

**在公共文化建设方面，要增加流动性的文化设施，建设
社区化公共文化服务体系，将新生代农民工纳入社区公共文
化服务体系当中来，使社区公共文化与新生代农民工的日常
生产、生活相连接、相融合。**

微评

★ 城市的本质是
"人"，而城市中的
基层群体和弱势群
体更是值得关注的
对象，我们需要做
的，是通过公共服
务的手段，提高他
们的生活质量。

降低户籍制度带来的群体歧视

**户籍制度很大程度上限制了新生代农民工的城市生存之
路**，也限制了他们享受公共文化服务的权利。在户籍制度不
能取消的现实情况下，政府应该积极改善城乡二元户籍管理
制度，尝试取消城市用工方面、资源使用方面对新生代农民
工的种种限制和带有歧视性的规定，使他们能以积极的姿态
拥抱城市文化，感受到城市的人文关怀。

对新生代农民工进行正确的价值观引导

**新生代农民工群体不同于老一代的一个显著特点就是对
于网络的熟练运用。**他们会把大量的闲暇时间放在互联网
上，但他们也容易受到网络世界中一些不健康的文化和价值
观的影响。出生于20世纪80、90年代的他们本身就没有形
成足够牢固且正确的价值观，媒体和政府有责任对新生代农
民工进行正确价值观的引导，大力传播优秀文化，净化网络
环境，帮助他们正确使用网络进行自身的提升。

鼓励企业等社会力量给予文化关怀

农民工的生活圈子并不大，一天当中会有三分之二的时间放在工作岗位上。他们接触到的大多是冰冷的建筑和机械、冷漠的社区环境和带有戒备性的眼神。这些点点滴滴构成了他们对于城市的印象，他们是城市基础设施的劳动者，城市却给不了他们一个带有温度的微笑。因此，我们要鼓励企业在保证农民工基本生活保障的基础上，丰富农民工的精神文化生活，对农民工进行技能，语言等方面的培训；为农民工提供基础文化设施或流动文化服务。**发挥新生代农民工的年龄优势，在他们最需要文化滋养的时期里给予文化关怀，真正实现企业的社会效益和经济效益的双效统一。**

帮助新生代农民工成为回乡"创客"

新生代农民工是一个尴尬的群体，他们不同于家乡的父辈一代，面朝黄土，相对落后，也并没有完全适应城市文化。很多青年宁愿在城市生活在最底层也不愿意回到家乡，但如果当地政府能够用有吸引力的优惠政策和服务平台，帮助回乡青年在家创业，将他们在城市学到的思想和文化带回家乡，既能实现他们的个人价值，又能为家乡的发展做出贡献，一举两得。

工匠精神，我们本不该陌生

2016年3月5日，国务院总理李克强作政府工作报告时提到，鼓励企业开展个性化定制、柔性化生产，培育精益求精的工匠精神，增品种、提品质、创品牌。"工匠精神"首次出现在政府工作报告中，让人耳目一新。对于新时代下的工匠精神，我们如何去传承和弘扬，这将是我们面临的一个重大课题。

"鼓励企业开展个性化定制、柔性化生产，培育精益求精的工匠精神，增品种、提品质、创品牌。"在2016年两会的政府工作报告中，李克强总理首次提到了"工匠精神"一词。工匠虽然已经淡出了现代生活良久，但工匠所代表的精益求精、推陈出新的精神却永远不过时。长期以来，我国的传统制造业面临着大而不强、产品档次不高、缺乏自主创新能力的挑战。然而，随着经济结构的不断转型升级，文化创意和设计服务与相关产业融合发展的趋势不断扩大，"工匠精神"也将被赋予新的时代意义和文化内涵，引领中国制造向新的阶段迈进。

工匠精神的内涵

"匠人"这个词起源于手工业，在传统手工业的制作过程中，劳动者凭借其纯熟的技艺打造出精美的产品，凭借精确的掌控能力把握劳动的整个过程。匠人们喜欢不断地雕琢自己的作品，不断改进自身的工艺技巧，享受产品在双手中升华的过程。他们对细节有很高的要求，追求完美和极致，对精品有着执着的坚持。**所谓的"工匠精神"就是指这种精益求精、一丝不苟的精神，隐含着手艺人的专注和对完美的追求。**"工匠精神"的核心是：不是把工作当作赚钱的工具，而是树立一种对工作执着、对所做的事情和生产的产品精益求精、精雕细琢的态度。也就是说，"工匠精神"必须是个性化而非标准化的。

　　随着机器大生产时代的到来，手工业逐渐衰落，"匠人"的社会地位也随之没落，标准化的大批量生产似乎也与"工匠精神"构成了矛盾，机器大生产让"匠人"与时代渐行渐远，它只能以极少的数量保留在一些传统的领域中，比如瑞士的钟表制造、欧洲的奢侈品手工皮包、中国的古法酿酒工艺等。当我们从电影《王牌特工》里面那些精致无比的西装定制中感受到一丝不苟的皇室般优雅的英伦范儿时，正是由于其中蕴含的"工匠精神"之魂带给我们震撼和快感。

　　虽然说，追求质量的完美与追求利润本来是相对立的，在中国的古代，最完美的陶瓷、建筑等手工艺品也几乎都是出自不计成本的皇室、官窑。但是，中国的民间也不乏"俗世奇人"。从鲁班的匠心独运，到庖丁解牛的游刃有余、《核舟记》描述的鬼斧神工，甚至冯骥才笔下的"泥人张""刷子李"，等等。我国有着丰富的文化遗产，那些传承至今的民间手工艺技法，恰恰是依靠传承者们的"工匠精神"才得以长久流传。

　　工业时代并非不能再有"工匠精神"。不论是以"匠人

微评

★ 对于历史悠久的我国而言，有着极其丰富的传统手工艺的资源，传统的手工业技艺正是工匠精神的体现，因此，工匠精神对于我们而言并不陌生。

精神"著称的日本，还是率先进入"工业4.0"的德国，都是依靠着对专注、坚持、精准、务实的工匠精神的坚守，依靠细节的品质经受了岁月的考验，留下了许多传承百年的品牌。在2015年的劳动节，央视推出了8集的系列节目《大国工匠》，讲述了8个工匠用"8双劳动的手"所缔造的神话。这8位工匠数十年如一日地追求着职业技能的极致化，靠着传承和钻研，凭着专注和坚守，缔造了一个又一个的令人震撼的"中国制造"。工匠的故事在节目播出后引起过社会的热议，也唤起了寻找失落的"工匠精神"的意识。

新时代的工匠精神

如今的"工匠精神"，不再仅仅停留在技法的层面，更多的是表现为一种职业精神和职业品质。对于中国这样一个制造业大国来说，更是需要"工匠精神"来改善现存的问题，向新的阶段进步。我们应该将这种精神置于时代中，**在传统精神中赋予时代内涵，使之成为新的促进发展的不竭动力。**

个性化与自主创新

"工匠精神"首次写入政府工作报告，引发了代表委员们的热议。全国人大代表、中国工艺美术大师吴元全说：**"工匠精神要求在产品的个性化、质量和档次上下功夫，要人无我有，而非千篇一律；要追求质量，而非粗制滥造。"**个性化与定制化生产正是"工匠精神"在实际操作中的体现，而其本质在于自主创新。实现产品的个性化，必须要依靠创新驱动，不断地推陈出新，才能在竞争中保持旺盛的生命力，打造自主创新品牌，提高软实力。

微评

★ 工业生产的时代同样离不开工匠精神，只有精益求精的生产方式，才能够将中国制造的优势得以真正发挥。

设计服务与文化附加值

推动"中国制造"向"中国创造"转变，"工匠精神"的内涵则充分体现了设计服务的引领作用。加快实现文化创意和设计服务与相关产业融合发展，促进工业设计向高端综合设计服务转变，推动工业设计服务领域延伸和服务模式升级，是传统制造业转型的重要抓手。只有通过创意和设计，为传统制造业增加文化内涵，提高传统制造业的文化附加值与科技含量，才能跻身制造业强国，实现向设计服务型制造业的转型，最终走向"中国创造"的模式。

供给侧改革与精品化生产

"工匠精神"无疑是供给侧改革所必需的精神内涵。在文化产业领域，供给侧改革强调文化产品坚持创新和精准供给。现如今，**文化产品的生产无法满足随着经济快速发展和城镇化迅猛发展所引发的高端文化需求，文化产品的生产难以保证高质量、精品化和精准的市场定位。**因此，必须要充分激发文化市场的活力，引导文化企业以质量和内容为基准，以创新和多元为目标，不断提供高质量文化产品的供给；提供高质量、对口味、适应现代传播方式的公共文化服务与产品，为培养文化消费习惯创造良好的文化氛围。

"互联网+"与科技含量

在互联网和科学技术蓬勃发展的时代，"工匠精神"不**仅体现了对产品精心打造、精工制作的追求，更是不断吸纳最前沿技术，创造新成果的要求。**如今，文化产业的发展越来越依赖于新技术的支撑，**文化创意内容和现代科技的融合，正在推动文化产业进入一个新的发展阶段。网络文艺和数字内容产业的繁荣发展，培育出了更多的文化新业态。**只有推动文化产品和服务的生产、传播、消费的数字化、网络化进程，才能够实现文化与科技相结合形成的"集成创新"效应。

要依靠创新驱动保持生命力、提高软实力，既需要天马行空的"创造力"，也需要脚踏实地的"匠心"。虽然"匠人"已随时代远去，但"工匠精神"却可以被不断赋予新的时代内涵而永久地传承。这些传统精神中不变的文化内涵，成为推动我国经济社会不断发展的不竭的内在动力，我们要发掘传统精神的文化内涵并给以新的时代精神，使之潜移默化地渗入社会氛围当中，才能使中国文化的筋骨更强健、品牌更响亮。

老手艺需要新力量，手工类非遗如何创新传承？

十八届五中全会明确提出要"构建中华优秀传统文化传承体系，加强文化遗产保护，振兴传统工艺"，将振兴传统工艺上升为国家战略，是全面提升非遗保护工作的新契机。传统工艺遍布我国各族各地，是非物质文化遗产的重要内容，是优秀传统文化的重要载体和表现形式。那么，如何寻找到手工类非遗传承的创新途径，为老手艺注入新力量呢？

手工类非遗面临的生存困境

现代生活方式与手工类非遗渐行渐远

我国有着非常丰富的手工艺非物质文化遗产。随着经济的不断增长，科学技术的不断发展，手工也逐渐被批量化的机械生产方式所取代。老手艺拼不过工业化，这几乎是一个不争的事实。在过去，手工艺品与人民的生活息息相关，例如，手工木杆秤是几乎每一个生意人都会用到的东西。**然而随着磅秤、弹簧秤、电子秤的生产和广泛应用，传统的木杆秤便逐渐失去了优势和存在的空间。现代的生活方式使手工类非遗与人民生活渐行渐远。**

受自身特点所限，传承形式缺乏创新

对于非遗传承来说，丰富多样的传承形式是一项关键，然而手工类非遗的传承形式普遍比较单一化，缺乏创新特色的活动形式。对于手工类非遗来说，还要受到其本身一些特点的制约，因为手工类非遗有三个必需的要素，即**特定的材料、特定的技艺、特定的人。这三个关键因素都会多多少少对手工类非遗的传承形式造成一定的制约。单一化的传承形式很容易令人产生"审美疲劳"，影响传承的效果，因此，必须要寻找到有创意、多样化的传承形式。**

微评

老龄化明显，传承人培养存在困难

大部分的老手艺人如今已步入花甲之年，转行已经很难，为了生计，不得不继续自己的手艺。还有一部分人老有所依，因为充满感情，将它作为一种乐趣而延续下去。还有一些人，他们既想传承自己的技艺，又想赚钱、谋求更大的**发展，于是在发展与传承之间进退两难。师傅人数比徒弟多，这是手工类非遗从业人员的现状。老手艺的背后有着手工艺者长时间的辛苦和坚守，手工类非遗通常活儿很累，学习周期又很长，一般没有三五年很难出师。而对于年轻人来说，老手艺活的工作身份和生存保障问题很难得到解决，入不敷出的状况让他们很难坚持。**

★ 现实中，真正的非遗传承人的生存现状其实是很艰难的，并且大多数都是我们很难关注到的。

手工类非遗传承的新机遇

首提"工匠精神"，唤醒传统工艺传承意识

国务院总理李克强2016年3月5日做政府工作报告时提**到，鼓励企业开展个性化定制、柔性化生产，培育精益求精的工匠精神，增品种、提品质、创品牌。"工匠精神"首次出现在政府工作报告中，让人耳目一新。对传统工艺而言，工匠精神是其创新传承之灵魂，是其创新传承之根基，工匠**

★ 唤起"工匠精神"，不仅体现在我国的制造业转型升级的方面，同时也为非遗的传承提供了机遇。

精神在传统工艺中世世代代传承下来，也必将是传统工艺在当下创新传承过程中必不可缺的。

微评

★ 文化消费需求的增长，为非遗的开发增加了可能性，因此要通过寻找创意性的开发方式使非遗自身形成产业化的循环发展，自给自足。

文化消费需求看涨，提供创新传承新空间

2015 年，我国文化消费市场亮点频出，异彩纷呈，已成为当前拉动消费增长不可或缺的重要力量。从数据上来看，2015 年，全国电影总票房定格在 440.69 亿元，同比增长 48.7%；全国图书零售市场规模继续保持增长，市场整体同比增长 12.8%；英国音乐剧《歌剧魅影》在国内创下逾亿元票房……这些数据都充分显示了一个事实：随着经济发展和生活水平的提高，人民的文化消费需求也随之不断地增长。对传统非物质文化遗产的消费也将成为全新的增长点。

新技术层出不穷，助力创新传承新可能

技术的发展并非是传统工艺的阻碍，它可以为传统工艺的传承带来新可能。通过互联网思维，可以为"非遗"带来市场化路径；通过互联网传播，将"非遗"的魅力传播在手机上、互联网终端等；通过网络资金募捐方式，为"非遗"发展带来资金支持等。"互联网+"可以使古老的"非遗"在短时间内创造出让人惊叹的文化效应、经济效应。

手工类非遗如何创新传承？

对手工类非遗内涵再认识

在机械化生产与互联网产业日益发达的今天，人们越来越追求的是产品的规模化和批量化生产。流水车间工人机械反复地重复同一个动作，固然生产效率的提升也能够促进经济效益的增长，但是这些产品终究是少了些文化与精神的沉淀和凝练。**手工类非遗是我国优秀传统文化的重要部分，也是工匠精神最主要的代表，在工艺之外，它包含的文化内涵和精神内涵是更值得我们关注和传承的。**

创新的产业化方式

使非物质文化遗产焕发全新的活力，产业化是最具生命力的方式。非物质文化遗产作为一种知识产权，通过合理的产业化方式，使其价值被充分开发，是一项重要的工作。一方面，**要将传统的"非遗"与现代人审美情趣和时代精神相结合，使手工类非遗不再远离现代生活；另一方面，通过表演、教学、体验等方式使更多人了解手工类非遗，认识其魅力，从而打造品牌。**

促进手工类非遗的传播

高科技、新材料等现代化手段，可以成为传播传统工艺的核心。故宫APP通过高清图片展示使更多的民众通过移动互联网接近文物，了解文物；故宫中的端门数字馆充分运用数字多媒体的手段丰富了文物展示的方式，也通过交互体验的设施拉近了人们与文物的距离。手工类非遗的传播也可以通过新的技术手段，**增加技艺展示的渠道、丰富展示的方式，最重要的是能够缩短普通民众与手工类非遗的距离，与人们的生活紧紧联系在一起。**

促进手工类非遗"走出去"

在扩大对外文化交流的过程中，中国的非物质文化遗产是一个重要的载体，它承载了更多的中华文化内涵，是中华文化的集中体现。促进手工类非遗"走出去"，可以增加对外文化交流的机会，**促进中国手工类非遗与国外工艺的合作**

微评

★ 非遗对于大多数人而言距离还是很远的，使其不再束之高阁，是发展的基础，一方面要使其适应现代生活，另一方面则是让人们有更多机会和渠道接触到它。包括通过影视作品传播、体验式旅游等方式。

★ 非遗的保护和开发不应该是关起门的，而是要将它与中国文化走出去结合起来，因为它是我国文化内涵与民族精神的真正体现。

与交流，促进手工艺"非遗"的品牌化建设，通过与旅游业的结合促进手工类非遗的国际化。

完善传承人培养机制

建立合理的传承人培养机制是手工艺"非遗"传承的重要保障。首先，可以将手工艺"非遗"项目纳入公共文化服务体系，建立针对青少年的展馆，并开设公益性讲座，使青少年从小就具有对手工类"非遗"的正确认知。其次，实现从业人员的结构创新，通过设计创新力量的加入来提高传统工艺的创作能力。最后，要实行一定的政策补贴，建立奖励机制，保障传承人的基本生活条件。

穿越千年来爱你——与文物对话的文物修复者

　　纪录片《我在故宫修文物》火了这样一个职业——文物修复师。每天八点，他们会迎着晨光穿过故宫的七道大门，开始日日依旧的工作。西三所的很多小房间成为他们长时间与各种时代的作品对话的空间，进入这大院，墙外的纷扰暂时被隔离，只剩下朝夕相处的木器、织物、书画、青铜、百宝镶嵌、宫廷钟表。在"工匠精神"被写进政府工作报告的情况下，我们将些许的注意力投向这样一种职业，让大家了解文物界的"现代巨匠"是怎样一种存在。

文物修复师知多少？

　　人们在常规传播手段以及自身经历之内，是很难真正了解这样一种职业的。观赏者常常惊叹于过去的作品能够"穿越时空千年"来到人们眼前，时间在这些艺术品身上好像手下留情起来，或许他们应该去了解，那么多"刻意的不完美"是因为背后有这样的一群人。在此，我们不讨论文物修复的理论方面，而是将注意力放到以文物修复者为代表的为文物的保护和传承做出重要贡献的这群人身上。

　　相关资料给出的文物修复师的概念是：文物修复师是一个专业对破损文物进行修复的职业，对文物修复本着"修旧如旧"的原则，尽最大努力保证文物原有的风采。这项工作有着非常严格的规章制度，每次修复都要建立档案，详细记录文物的修复全过程及前后状况。修复一件文物，他们常常要用几个月甚至几年的时间。**作为文物修复师，或许要同时熟知化学、物理、美工、材料等多个领域的知识，还要具有较高的艺术素养和极高的动手能力，对艺术作品有深刻的理解和认知。**同时也需要极大的耐心和毅力，因为他们面对的常常是一个面目全非的作品，从破损不堪到能够完整呈现，这中间可谓"万里长征"。

　　文物修复者的使命就是帮承载着作者心绪的作品延长它们的生命时间，在与作品交流对话的过程中，修复者也因此获得珍贵的生命体验。看过纪录片《我在故宫修文物》的人或许对这样一个镜头有所记忆，宫廷钟表修复师在耗时八个月将乾隆皇帝钟爱的铜镀金乡村音乐水法钟修复完成后，钟表发出动人的声音那一刻，**修复师获得的欣慰已经超过了修复本身的意义。这是将自身生命融入修复作品的一种职业，投入的精力与感情是不能用工资来衡量的。**

　　耐得住寂寞，忍得住反复，守得住初心。如果文物会说话，它们会感谢能在千年之后遇到的合适的修复师，这对它们来说是一种大确幸。

文物修复者的生存现状

僧少粥多，"文物医生"堪比大熊猫

　　国家文物局调查显示，**中国文物系统的3000多万件馆藏文物中，半数存在不同程度的破损。**世界上许多国家的文物工作已进入预防性保护阶段，而中国仍停留在抢救性保护阶段，也就是说"快不行了才去救"。造成这一现象的重要原因，是文物修复师的缺乏。据估计，**中国真正从事文物修**

微评

★ 文物修复师的身上有着真正的工匠精神，他们的价值无法用金钱来衡量，他们是文物和历史的生命的守护者。

复工作的人员不过2000多人。大足石刻博物馆自1990年成立以来，保护技术部仅有12个人。很多文物修复者都有这样的感受，即便他们终身投入到这项事业当中，修复的文物还只是冰山一角。由于这项职业的特殊性，一位优秀的文物修复师的养成要经过很长时间。技能往往是师徒相传，手艺的后续传承是非常重要的。

文物珍贵，作为能够给它们后续生命的修复师同样珍贵。除了文物修复师以外，非物质文化遗产传承人的现状更是严峻。一位非遗传承人就代表着一项手艺、一种遗产，随着他们的去世，手艺也不复存在。

教育滞后，技艺传承困难

同所有非遗传承者相似，文物修复也面对同样的困境：**传承困难，教育体系不完善。**故宫每年都会招聘四五十位应届毕业生，从现有故宫内部的文物修复师来看，较为年轻的一辈往往是中央美院、清华美院、戏曲学院等学习艺术的学生，几乎没有科班出身的。在老一辈的文物修复工作者退休以后，故宫将会加大对应届生的招聘，未来故宫的文物修复工作将会放在新一代的手中，这也是老一辈文物修复者的愿望。**但现实是，目前中国开设文物保护修复专业的工艺美术类院校只有17所，教育质量也有待考量。除了专业院校较少，在培养模式上也存在问题。**文物修复人才的培养本是艰难而漫长的，仅从高等教育阶段进行培养是完全不够的。在国外，从高中一年级开始就有专门培养。

另外，文物修复技艺的传承更多要依靠"师傅带徒弟"的传统方式，且必须经过长时间才能见到成效。跟着师傅先看3年，自己琢磨，基本功练好了，才有资格摆弄文物"本体"，想独立完成工作，至少需10年以上的职业修行。这样

微评

★ 在教育和人才培养方面，高校的学科建设是重要一环，然而也需要避免高校教育与实际需求脱节的情况发生。

的现实决定着手艺传承困难多多。

职业待遇和社会地位与职业付出相差大

文物修复大体可分为三类，即研究修复、展览修复和商业修复。目前，国内奢侈品消费越来越高，艺术品的收藏和流通也非常活跃，作为商业修复的修复师待遇可观。而很多文物保存机构，如故宫内的文物修复者的工资与一般公务员无异，他们拥有的那一身技艺，若转投奢侈品修复行业，工资能涨几倍之多。能在这个行业留下来并且为之付出一生的人，都是真正热爱该行业之人。

除了工资待遇较低之外，社会地位也不相匹配。文物修复师是从古代就流传下来的行业，在"士农工商"中从属于"工"，是古代中国"士农工商"唯一传承有序延续至今的工种。文物修复师可以说是学术、社会、经济地位都没有的"三无"人员，无论修复多少珍贵文物，也不存在评研究员的情况。在中国的职业大典里有 1838 种职业，却没有文物修复师这一职业，每年新入行的人，最多只能留下1/3。正是由于对技能人才的偏见，修复人才在各方面得不到应有的尊重，进而造成修复人才一方面紧缺、另一方面没人愿意做的恶性循环。

文物修复：要讲好千年的故事

完善文物修复专业的教育体系

面对当下文物修复现状，传统手工技艺的师徒模式再难填补巨大的人才漏洞，民间非物质文化遗产传承人的"妙手回春"也难以应对数以百万计亟须修复的珍贵文物。那么，**大批培养"科班出身"的文物保护与修复人员或许是化解人**

微评

★ 改善文物修复师的生存状况，需要从政策的角度给予一定的倾斜和保障，才能避免恶性循环。

才危机的重要手段之一。

在国外，文物修复的从业者大都是高学历的专家，而我国却只限于大专或职高毕业生。**没有高精尖的技术人才群体，自然无法实行高质量、成规模的文物修复教育培训。**相关专家认为：文物修复技术完全可以独自成立一所学院，并且文物修复应当学历化，应该有本专业的本科生、研究生，甚至博士生。

或许可以寄希望于已经出台的高考改革方案，改革方案提出将在未来实行技术技能人才和学术型人才两种高考模式，其中技术技能型人才有三种，工程师、高级技工和高素质劳动者。在不久的将来技术劳动者的社会地位、就业空间将得到大幅度提升，文物修复人才的供不应求也有望得到缓解。

提高行业待遇和社会地位

从某种程度上来说，职业待遇和社会地位的高低是对某一个行业从业人员价值的肯定。在现实中存在很多类型的职业，其职业待遇和社会地位都与从业人员的职业付出不相匹配。**在技艺传承出现问题，僧少粥多的情况下，提高行业待遇是留住和吸引人才的重要手段。**

行业待遇不仅包括工资，还包含其他类型的生活待遇。文物修复者为了给文物提供一个最好的保护空间，在个人的形象营造上会有很多禁止性的要求，这也让他们放弃了一些常人都可以有的选择。除此之外，修复师们长期接触各种化学物质、粉尘、X光辐射等，由于工种小，至2012年仍未被纳入职业病防治范围。所以，在工资待遇提高之外，对于身体以及精神方面的关照也应该提高。

除了提高行业待遇，还要提升文物修复师的职业级别，将其列入国际职业标准当中。改变国民以及行业内人员对这个职业的认知，既不妄自尊大，也不妄自菲薄。

制定和完善行业标准

在中国，传统修复技术大多凭的是个人经验，不像西方是专业修复师经

过日积月累的经验沉淀形成的一个标准化准则。同样作为文物大国，意大利在20世纪初就建立了相关规范和标准体系，而中国20世纪80年代才有文物保护法。

不过近年来，我国也在加快标准的制定工作。2012年开始起草的《中国文物保护修复行业标准》和国家文物局制定的"**逐步实施资质认定、持证上岗的管理方式，培养一批专业水平高、管理能力强的复合型人才**"的人才发展战略，都在逐步规范文物修复行业标准，提高从业人员素质。此外，国家文物局批准中国文物信息咨询中心成立"文博行业资质资格认证中心"，具体承担资质资格认证事务性工作，为文物修复从业者的技能水平提供专业保障。

最后附上木器修复师的一段话：每个人对佛的理解不一样，这与人的性情有关。有的人刻的佛，要么奸笑，要么淫笑，还有刻得愁眉苦脸的。很难刻，佛像一刻就知道，那个味道很难把握。怎么能够刻出神秘的、纯净的微笑，那是最难的。文物其实跟人是一样的。我们常说玉有六德，以玉比君子。玉只是一块石头，如何能有德行？但是中国人就能从中看出德行来。所以中国人在做一把椅子，就像在做一个人一样，他是用人的品格来要求这个椅子。中国古代人讲究格物，就是以自身来观物，又以物来观自己。所以故宫里面的东西是有生命的。人在制物的过程中，总是想办法把自己融进去。很多人认为文物修复工作者把这个文物修好了所以才有价值，其实不止这么简单。他在修复文物过程中与文物的交流，对文物的体悟，已经把自己融进里面了。要文物的目的就是为了传播文化，而不只是放在那里，那没有什么价值。

新思路：非遗原来可以这样保护

无论是《传承者》电视节目的火爆，还是文化部认定的关于"故宫淘宝"非遗众筹项目的顺利展开，都显示出非物质文化遗产的保护和传承方式在时代的变迁和互联网、新媒体的蓬勃发展下迸发出崭新的活力，传统的名录记载等保护方式已悄然向借助更多新鲜手段实现活态传承转变。

新火花：当非遗撞上"它们"

当非遗项目遇上众筹

2016年，淘宝众筹联合"故宫淘宝"发起的非物质文化遗产众筹项目上线。项目的年货作品由"故宫淘宝"提供设计方案、多个非物质文化遗产的传承人手工制作完成，吸引广大网友以众筹的方式，支持和保护非遗项目。仅仅一项"非遗"剪纸，半天内就吸引超过5000人参加，筹款超过13万元。通过网络的优势和特性，被人遗忘和冷落的非遗重新焕发生机，以这种创新的方式不仅能够让万千民众意识到非遗与生活之间的紧密联系，也为非遗的保护与开发增添了新的资金获取渠道。

微评

★ 由众筹的成功可见，大家对非物质文化遗产的保护还是相当有热情的。

★ 如《传承者》这样的节目，不仅可以弥补综艺节目原创性不足、本土化不强的缺憾，还可以对我国非遗进行普及和传播，可谓一举多得。

当非遗表演遇上电视节目

2015 年年年底，首个以非遗和文化传承为核心内容的节目——《传承者》在北京卫视播出，在此之前，尚未有任何一家电视台将这一主题制作成大型真人秀类节目，更不用说放到黄金时段播出。令人惊喜的是，《传承者》首播就获得了 1.55% 的收视率，此后的收视率和口碑更不断走高。

当非遗博览会遇上网络平台

非遗博览会是展示、展览、展销非遗手工技艺和产品的重要平台，当前，有越来越多的互联网企业开始参与到各种形式多样的非遗博览会当中，通过虚实结合、线上线下联动的方式，增强了现场的体验性和互动性，**更为推动非遗与市场要素、产业要素结合创新，推动资源产业化，实现更大的社会和经济效益提供了平台。**

困难重重：非遗保护现存的问题

意识难题

★ 在非遗消失速度加快的情况下，国民终于渐渐明白，并不是外来的就好，并不是新的就好，很多老祖宗留下来的东西在消失之后才会发觉它的价值。

当现代文明伴随着社会发展的高速列车不断疾驰的时候，常常会忽视根本的、相对脆弱的东西。特别是碎片化和泛娱乐化当道的时代，更容易因技术和形式的外在，而丢失了精神的内核。要想真正守护本民族的非物质文化遗产，任何来自外部的、强制性的措施都只是起到表层的示范和规定作用，只有具备了非遗保护的觉悟和行动，感受到来自古老文化正在日渐消失的压力和紧迫感，才能实现非遗的传承和发展。

资金难题

★ 政府资金不可能承担起全部非遗的保护，如何引入社会力量进入非遗保护的领域，对提高非遗保护的效率和质量有重要意义。

近几年来，中央财政专项安排了多笔支持非物质文化遗产保护的补助经费，保护经费的投入凸显了国家对非遗保护工作的高度重视，但是放到全球视野来看，法国自1975年以来，每年用于文化遗产保护的投入一直稳定地占国家总预算的1%；日本每年的无形文化财保护预算均在100亿日元左右。非遗保护经费与我国丰富的非遗项目资源相比，仍显得杯水车薪。

法律机制难题

在非遗保护工作的不断推进下，我国当前已经初步建立起适合我国国情的非遗保护制度。**但"政绩工程""形象工程""重申报轻保护""重利用轻管理"等问题仍不同程度地存在**，尤其是在经济欠发达的乡村和基层，理论研究仍落后于保护工作的实践，对于非遗保护的工作机制仍有很大欠缺。缺乏有针对性的非物质文化遗产保护法律，不仅无法将保护工作真正纳入法制规范的轨道，也制约了非物质文化遗产保护工作的深入开展。

活态+传承：非遗保护的核心

非遗保护的目的在于传承，传承的核心在于传承人。由于技艺的复杂、年轻人对于大城市的向往等诸多因素，非遗保护与传承链条上的重要一环——传承人，出现了断裂。**"人"是非遗价值和意义的关键所在，不同民族、不同地域极富多样性的非遗，造就了一方百姓深刻的文化烙印，也正是这些文化烙印赋予了一个群体归属感和认同感。**因此，非遗保护绝不仅是名录的登记和产品的开发那么简单，而是情感、习俗和价值观的代代传承。只有**以精神为内核，以科技为支撑**，随时代的发展赋予非遗当代气息，才能让非遗成为有生命的文化因子。

任重道远：保护非遗，要素有哪些?

核心：不忘传统，守住技艺

一方面，古老的传统技艺需要保护，另一方面，社会的发展又要求与时

俱进、市场化和现代化的运作。这就涉及了生产性保护的问题，作为非遗的传统工艺与现代工艺品不同，因此应当将传统保护与生产性保护分别进行。传承人不仅要继承工艺，更要深刻地了解所从事技艺的历史，包括这门技艺发展演变的过程、历代代表性人物的经验，甚至所衍生出的其他艺术的经验。只有建立起这样完整的认识，创新才有一个结实的根基，创造出来的新作品才可能是继承了深厚文化内涵的精湛艺术。

载体：形式创新，活态传承

有了互联网为非遗的传承提供助力，无疑使传统文化焕发了新的味道。在"酒香也怕巷子深"的年代，非遗项目需要平台和渠道让更多老百姓了解、关注，让世界认可、喝彩。对手工技艺类"非遗"项目，可以通过不同的设计与转化，将其变为生活用品出现在人们的视野之中；舞蹈、音乐类"非遗"项目，可以通过电视节目、演出的制作，结合网络宣传，汇聚更多受众的目光。总之，**只有不断创新非遗保护的方式，吸引各种社会力量参与到非遗保护中来，才能真正与人们的经济、生活紧密结合，非物质文化遗产才有望真正活起来。**

微评

★ 再多的技术保护和创意活化也代替不了法律的作用，完善法律体系是关键。

保障：完善法制，动态管理

一方面，非遗的保护措施要切实落地，就必须建立起合理有效的法律保护和政策扶持体系，并对非遗相关法律政策的贯彻落实进行严格的监督检查，纠正和解决执法不严、监管不力、保护责任不落实等问题。另一方面，要完善国家级名录项目"有进有出"的动态管理，进入非遗名录并不是一劳永逸的，只有建立起严谨完善的评估制度，定期对非遗进行全面的测评，接受来自内部和社会的双重监督，才能够为非遗保护传承提供可靠的保障。

以点带面：区域发展的妙笔生花

"十三五"期间，文化产业的区域化发展，以及区域间和区域内部的联动将成为重要的发展引擎。区域文化产业发展有优势，有机遇也有挑战。我国各地在经济发展阶段、资金投入、居民收入等方面都存在较大差异，面对发展道路上的问题，如何发挥各地文化资源优势，促进文化产业持续健康发展，是"十三五"时期文化产业发展的关键问题。

疏解非首都功能——通州有何文化担当？

2015年7月10日至11日召开的中国共产党北京市第十一届委员会第七次全体会议，全面部署了北京市贯彻《京津冀协同发展规划纲要》的路线图和时间表。对通州，会议透露的信息简明扼要："聚焦通州，深化方案论证，加快市行政副中心的规划建设，2017年取得明显成效。"2015年7月14日，北京规划委明确表示，将有序推动北京市属行政事业单位整体或部分向市行政副中心转移。至此，通州作为北京市行政副中心的"新身份"正式亮相。近十年来，北京市在快速发展过程中面临的人口资源环境压力日益严峻。截至2014年底，北京市常住人口达2151.6万人，其中城六区1276.3万人。根据《中共北京市委北京市人民政府关于贯彻〈京津冀协同发展规划纲要〉的意见》，到2020年，有序疏解北京非首都功能取得明显成效，城六区常住人口在2014年基础上每年降低2~3个百分点，争取到2020年下降15个百分点左右。

2015年11月25日，中国共产党北京市第十一届委员会第八次全体会议通过的《中共北京市委关于制定北京市国民经济和社会发展第十三个五年规划的建议》指出，推动"十三五"时期北京经济社会发展，要有序疏解非首都功能，着力优化提升首都核心功能，集中力量在通州建设市行政副中心。中国共产党北京市通州区第五届委员会第八次全体会议于2015年12月2日召开，审议通过了《**中共北京市通州区委关于制定国民经济和社会发展第十三个五年规划的建议**》，市行政副中心新定位的确立，标志着通州的发展进入了一个全新的发展阶段。毫无疑问，历经十年"等风来"，通州已然站在了京津冀协同发展的"风口"上。**那么，通州在疏解非首都功能区中将如何定位？其文化建设又将迎来哪些机遇？通州又该如何肩负疏解非首都功能的文化担当？**

职能承接新定位

习近平总书记曾在2015年2月的中央财经领导小组第九次会议上指出，要疏解"非首都功能"，他指出，"作为一个有13亿人口大国的首都，不应承担也没有足够的能力承担过多的功能"。要明确北京的城市战略定位，坚持和强化首都作为全国"政治中心、文化中心、国际交往中心、科技创新中心"的首都核心功能。**因此，强化首都核心功能，疏解非首都功能成为北京"十三五"建设的重点任务，也成为京津冀协同发展的关键环节。**

通州建设北京市行政副中心的传闻已久，如今尘埃逐渐落定。北京市的城市空间结构将由此前规划的"**两轴–两带–多中心**"变为"**一主、一副、两轴、多点**"。其中"**一主**"为中心城区，"**一副**"即通州。"十三五"时期，北京市主要推动市属行政事业单位整体或部分向市行政副中心转移。届时，北京市委、市政府、人大、政协"四套班子"都将搬迁。此外，一些和中央政府联系不是特别紧密，不需要随时和中央政府保持联系、主管服务保障工作的北京市行政机构和事业单位也可能整体或者部分搬迁。未来，会形成中

微评

★ 这意味着，在北京已经确定各区的建设核心，接下来将进入计划转为实施的倒计时阶段。

央政务区和市行政副中心分立的局面。同时，会带动部分文化旅游、商务办公等功能向市行政副中心疏解。

中国共产党北京市第十一届委员会第八次全体会议的决议加速了通州行政副中心的建设，它的"崛起"并非"仓促之选"，也非"临机而动"，反而是瓜熟蒂落的结果。 在通州选址建设市行政副中心是在原有发展基础上的优化，经历了长期的探索和实践。从20世纪90年代起至今，对通州的功能定位和发展方向经过了长达20多年的探索，经历了从卫星城、重点新城到城市副中心等发展阶段，《北京城市总体规划（2004—2020年）》中也明确提出要在通州预留发展备用地，作为未来行政办公用地使用。

文化发展新契机

在通州建设北京市行政副中心，既不是简单的政府机构搬迁，也不是一般化的新城建设。**它的基本出发点是疏解非首都功能，最终目标是落实好首都城市战略定位、优化提升首都核心功能、提高"四个服务"水平。** 为了更加突出北京作为全国的文化中心和科技创新中心的定位，通州区的未来发展必然在行政副中心的基础上，强化自身文化和科技创新的建设。从通州自身的文化资源来看，这里具有悠久的历史和深厚广博的文化底蕴，因漕运而兴，以漕运而发达。自古就有"一京二卫三通州"的美称，文化资源丰富，文化建设的空间大。**"十三五"时期，通州在承接行政职能的过程中，其文化建设也将迎来巨大契机。**

"一核五区"打造现代化国际新城

2012年，通州新城"一核五区"的规划出炉，以运河核心区为龙头，以宋庄文化创意产业集聚区、文化旅游区、环渤海高端总部基地集聚区、国际医疗服务区、国际组织集聚区为支撑，立足高端和国际化，构建现代化国际新城的整体布局。以新城核心区和五大区域构成的"一核五区"将成为未来通州现代化国际新城的主框架，同时也会成为"十三五"期间通州进行行政副中心建设的主要空间布局。**在"一核五区"当中，文化旅游区成为最具体、最明晰，投资密度最大的区域。由此可见，文化建设在通州行政副中心的建设过程中占有重要地位。**

基础设施的完善为人民营造更好的文化环境

通州在行政副中心的建设过程中，为实现有效疏解，尤其是避免造成新的"职住分离""潮汐交通"现象，就必须逐步提高通州的人居环境和公共服务水平，提高吸引力。公共基础设施的完善必不可少。文化设施作为保障人民基本文化需求的必需品，也会在未来的建设过程中逐渐完善。**因此，"十三五"期间会完成文化中心二期、运河博物馆、美术馆等一批功能性的设施建设。随着文化基础设施的完善，必然会进一步增强通州区的文化氛围。**

产业疏解为大力引入文化企业提供了条件

近年来，围绕疏解非首都功能的战略要求，通州区淘汰中低端产业，并制定实施了高于市级标准的《通州区新增产业的禁止和限制目录》。数据显示，截至目前，通州区累计淘汰、清退企业800多家。下一步，通州将进一步扩大污染企业清退范围，到2017年底，实现通州区全部近1000家落后产能企业退出。存量减法不妨碍增量的发展。通州要围绕行政副中心的定位进行产业转型，打造高精尖经济结构必然要有一批高精尖产业作为产业支撑。**文化企业作为科技含量高、文化附加值大、绿色环保的企业类型，势必会在产业疏解之后成为"弥补空缺"的最佳选择，这也与北京作为全国文化中心的定位相吻合。**

教育资源的引进带来人才的集聚

通州在2016年启动北京五中、首师大附中、景山学校等通州校区新建工程，"十三五"期间全面完成引进市级名校建设。同时，为了认真落实北京市行政副中心教育发展计划，未来五年争取与市教委及中心城区合作建设至少4所优质学校。此外，积极承接中心城区优质高等教育资源疏解转移，加快推进中国人民大学通州校区、北京电影学院通州校区等项目建设。教育资源的聚集带来最显著的效益就是人才的集聚。**具体来说，北京电影学院和中国人民大学的传媒和文化类学科都是强势学科，这些文化人才的集聚必然会给周围带来新鲜的文化力量。**北京电影学院新址将在宋庄文化创意产业集聚区西侧建成，新址落地后，将吸引上下游关联企业，形成区域影视文化产业集聚效应。

文化建设新担当

中国共产党北京市第十一届委员会第八次全体会议明确"集中力量建设通州行政副中心"，并对"十三五"期间通州率先开展的重点工作进行了部署。通州区委常委、常务副区长崔志成就通州在未来"十三五"期间的建设做出了详细的解读。**在文化建设方面，除了对文化旅游区和文化创意集聚区依旧加大投入，全面启动首都公共文化服务示范区的创建工作，加快建设文化中心、运河博物馆、美术馆等功能性文化设施，同时还立足北京市历史文化名城的定位，将在"十三五"期间增加运河两岸的历史文化和现代元素，增强文物保护工作。**

打造新的首都文化旅游区和文化创意园区

在"一核五区"路线图的规划下，文化旅游区和文化创意产业集聚区成为通州"十三五"建设的重要组成部分。通州宋庄文化创意产业集聚区位于北京通州新城东北部，宋庄镇南部，规划面积14.6平方公里，作为五区中的重要一区，宋庄集聚区将重点打造成为国际原创艺术的创作区、展示区、交易区。在未来，将会有中国艺术品交易中心、国际时尚创意中心项目在此落地。而在通州"一核五区"的规划中，**最具体、最明晰，投资密度最大的莫过于文化旅游区。文化旅游区以投资200亿元的国家级重点项目——环球影城主题公园为核心带动周边三公里区域实现产业升级蜕变。**

从全球其他地方的环球影城公园的运营情况来看，除了每年带来千万客流，拉动周边娱乐、餐饮等服务业以外，更会吸引以影视产业为核心的广告、媒体、影视娱乐、玩具生产、出版印刷等产业集聚。可以预想，这些就是通州环球影城的未来。

深入挖掘京杭运河文化，助力首都打造历史文化名城

北京在"十三五"期间会重点实施核心区的301项重大基础设施建设和环境改造项目，其中包括文保区风貌保护、文物修缮、历史水洗景观恢复等旧城风貌保护工作。文物修缮和历史景观的恢复保护为了更好地留住"京味"，打造历史文化名城。**通州作为北京的一部分，是京杭大运河北段城区和漕运的终点，区内有42公里河段，从"八里桥"到"彩虹之门"之间的河段已经被列入世界文化遗产保护名录。这样重要的文化符号和文化景观，应该成为通州文化产业发展的灵魂核心，恢复大运河原有的历史文化魅力。**未来的大运河建设将秉承"以绿为体，以水为魂，林水相依"的原则，深入挖掘通州的历史文化底蕴，深度整合区域内丰富的优质文化资源，充分传承与发扬运河文化的独特精髓，建设北京唯一的滨水高端商务中心。

着力建设首都公共文化示范区

一个地区真正的发达不仅表现为各类硬件设施的发达和齐全，更体现在有丰厚的文化底蕴和浓厚的文化氛围。随着通州行政副中心的建设，通州对人们的吸引力会越来越大。更多高端人才的落户会对通州文化生活的条件有更高的要求。**所以在今后一个时期，通州区文化建设的基本思路是：

微评

★ 一个区域的形象需要靠厚重的历史文化去塑造，需要用无数个文化符号去积累。通州拥有宝贵的大运河历史文化符号，多年来一直没有很好地利用、发扬，以此契机把握文化灵魂的核心，塑造有内涵有温度的城市区域。

文化设施功能完备、文化生活丰富多彩、文化精品层出不穷，全面建设首都公共文化示范区。为此，通州区政府将会在2015年至2018年以创建首都公共文化示范区为抓手，加大文化惠民力度，以群众文化需求为导向，最大限度保障群众的基本文化权益。

一所"三无城市"的妙笔生花

这是一个三无城市——"无中生有、无奇不有、无数商机"，对，这里就是义乌。义乌是一个商贸立市、商贸兴市的城市，也是世界上最大的小商品批发市场。习近平总书记曾经说过："义乌是一个莫名其妙、无中生有、点石成金、无奇不有的城市。"在当前经济的新形势下，义乌如何实现转型升级，这是值得思考的问题。多数人看到的是义乌翻天覆地的变化和它所闪现出的无数商机，而忽略了引发义乌质变的深层原因——文化。城市在拓宽思路求发展的过程中，文化是其精魂所在。

发展需要精准定位

目前义乌的发展需要一个明确的定位，在文化发展中还存在着一些问题。**第一是"弱"**，没有发挥党委和政治局谋篇布局义乌发展的同等作用。**第二是"散"**，不论是创意设计，还是展会活动、相关的街镇的项目布局都没有凝聚收缩。第三是缺少一个总体的系统化考量。应当结合现在正在做的**"十三五"**规划，为义乌的文化产业在下一个五年发展做一

微评

★ 义乌经济飞速发展，城市变得现代化了，人民生活也大大提升，在这迷人的容颜下，如何找寻自身独有的竞争力和发展目标，让城市建设避免"千城一面"，还需深入思考。

个清晰的符合义乌实际的、其他的区县无法代替的义乌"十三五"文化产业实战战略目标，这是当前需要关注的问题。

义乌发展需关注的六个重要方面

第一个是生产制造业的全面升级。在生产、设计、制造业这几个环节上义乌都有非常好的条件，尤其是与文化相关联的衍生产品的创意设计，义乌有条件走在全国前列。要由被动地提供物理空间摊位到共同研究，从要有厂房才能建店，过渡到对工厂、产品进行有设计做引导的上游发展，凭借此优势打造特色的产业链。

第二个是文化旅游产业的深度发展。义乌有数以千万计的国外客商，这是一个巨大的旅游资源。义乌要把路过客人变成目的地客人是较为容易实现的，因为这些人很可能要停留一些时间，而在这个过程当中，与商贸结合的旅游发展大有可为。

第三个是商贸物流业的转型升级。义乌的商贸物流城集商贸与物流为一体，具有综合交易、金融等多项功能的商贸与物流互相带动、促进的服务模式。这种多种服务集成的运作模式是一种创意模式，也为继续开拓国际市场有效助力。

第四个是文化产业制高点的打造。结合义乌正在打造的一些老街和古镇，包括佛饰等流通物品的集散，这将会成为全国很重要的一个文创制高点。

第五个是用好国际交流的现有资源，做好升级优化。有四通八达的航运、便捷的物流做支撑，义乌在国际交流方面的发展大有潜力，这将是未来义乌经济社会发展在现有基础上需要重点突破、实现升级的地方。

第六个是抓紧"一带一路"战略契机。目前，义乌没有参与国家发改委西部司做的全国39个"一带一路"规划项目。在这一方面，义乌可以放宽视野，将发展纳入国家战略布局，而在这一过程中，相关的文化项目不可或缺，只有进入国家层面，才能更有发展的深度和广度。

理清"四个关系"

浙江省率先在全国形成特色小镇的发展，包括已经在省里立项的37个小镇，还有一大批古村落。在这个方面，**首先，要处理好经济发展和全面提升原住民幸福指数的关系。其次，要处理好商贸和相关产业的发展。**商贸肯定是我们的重中之重，在这一过程中要协调好一些大型项目。**再次，要处理好中心城市群和广大村镇之间的关系**，实现中心城市群和周边城镇的联动发展。**最后一个是要处理好快速增长的经济和浙江省特色小镇建设的关系。**在这一过程中，要避免重复定位，要突出自身特色，与现有的小镇有所区别。

摘掉"单纯制造"的帽子

义乌小商品的发展主要以做平台为主，许多生产企业并不是义乌本地的，它们来自全国各地。因此，**义乌最迫切需要解决的问题不是摘掉"生产帽子"，而是搭建好平台。**放眼国际，目前对文化产品，特别是富有个性的文化创意产品的需求越来越大，这是全球文化产业在内容产业上发展的基本趋势和正常需求。

首先，尽快建立以义乌小商品集散地为核心的全球文化产品消费需求指数机制显得尤为重要。如今，义乌已经在做全球小商品需求消费指数的报告，但并未在其中添加文化产业的相关指数。在今后小商品市场的发展中可以把这块短板补上。

其次，依据需求报告和市场导向，组织一些以高校和民间为主要力量和基础的创意设计的赛事活动，为那些有需求但无能力的企业解决"智力"投入问题。与全国乃至世界高校创意设计人才的合作迫在眉睫，"介质"和"引质"是做好这个平台的基础。

再次，政府在打造义乌小商品市场这个平台时，应当加强对文化创意设计的重视。文化产业的核心竞争力是创意，创意最直接的体现是创意设计。义乌若想把小商品市场的产业链做长、占领足够多的市场份额，仍需在此方

微评

★ 发挥"智力"资源，让人才战略成为城市发展的坚强后盾。

面下大功夫。

最后，政府的导向性要明确。 如政府在扶持和支持的专项资金方面，要向具有创意性的外贸、物流、生产加工企业倾斜。有了以上措施，发挥创意设计在小商品集散过程中的龙头作用从而打造核心竞争力将水到渠成。

义乌文化产业需要把"账"还上

义乌的文化产业一直处于一种"欠账"状态。义乌市委曾召开会议，称拿出10亿元资金发展文化产业，因此有人会说义乌的文化产业迎来了黄金期。这句话应当从两方面来看，一方面政府已经开始有了发展文化产业的意识；另一方面，义乌的博物馆、公共文化设施好多仍未达标，这与义乌的雄厚财力极不匹配。政府当前应真正做到"取之于民，用之于民"，加强公共文化设施的建设，把"账"还上。

适度开发非物质文化遗产

不是所有的非物质文化遗产都能打造成文化产业，如一些稀有的剧种和民俗行为，这是百姓约定俗称的习惯，没有办法转化成产业。因此，在这一过程中，要对义乌已有的非物质文化遗产中具有可开发要素的部分做文章，如义乌的饮食、火腿、蜜枣等，可以将其产业化；当地民俗文化可以在节日庆典中体现出来。**切记不要"勉为其难"地开发，避免破坏非遗的遗存。**

城市发展的精魂是文化

改革35年来，义乌中心城市的户籍人口由3万增长至50万~60万人，加上流动人口已达上百万，而中心区域由5平方公里扩至100多平方公里。35年来义乌的快速发展，得益于国家改革开放政策，得益于义乌充分发挥了其小商品经济的优势，以及勤劳的义乌人民用智慧打造出的商品平台而激发出无限商机。这是一个城市在改革大潮中的成功选择和经济发展的范式。

城市如果要做到可持续发展，其精气神一定是文化，但照目前情况看，义乌距这点要求还有一段距离。义乌经历了四个发展阶段：由最初的假冒伪劣商品集散地、"山寨"商品的集散地、能够保证品质的集散地，发展至现在的"义乌4.0阶段"，即注重产权和打造品牌的阶段。支撑义乌发生变化的是文化，由早期的"投机倒把文化"向诚信文化、品牌文化过渡。商业发展离不开文化，城市建设离不开文化，在这里生活的人民同样离不开文化。因此，打造这座城市必须要有文化和文化工程作为支撑，义乌在这方面要走的路还很长。

历史文化资源如何创造价值？

首先要梳理文化资源，摸清"家底"。**义乌有诚信文化、古村落文化、宗教文化、奋斗不息的"鸡毛换糖"文化，这些文化资源都等待进一步挖掘、开发。**

其次，有文化不等于有产业，找到承载文化资源的有效方式十分重要。例如，义乌与吉利合作开发汽车产业，需要的是汽车文化；与法国最时尚的赛车俱乐部合作，要有时尚文化作为依托；义乌正在进行的古村落改造，与当年盛行的

微评

★ 人文建设是未来城市发展的灵魂所在，文化产业的发展必然是一个城市发展的主导产业，优质的环境、淳朴的民风、精致古朴的民俗文化都能激发城市的文化活力，推动城市的可持续发展。

佛教文化是分不开的。

最后，在政府做好顶层设计的前提下，要把义乌的优势资源与当地产业相融合。义乌有1000多万的客商，他们需要文化消费，这是十分珍贵的商机。把一般性的、原始状态的商业文化转化、提升为商业文明，这是当前亟待解决的问题。

本文根据老范在"《中国城市报》专家顾问委员会走进义乌"调研咨询座谈会上的演讲及采访整理而成。

嘉兴的"文化有约"给了我们什么启示?

2016年4月，在国家公共文化示范区的验收工作中，浙江嘉兴的一项重要的公共文化工程——"文化有约"使人印象颇深，创建公共文化服务体系的"嘉兴模式"使笔者深受启发。2013年创建国家公共文化服务体系示范区以来，嘉兴市围绕"构建具有嘉兴特色、东部地区示范、全国领先的现代公共文化服务体系"的总目标，积极创新实践，形成了一系列具有嘉兴特色的工作亮点。"文化有约"服务项目是其中的一项特色品牌，研究"文化有约"对于我国其他地区的公共文化建设具有实际的借鉴意义和参考价值。

有效整合资源，提升供给水准

尽管来自不同领域、不同行业主管部门的文化阵地的内容千差万别，但在"文化有约"的统一组织协调下，公共文化服务能够更好地、更有针对性地发挥作用。**"文化有约"整合了文化系统内图书馆、文化馆、博物馆、美术馆和系统外科技馆、工人文化宫、青少年宫等各类资源，并由市级延伸到各县（市、区），由政府主办的公益性文化机构拓展到社会力量兴办的各类文化机构，实现了跨部门、跨行业、跨地域公共文化资源的有效整合，极大地丰富了公共文化产品和服务供给，群众的文化活动内容也更加丰富多彩。截至2015年底，"文化有约"共推出培训、展览、演出等各类公益性活动2700多个，网**

微评

★ 文化资源的整合
能够更好地盘活文
化要素，一定程度
上优化了各文化领
域的资源配置，避
免同质同构的恶性
竞争，有利于文化
资源的管理和使用。

★ 利用新媒体手
段，让市民增强了
体验感与互动感，
新颖的运行管理能
够让传统服务焕然
一新，值得借鉴！

站点击量已突破300万人次，直接参与群众突破100万人次。

拥抱"互联网+"，打造创新平台

"文化有约"通过"互联网+"的形式把许多共享的文化资源都整合到公共文化服务的平台上。通过这个平台，不仅文化部门自己管的内容得到了充分发挥，而且与文化有关联的一些机构也主动地参与进来。"文化有约"着眼于通过供给模式的创新，运用"互联网+"思维，建立综合性、一站式服务和管理平台，嵌入大数据采集和分析处理，精准对接群众文化需求，大大提升群众的参与度。依靠数字化打通公共文化服务"最后一公里"，实现文化与科技的深度融合，打造"互联网+公共文化服务"的创新特色平台，不断提升公共文化服务均等化水平。"互联网"平台预约和"订单式"活动参与，实现了服务与需求的无缝对接，推动了基本公共文化服务与多样化、个性化、优质化公共文化服务的有机统一。"互联网+公共文化服务"打破时空界限，有力提升了公共文化服务的现代传播能力，促进了基本公共文化服务的标准化、均等化。

强化运行管理，政策保驾护航

2013年7月，"文化有约"公共文化服务平台改版升级，融合现代信息技术成果，引入团购式服务供给界面，将所有活动资源包装成文化产品统一上架，让市民通过预约方式参与相关活动。为推动"文化有约"可持续发展，2014年初各种完善和深化举措陆续推出，《嘉兴市全面推进"文化有约"项目实施意见》《嘉兴市"文化有约"项目资金补助暂行办法》接连下发，前者着眼于保障公民基本文化权益、发挥公共文化机构基本职能作用及增强公共文化服务能力和管理水平三方面，后者明确对市本级公益性文化场馆"文化有约"项目进行补助，并探索以政府购买服务形式引进社会力量推出"文化有约"项目，参与公共文化服务。同时，制定《"文化有约"用户积分管理暂行办法》，建立积分激励机制，实现了群众的实时评价与反馈。

拓宽服务覆盖，精准对接需求

"文化有约"平台通过对各类公共文化资源的整合，满足了各类人群的需求，活动范围也扩大到"大嘉兴"区域，增强了品牌的社会公认度。将公共文化资源打包成项目供群众预约和参与，提高了服务的针对性和实效性。畅通监督反馈机制，对项目作出评价，及时受理群众诉求，提高群众参与公共文化建设的积极性和主动性。以"菜单式""众筹式"等预约形式向人们提供免费培训、辅导、演出、场地及各类特色文化活动。博物馆推出"流动博物馆""流动体验区"，将馆内固定展览及专题类题材以展板形式向社区、学校等社会单位提供展览服务，并将泥塑、软陶等制作项目送至乡村及社区；文化馆开辟"春耕""夏种""秋收""暖冬"服务，音乐舞蹈、书画摄影、送书送戏、声乐器乐、非遗保护等"菜单"四季不停歇；科技馆将科普知识、手工实验室送到社区，引来社区孩子们对科技的好奇与兴趣。

"文化有约"以保障文化民生、落实文化惠民为根本，逐渐成为嘉兴公共文化服务体系中的一张新名片。"文化有约"的"嘉兴经验"给笔者的启发如下。

第一，转变政府角色，发挥市场机制。

微评

★ 随着嘉兴"文化有约"项目的出台，不少公益力量积极加入，无疑给城市多了一座"能源补给站"。这也成为嘉兴市政府购买公共文化服务、引导社会力量进入公共文化服务领域的一次有益探索。

在政府的统一协调下，通过市场运行机制，采用政府采购和购买的形式，调动社会力量参与公共文化服务的积极性，让隶属于不同部门文化资源和文化服务的内容得到更好发挥。"文化有约"在政府层面上建立了统筹协调机制，公共文化供给实现了横向拓展和纵向延伸，形成了部门联动和跨领域合作的协作联盟，促进了区域内公共文化资源的共建共享，实现了供给与需求的有效对接。目前，"文化有约"已吸纳了近20家民营文化机构加盟，推动了公共文化服务向优质服务转变，培育和促进了文化消费。政府实现了由办文化向管文化的角色转变，强化了政府购买公共文化服务的理念。社会力量涌入公共文化服务，打破了原有的体制壁垒，最大程度保障了广大群众的基本文化权益。

第二，打破行政壁垒，扩大资源共享。

长期以来，文化部门只注重对于文化资源的开发与利用是不够的，还应该通过有效的途径打破行政壁垒，充分发挥全社会公共文化资源的作用，这也和国家文件的精神不谋而合。在这方面，嘉兴做了非常有意义的尝试。在公共文化服务建设的过程中，整合隶属于不同行政部门资源的工作还应更进一步地打破壁垒，扩大更多领域公共文化资源的共享，包括高等院校、当地驻军的资源等。只有实现我们社会公共文化资源利用的最大化，公共文化建设才属于全体国民，才能打破单个文化主管部门的局限，进而使得公共文化服务建设能够全面发展和有效落实。

第三，正视既得利益，打造民心工程。

在整合资源的过程中，不能简单地靠行政命令，目前在现行体制下，各个行政主管部门的既得利益是非常顽固和明显的。如何让这些利益能够得到有效保护，同时又能让这些资源得到最大化地盘活？嘉兴的做法是值得我们深入思考和研究的。"嘉兴经验"在全国具有很强的推广价值和影响力。此外，文化部门还应深入推进横向拓展、纵向延伸，提供更加丰富、多样的公共文化产品和服务，有效对接群众文化需求，培养群众主动走进文化场馆亲近文化、接纳文化的习惯，为市民群众献上丰富多样的大餐，使公共文化民生工程走入千家万户，真正成为老百姓公共文化服务的"民心工程"。

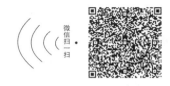

这是一幅充满"幸福"的"义乌上河图"

宋有《清明上河图》，今有"义乌上河图"

正如李克强总理2014年11月到义乌国际商贸城考察时所说的那样，这里商铺面积不大，拓展的却是全球市场；地理位置虽然并不得天独厚，物流却通往世界几乎每个角落。一座国际商贸城，映射的却是整个义乌的发展模式与独特经验。30多年来，义乌发展"反弹琵琶"，在一个资源相对匮乏的环境中闯出了一条独特又有借鉴意义的发展道路，发展成为享誉世界的商都。在"互联网+"大行其道的今天，勤耕好学、刚正勇为、诚信包容的义乌人则又在"义乌上河图"里增添了更值得我们关注的因子，"义乌模式""草根经济"的转型升级，说不定就会成为未来中国经济发展的重要引擎之一。

人人都在"幸福里"

"幸福像花儿一样"，对电子商务创业者而言，义乌幸福里国际电子商务产业园就是他们盛开的地方。义乌幸福里国际电子商务产业园在义乌电商产业飞速发展的过程中应运而生，也很好地助力于义乌电子商务的发展。园区总投资达7亿元，总占地49545平方米，集电子商务研发、办公、服务、展

微评

★ 打造特色村，正是着力传承村落文明的重要手段，通过挖掘特色产业，加大公共设施的建设，让村民可以享受到特色村发展的成果，让新一代的村民可以积极参与到创业就业中来，为村民的生活提供了便利，使整个村落的建设更加完善，居民的归属感也随之增加。

示、仓储、物流、培训、商务配套、生活配套等综合功能于一体，有着成熟的软、硬件配备，不断打造商业环境、人才流动、金融支持、综合配套的立体服务模式。**同样，曾经"惊动"李克强总理到访的"网店第一村"义乌青岩刘村也是如此，这里有着浓厚的电商氛围，便捷的商业空间和最新的行业动态信息在这里随处可得，完善的网络基础设施服务、优质的信息化管理服务平台让"网店第一村"名副其实，电商在这里"抱团取暖"。**

"幸福里"从搭建电子商务产业平台入手，通过对电商产业的聚集，实现了电子商务产业服务的一体化。青岩刘村从草根开店起步，逐渐形成了物流、网络、包装、招工以及第三产业发展的集聚效应，电商产业发展迅速。**无论是"幸福里"还是青岩刘村，他们都是义乌电子商务园区兴起的一个缩影。**义乌市电商办统计数据显示，义乌市运行一年以上的 8 个电商园区 2013 年全年交易额就已经达到了 30 亿元，而中国小商品城网商服务区中全年销售额过亿的电商企业就有 12 家。

义乌电商产业园区的发展一片欣欣向荣，成为义乌电子商务产业发展的助推剂。

如果说电子商务的发展催生了电商产业园区，那么**电商产业园区则是电商产业转型升级、发挥集聚效应、形成成熟产业链条的催化剂。**从个体发展模式到集成化、高科技、现代化的发展模式，成长型、创新型的电商和电商服务企业在电商园区的助力下有了更多的可能。

草根创业也可以很"幸福"

电商产业园的力量远远大于单一的电商企业，产业集聚效应的形成让整个电商系统的运作水到渠成，也让创新创业不再是一句空话，不再那么高不可攀。**以义乌"幸福里"为代表的电商产业园让网商们摇身一变，从"投资者"成为"创客"。**

幸福里电商园区为创业者提供有针对性的电商培训服务、投融资平台服务、新一代孵化器服务等各种从实际出发的、人性化、接地气的创业相关服务。**"幸福里"没有"收租+营销"的运营模式，"孵化+投资"的发展新模式取而代之，并时刻以人才为本。**在这个可持续发展的双向过程中，电商产业园从培养人才出发，从电商创业者们多种多样的需求出发予以全面关怀与服务。**正所谓创新是时代发展的推动力，创客是创新的掌舵人，电商产业园的"孵化+投资"模式让这些"双创"时代的创客达人在电商产业园中幸福得如鱼得水。**与之相同的青岩刘村，任何人只要有想法，就可以开始自己的创业人生。正因为如此，青岩刘村被人们称为电商初创者的天堂。

栽下梧桐树，引得凤凰来。电商产业园区的发展应"大众创业、万众创新"而起，也是对"大众创业、万众创新"的最直接的回答。

因地制宜，电商产业集聚才能"更幸福"

幸福里电商园区是义乌商贸发展的一个缩影，也是我国电子商务产业发展的一个映射。义乌的发展有着得天独厚的成长条件——义乌的小商品集散环境，作为我国电商产业发展的个例，义乌电子商务园区发展"风景这边独好"的确值得我们借鉴。

园区化发展模式逐渐成为电子商务发展形态的主流。截至2015年3月，全国电子商务园区的数量超过510个，遍布

微评

★ 当前整体经济环境良好，国家政策鼓励创新创业，只要敢想敢做，勇于实践，创业不再是遥不可及的事情。义乌的电商产业园通过为创业者提供良好的氛围，勇于实践，共同担负起"大众创业，万众创新"的新时代使命。

29个省市自治区，超过110个城市，而在这其中县域电商园区增长迅速。据资料显示，截至2015年3月底，全国县域电子商务园区超过100个，在县域电子商务较发达的城市，比如金华、泉州、台州、苏州等，所辖县或县级市的电商园区在本市占比超过50%。**全国电子商务园区，尤其是县域电子商务规模化发展态势逐渐显现并成为热点，这需要引起我们的反思。**

电子商务园区的发展模式是否适合全国所有地方？一些欠发达地区是否可以将一些电商园区的成功案例照搬？是否每一个地区都可以形成义乌电商发展的规模？在没有义乌这样小商品集散优势条件的地区，是否也可以按照幸福里的发展模式布局产业发展？**以上问题的答案需要我们全方位思考，只有摸清各地的实际情况，才能够对症下药，照搬照抄绝不可以。**

发展电商产业园，要根据本地区的资源、环境特点"对症下药"。义乌有物流便捷和小商品集散优势，这些都是电商产业园区发展的有利条件。目前许多县域不具备像义乌这样的物流优势和商品集散条件，仿照"幸福里"模式发展只会暴露自己的短处。尺有所短，寸有所长，应根据当地的经济发展特点和现有的市场条件，以创新为有力支撑，量身打造切合实际的发展规划，盲目照搬"幸福里"模式是不可取的，要避免"千园一面"的尴尬局面。

以"幸福里"为代表的电商产业园区推动了"双创"的发展，是"双创"在"互联网+"背景下的良好诠释。"幸福里"是"义乌上河图"这幅画卷中浓墨重彩的一笔，这种"画法"也是互联网思维中的个性化的体现。"幸福里"有创新的范本，也有创业的经验。**但"创新、创业"却并不单单只在"幸福里"，而是在一切有准备、有远识、有发展的地方。**

微评

★ 发展文化产业一定要因地制宜、对症下药，利用好当地的优质资源和有利条件，才能达到事半功倍的效果。

两岸交流：同根同源的文化共荣

随着两岸合作由经贸领域向文化领域拓展，两岸文化创意产业的交流与合作日益频繁。两岸文化同根同源，大陆文创产业发展迅速，文化市场蓝海巨大；台湾文创产业起步较早，积淀丰厚。海峡两岸彼此优势互补，互为需求，文化共识、创意共享、产业共荣是新时期两岸文化发展的共同目标。

两岸文创发展，对话林磐耸：回顾2015，展望2016

两岸文化同根同源，在不断交流的过程中，碰撞出许多创意的火花。基于丰富多样的文化资源，两岸的文化创意产业发展各具特色。同为中华文化背景下的两岸文创发展，在过去的一年中取得了可喜的成果。未来，两岸的文创发展也都蓄势待发，再创新高。2016年1月，范周教授与中国台湾艺术设计之父——林磐耸教授对两岸文创的交流与发展进行了深入探讨。

人物简介

范周 中国传媒大学文化发展研究院院长，教授，博士生导师，"十三五"国家发展规划专家委员会成员。主要研究方向为文化政策、文化规划。先后承担国家多个重点课题、特别委托课题、部委专项课题的研究工作。

林磐耸 中国台湾文化创意产业联盟协会理事长，中国传媒大学文化发展研究院博士生导师，曾获台湾文化艺术基金会第11届台湾文艺奖、中华画学会美术设计类金爵奖等奖项，被称为"台湾艺术设计之父"。

两岸文创联盟促进两岸文创交流与发展

林磐耸：两岸文化创意产业的发展，一部分得益于我们建立的两岸高校文创联盟，这是一个很好的高校之间联系的通道。目前联盟已经发展到第七个年头。首先，它引发了一定的声势和舆论，也创造了一些影响。**在这个基础之上，我们已经在两岸高校联盟中建立了一些合作平台，包括每年上半年在台湾举办小规模的研讨会，以及每年下半年在白马湖举办的规模较大的论坛。**这已经变成了两岸文创人必然要参与的活动，否则就很难进入这种所谓的有"话语权"的领域。其次，**我们也举办了几个比赛，此外包括一些出版、培训的课程，所做的这些可以说已经有了一定的广度和深度。**在这个基础之上，我们可以再来做一些不一样的事，比如做文创的个案研究——两岸有太多的个案可以来做，而且两岸之间可以有很好的互补。如果两岸有一些院校的老师愿意来做个案研究，这些个案就会为两岸教学或者业界提供参考，就像哈佛的案例教学一样。目前"法蓝瓷"已经被作为经典案例来进行研究。**未来这些个案研究将为全球了解中华文化下两岸文化创意产业的发展提供很好的参考。这也将会是两岸文创高校联盟的一个最大价值。**

文创发展不仅要有"产值"，还要看"价值"

范周：中国台湾地区在过去一年文创发展的总体形势和情况是什么样的？

林磐耸：最有代表性的是台湾文博会的改变，**首先是承办方以及展出空间的变化。它从原来由商业总会承办发展到现在的由台湾创意设计中心来承办，从原来的在南港展览馆展出，到现在转移出来，变成3个场馆，分别是松山文创园区、华山文创园区和花博公园争艳馆。其次是文博会扩大到"生活美学"的范畴。**过去的文博会是在一个会展空间里面，现在则是完全打破了原有空间，与周边商店进行联结。**台湾文化创意产业博览会是每年台湾文化创意产业一个最大**

微评

★ 2016年，海峡两岸高校联盟在台湾举办了两岸文化创意研讨论坛及艺术联展，下半年继续在杭州举办大规模研讨论坛。这些有价值的论坛正在两岸各大高校的优秀文创人才中发生作用，影响力十分广泛。

★ 2016年的台湾文博会以"品东风"为主题，以中西文化交流的质变，导入创意思维，将熟悉的元素和精神，用当代的表达引领华人美学走向国际。

的成果集中展示空间与平台。

林磐耸：看台湾地区文化创意产业的发展，要从两个角度入手，**一个是产值的角度**。每年台湾地区的文创年报都会发布一些统计数据，可是台湾地区的产值很小，终究还是受制于市场的规模。**另一个是价值的角度**。产值是直接的、显性的、量化的数据，而价值则体现在文化创意产业引发的周边环境的改变，比如街头巷尾的"生活美学"、民宿、咖啡厅、生活里的一些小品等。**它所带来的变化并没有直接体现在产业的价值上，而是一种对生活品质的改变**。这是台湾地区的文化创意产业发展中很重要的一部分。

范周：我把这种现象总结为**"引爆效应"**，它会把这个地区的生活品质"引爆"到一定程度。这种"引爆效应"是一个又一个的文创项目点燃了整个台湾的文创发展的必然，它引发了生活品质的提升。

林磐耸：所以我刚才讲的一是显性的产值，二是隐性的价值。隐性的价值是融入生活中的。

范周：价值带来的是整个品质的提升，生活品位的提升。

林磐耸：因为台湾终究是一个很小的经济体，它所创造的价值再大，从数量上来讲也是有限的。目前在看台湾地区的文化创意产业时，更应当透过显性的产值，看到其深层隐性的价值，它的价值就体现在生活品位和"生活美学"这两方面。

文创发展、社会发展要以百姓的"获得感"为重心

范周：说完了台湾地区，说说大陆在过去一年中文化创意产业的发展特点。首先，大陆的文化产业属于政府主导型，**2015年是文化产业相关政策出台较多的一年，着力促进文化产业与金融、科技及其他领域的融合发展**。另外一个方面，随着互联网的发展，互联网对文创的影响逐渐加深，特别是数字文化产业越来越普及。可以得出一个结论，**未来十年中大陆文化产业中的80%将会与数字文化产业有关联**。第三个特点，在向我国台湾地区以及海外学习、借鉴的基础上，现在的文化产业发展不再是单一的"说产业，干产

业"，而是**扩大到公益性的公共文化服务、非遗的传承与保护**，也包括像上海、杭州等许多城市提出来的"提升人民群众的生活品质"等。单从产值的数字来看，文创产业发展很迅速，但这不能代表文创发展的总体情况，它只能说明其从产值上达到了一个新的高度，我们还要看在这个地区从事这个产业的老百姓得到了哪些实惠，老百姓的生活是否因为文创的发展而得到了改善，**老百姓的幸福感是否增强了。**

林磐耸：对，要看他们的文化品位有没有提升。我也呼应刚刚范院长讲的，现在"互联网＋"时代来临，当互联网成长以后，很多产业存在着萎缩的可能，例如书店可能会消失。但我却看到了另外的一种有趣现象，比如现在实体书店反而增多了。

范周：这可以看作是线下文化产业更强劲的表现形态，或者是行业竞争的特色。现在台湾地区的诚品书店也开到了大陆，北京的三联书店做得也很好。

林磐耸：有人说，大陆的互联网发展会扼杀很多产业。如果是这样的话，当人们去逛街时，就会发现原来经常看到的花店、书店等许多有趣的、有生活品位的东西都不见了，都被互联网时代的产业形态取代了。**这样可能会造成生活中文化发展的一些盲点。**大陆可能在某一个区块发展很快，可是有一些区块还存在着发展的盲点。**所以我们不仅要有经济型的设计人才，还要有文化型的设计人才、社会型的设计人才。**

范周：所以我们认为，在社会的发展当中，**第一是要包容式发展，第二是要协调式发展。**你单独在某一方面做得突出，可能就要丢掉某些东西。最近的一个流行词叫"获得感"，这个词已经写入了我们参与起草的"十三五"规划当中。**这就说明国家经济的发展、社会的治理，检验这些的最终标准、最高标准就是老百姓的"获得感"，就是能为老百姓带来什么，货币有没有贬值、收入是不是增多了。**"获得感"不仅仅是老百姓赚的钱多了、居住的房子变大了，也包括生活环境的改善，比如空气质量好不好、饮水是否安全、人与人之间的关系是否更加和谐、出行是否更加便捷。因为社会生活的节奏并不是快速、有效率就代表好，有时慢生活、慢节奏可以为心灵带来一些修养。当前时期，特别是"十八大"以后，习近平总书记反反复复强调，"金杯、银杯不如老百姓的口碑"，社会发展的重心是人民的"获得感"。

两岸文化交流：是需求，是机会

范周：好，让我们分别说一段对两岸文创的展望来结束今天的对话。

林磐耸：第一个，要投效中国传媒大学文化发展研究院。对我来讲，我最期待的就是让台湾这些优秀年轻人的作品在世界得奖，因为他们有着很好的创意。**可是这些作品能不能变成产品，变成能够在市场存活下来的商品，由创意走向创业，那真的是在两岸的交流下才会有最大的可能性，一定要靠合作来实现。**

范周：你这个词用得比较中肯，不是投奔，而是让我们**想到一起去、走到一起来的合作**，而且我相信您多年的经验一定会对传媒大学，对大陆的文创教育有巨大的帮助，我们就是缺少您这样的真正的货真价实的专家。有的人说得很好，但是没有作品；有人实战很好，但又说不出来，而你是有理论、有实践、有作品，在台湾地区还有人缘。这个人缘不是大家说你好，是因为你的影响力形成了领袖作用和带动作用，所以我们两岸地区包括世界各地的人都能够对你所提倡的文创的教育理念积极地认可，这个对我们来讲是难得的。**我的期待就是两岸的文创发展能够不受台湾地区政治界的影响，实现两岸文化交流的可持续。从我们的发展生存来说，让彼此都有需要，都有收获。因为人民的需要才是最关键的。**

两岸携手，文创将呈现化学变化

1987年两岸破冰后，文化交流可谓一路风雨飘摇，但近几年来两岸交流空间不断拓展、交流程度不断深化，这一连串的成果屡屡证明：两岸的交流互通是必要且互利互惠的。两岸文创产业的发展亦是如此，经过了十年的合作期，在优势互补中取得了丰富的成就。在未来，这一发展趋势必将进一步持续。携手合作、协同发展，是两岸文创产业共创辉煌的必由之路。

中国文创产业发展最大特点：融合发展

新时期中国文创产业发展最大特点是融合发展。"十三五"时期，中国文化产业的融合发展将迎来2.0时代，文化产业"协同作战""融合发展"将成为中流砥柱。**融合发展将成为推动文化产业转型升级、提质增效的主要方向，通过与其他产业门类的融合，带动自身的发展，进而推动整个国民经济的转型升级。**

创新融合新业态。第一，文化科技融合。据最新统计，我国网民数量已达6.68亿，手机网民规模达5.94亿，网络音

微评

★ 融合发展是当前文创发展的重要方向，各类具有原创内容的出版、影视、动漫、游戏、音乐、衍生品设计等全面联接，全面实现"大文创"与"小细节"的意识融合、机制融合，这是将文化创意产业打造成国民支柱型产业，实现升级的重要路径。

乐、网络视频、网络游戏、网络文学这四大互联网应用的用户规模分别达到4.80亿、4.61亿、3.80亿和2.84亿，数字生活空间的用户基础已具备相当的规模。新的媒介革命形式下，新型的数字多媒体软件等内容产业，早已打破先前文化艺术固有的边界，数字电影、数字电视、数字报纸、数字刊物、数字艺术、数字游戏等一大批新型文化呈现方式展示出强大生命力，数字文化产业将成为核心。**第二，文化旅游融合。**文化创意旅游正在成为文化和旅游融合发展的主要趋势，在未来的产业升级与转型中，文化的融合发展将越发占据核心地位。**第三，文化农业融合。**农业与文化产业的融合发展，是推进农业现代化、提升农村整体发展水平的必由之路，是打造特色文化品牌、推动文化大发展大繁荣的有力抓手。**第四，文化体育融合。**2014年10月，国务院《关于加快发展体育产业促进体育消费的若干意见》出台，其中提出要把体育产业作为绿色产业、朝阳产业培育扶持，到2025年体育产业总规模超过5万亿元。**第五，文化金融融合。**2014年3月17日，文化部、中国人民银行、财政部联合印发了《关于深入推进文化金融合作的意见》，意见强调：一是创新文化金融体制机制；二是创新符合文化产业发展需求特点的金融产品与服务。**第六，创意设计与相关产业融合发展。**2014年3月，国务院发布《关于推进文化创意和设计服务与相关产业融合发展的若干意见》，根据意见，到2020年，文化创意和设计服务的先导产业作用更加强化，与相关产业全方位、深层次、宽领域的融合发展格局基本建立。

　　融合发展是实践国家战略理念的重要表现形式。"十三五"规划在理论与实践相结合的基础上提出了**"创新、协调、绿色、开放、共享"**的五大发展理念，而融合发展正是实践这五大理念的重要表现形式。例如，在互联网发展方面，2015年7月，国务院印发的《关于积极推进"互联网+"行动的指导意见》中提出，**到2018年，互联网与经济社会各领域的融合发展进一步深化，基于互联网的新业态成为新的经济增长动力。互联网对推动中国文化走向世界提供了强大动力。在"互联网+"模式下，在引入外来产品的同时，将以灵活的内容和新颖的平台，同中国文化一起迈出国门。**另外一个层面，十八届三中全会做出完善国家安全体制和国家安全战略的决定，将文化安全纳入国家安全体系框架，文化安全问题上升到国家安全战略高度。

中国文创产业发展走向：顶层设计下功夫

第一，国家对文化产业发展空前重视。"十三五"规划的目标中明确提出要让"文化产业成为国民经济支柱性产业"。在"十二五"的基础之上，中央把这个目标延长了五年，这就意味着在接下来的五年当中我们过去所强调的倍增计划可以继续往前推进。2015年年底中国文创的增加值达2.3万亿元人民币，占中国总体GDP的3.76%；不仅如此，国家还希望在"十三五"规划下，于未来5年让文创产业占GDP的比重提高至5%。

第二，文化产业和文化事业齐头并进。公共文化服务与文化产业要融合发展。"十三五"规划建议指出要推动基本公共文化服务标准化、均等化发展，引导文化资源向城乡基层倾斜，创新公共文化服务方式，保障人民基本文化权益；推动文化产业结构优化升级，发展骨干文化企业和创意文化产业，培育新型文化业态，扩大和引导文化消费。

第三，文化发展始终与文化惠民紧密相连。近年来，各地着力做实文化惠民，坚持在文化为民中见真情、文化惠民中求实效。送戏进万村、农民文化乐园、百姓大舞台等一项项务实惠民之举推动各地文化惠民再升级。

第四，坚持文化大发展、大繁荣，让我们的核心价值观与世界文明的发展同步进行。核心价值观是文化软实力的灵魂、文化软实力建设的重点。这是决定文化性质和方向的最深层次要素。一个国家的文化软实力，从根本上说，取决于其核心价值观的生命力、凝聚力、感召力。我们要始终保持与世界文明发展同步。

微评

★ 公共文化领域有很多值得进行创意改造的地方，创新公共文化的服务、管理、配套设施等，从根本上营造良好的创意氛围。

第五，推动"一带一路"文化发展，使国际文化市场成为文化产业生命体的重要立足场所。随着《推动共建丝绸之路经济带和21世纪海上丝绸之路的愿景与行动》的正式发布，横跨亚洲、非洲、欧洲三大洲，涵盖30多亿人口的"一带一路"伟大构想正在成为现实，并作为国家发展的重大战略布局，全面指导我国政治、经济、文化等领域的发展。

两岸文创的未来发展：在竞与合中齐头并进、优势互补

经过了十年的合作期，两岸文创产业的发展在优势互补中取得了丰富的成就。在未来，两岸文创发展优势互补的发展趋势必将进一步持续。**这就需要我们找准优势、找准短板，真正实现优势互补。**在两岸文创优势互补的发展过程中，以下几个理念是需要坚持的。

第一，要从中华文化中找到两岸文化创意产业发展的灵感。两岸文化同根同源，善用中华文化的宝贵资源是两岸文化创意产业在未来发展过程中需要一以贯之的重要原则。**第二，要让市场、资本、技术等重要的市场要素为文化创意产业的发展找到坚实的支撑点。**文化创意产业是资本密集型、智力密集型、技术密集型产业，因此，进一步研究文创产业发展的有效市场要素支持机制，是两岸文创产业发展的重中之重。**第三，强强联合，以品牌战略构建大中华文化圈层。**要共同打造文创产业链，在全球共创中华品牌，增强两岸文创产业在世界上的竞争力和影响力。推动中华文化走向亚洲、走向世界是两岸文创产业发展的共同需要和共同使命。**第四，两岸文创人才培养要发挥特色，补齐短板，不断创新。**文创的发展归根到底是人才的竞争，这就需要两岸在人才培养方面加强学习借鉴。台湾地区在文创人才培养方面特色鲜明，两岸文创人才交流的过程中要使台湾文创人才培养计划找到最有效率的落脚点，从而让大陆从其中找到更多可以学习借鉴的内容。目前，两岸文创人才交换生项目、学历教育等均在很大程度上完善和丰富了两岸文创人才的培养，如何进一步让两岸文创人才的培养与交流更有成效、更有新意，是两岸文化创意产业交流过程中需要进一步探讨的重要问题。

互联网背景下两岸青年交流的新动态、新趋势、新思考

2016 年 4 月 19 日，"2016 两岸文创研讨会暨文创艺术联展"在台湾虎尾科技大学举办，范周教授在主题演讲中谈到了互联网背景下两岸青年交流的新动态、新趋势、新思考。本文将主题演讲整理发布，以飨读者。

两岸文化交流的案例不胜枚举。比如 24 岁台湾青年许天亮曾到北京的清华大学交流过一年，深感两岸青年彼此了解的迫切性，于是在台北全职做民宿并取名为"Taipei 1949 文创旅店"。在这里，客人可以通过床单认识客家花布，利用墙上的摆饰认识台北 1949 年后的历史。目前，"Taipei 1949 文创旅店"名气越来越大。民宿这个小小窗口，让两岸普通人在同一屋檐下有了逐渐了解的机会。另外一个案例是 28 岁的大陆青年葛磊，他出生于中原，求学于北航，跟随一个台湾当地自发团队一起骑单车环岛台湾，他以大陆人的眼光客观地描述了他眼中的台湾，回到大陆后出版了《台湾单车环岛笔记》，非常畅销。书中描述的是作者对地道台湾文化的体验，这和官方部门推荐的景点截然不同。

如今，互联网成为我们获得资讯的主要手段。现在中国有 6.88 亿互联网网民，互联网是人们交流的主要途径。中国有一个词叫"主流媒体"，包括报纸、电视台、广播，但事实上接受资讯最有效的渠道不是这些所谓的主流媒体，而是互联网。因此，本文从三个方面来看互联网背景下的两岸青年

微评

★ 互联网的发展，让两岸交流不再有海峡的间隔，随时随地都可以在互联网上分享游览祖国大好河山的所情所景所感。把握这个良好的契机，两岸青年交流将迎来新时期。

交流，第一是"互联网背景下两岸青年交流的新动态"，第二是"互联网背景下两岸青年交流的新趋势"，第三是"互联网背景下两岸青年交流的新思考"。

互联网背景下两岸青年交流的新动态

互联网时代：改变世界，连接世界

从农耕时代到工业时代再到信息时代，技术力量不断推动人类创造新的世界。如今，互联网正以改变一切的力量，在全球范围掀起一场影响人类所有层面的深刻变革，人类正站在一个新时代到来的前沿。

尽管互联网的管理手段众多，但面对互联网的快速发展，这些管理手段都非常苍白。网管、防火墙，事实上是防不胜防，在互联网时代，绝对的保密、禁区都不存在。很多人可以和美国的同学在同一时间看美剧，可以和日本的同学在同一时间看日剧。**在互联网时代，在主渠道正式播放之前，我们已经可以通过各种途径了解自己想要的讯息，这是无法阻隔的。**

互联网实现了麦克卢汉的预言，我们生活的世界成为地球村，互联网极大地拓展了人们的视野。且不论谷歌地图、虚拟现实等技术几乎可以使人获得身临其境的感受，就是一般的网络应用，比如门户网站、搜索引擎、超链接、即时通信也让人们获得了在印刷时代、电视时代所不敢想象的大量信息，人类的视野从未如此广阔。**互联网带给人类经济、文化、社会、政治、人性等各个方面的深层变革，互联网引发的变革是时代性的。**从这点来说，互联网影响和改变世界，是有各种各样的方法的。

2016 年 4 月 1 日下午，淘宝推出全新购物方式

"Buy+"。"Buy+"通过VR技术可以100%还原真实场景，也就是说，使用"Buy+"，身在广州的家中戴上VR眼镜，进入VR版淘宝，可以选择去逛纽约第五大道，也可以选择英国复古集市，让你身临其境购物，全世界去"买买买"。如视频中所展示的，这样的购买一旦变为现实，生活是如此的幸福，也将是如此的痛苦，因为赚钱的速度永远赶不上消费的速度。这也让我看见，在互联网条件下，购买方式在发生着巨大的变化。

这告诉我们三个信息：一是我们的购买方式已经走向了移动互联网；二是购买人群已经覆盖全世界；三是网购拉动的相关产业以及对商业业态的再造将是一个全新的理念。在未来，"Buy+"要将十亿种商品通过虚拟现实技术，改变人们的购物感受，这将会对未来的商业形态形成巨大的影响。受电商的影响，国内几乎所有的实体商场都出现了成交额下降的情况。北京的王府井百货大楼已经连续十年成交额下降，这个趋势还要继续下去。那么未来的商场，将会成为城市的文化综合体。所有人到了商场不再是为了买货而是去看货，用极短的时间完成这个目的以后，剩下的大量时间将是在商场进行社交活动。这都是互联网对人们生活方式的改变。

两岸青年人通过互联网认识世界、了解世界

如果做出一个预测，那就是互联网将会改变我们的社区结构。现实中的省市县，在互联网世界中就是一个个不同主题的圈。这些圈会形成新的社区群体，使得未来的社会管理完全不同于现在，同时也会大大改变青年人之间的认知、交流和沟通。

两岸青年人通过互联网彼此了解，彼此沟通

台湾青年人使用互联网情况：在台湾地区网民年龄构成中，18~35岁的青年人占比最大。另据调查统计，目前台湾网民超过总人口的70%，人均每天使用网络新媒体长达3.5个小时，为亚洲之冠。台湾地区智能手机普及率接近60%，93%的用户通过手机连接网络社交站点，日上网时长197分钟，超出全球平均值55分钟，位列第一。脸书（Facebook）是全球最大的社交网络平台，也是台湾地区人气最高的社交媒体，截至2014年，台湾地区每月脸书活跃用户达1500万，以人口2300万计，渗透率高达65%，居全球第一。每天登录脸书人数为1100万，最高时有25万人同时上线，使用时长每天超过100分钟，是台湾地区被使用时间最长的社交媒体。而另一个社交媒体Line，在台湾地区用户则高达1700多万。

中国青年人使用互联网基本情况：截至2015年12月，网民规模达6.88亿，全年共计新增网民3951万人。互联网普及率为50.3%。手机网民规模达6.20亿，网民中使用手机上网人群占比为90.1%。截至2014年12月，青少年网民规模达到2.77亿，占青少年人口总体79.6%。从年龄分布来看，青少年网民中19~24岁占比最大，为49.6%。交流沟通类应用在青少年网民中拥有较好的使用率，即时通信、微博、论坛/BBS使用率分别为93%、44.4%和21.1%，均高于网民总体水平。

网络交流是两岸青年人彼此沟通的重要方式。传统媒体时代，两岸民众对于彼此的认知主要来自己方的大众媒体报道。这样一种通过大众媒介来获得的信息往往是不全面、不完整的，信息不全面就容易产生误解。在网络新媒体语境下，两岸的民众可以在网络平台上结识彼此进而进行信息的交流，这样一种人际沟通对于互构两岸真实形象是非常重要的。

互联网背景下两岸青年交流的新趋势

形成网络虚拟社群

社交媒体最大的特点是赋予每个网民创造并传播内容的能力，依据这一特点全媒体虚拟社群就易成为"微力量"的汇聚平台，它具备再造个体行动、群体串联的能力。在群体性事件中，网络社群成为影响力极强的社会动员力量。

《魔兽世界》就是一个典型案例，它在2012年被美国《时代》杂志评为对整个游戏产业具有重大影响的三大游戏之一，在游戏界有着不可撼动的地位。它所形成的网络社群非常强大，玩家们都形成了高度的社群情感卷入，比如所有的玩家都知道《魔兽世界》有一句口号叫"无兄弟、不魔兽"，正是他们共同的爱好，共同的游戏追求，将天南海北的玩家聚集在了一起，产生了强大的网络社群规模。

网络虚拟社群的特点

多媒体性：全媒体综合运用了文字、音像、影视、网络等信息技术与新媒介手段，在一个开放的系统中，全方位、多渠道、立体化的社交网络中进行人际交往，它影响与改变了原有的媒介生态。

虚拟性：它是基于数字技术多网融合下的人机交往，它不是传统社会的延伸，而是虚拟社会中的社区活动，这里人们大都使用网名、代号等虚拟身份，人与人之间的交流不需要面对面，而是凭借全媒体形成移动网来交流。

跨时空性：全媒体网络是一个全开放式的互动平台，它跨越国界地域，这种扁平化的传播空间无限延展，使网民之间的传播几乎没了边界，传播广度无限拓展，人际交往较传统网络社区更加开放。

自由性：全媒体社交媒介的准入门槛低，媒介应用平台多样化，网民可以随时运用任何终端自由进行交往，发表见解，言论自由得到前所未有的彰显。同时，对网上言论的管控与限制都是非常有限的，这也给各国政府带来了很多问题。

互动性：全媒体社群的互动就是跨媒体间的全方位融合带来的全面互动；网民间的虚拟互动，这种互动是"所有人面向所有人"的传播。

互联网背景下两岸青年交流的新思考

互联网背景下的新挑战

全网覆盖下的国家隐私问题。让全世界每个角落都覆盖无线网 Wi-Fi，听上去好像是个美丽的设想，不过美国一家科技公司打算把它变成现实。美国媒体发展投资基金公司的"外联网"（Outernet）项目计划通过将数百颗微型人造卫星发射至近地轨道，并在保证用户隐私的情况下免费将 Wi-Fi 辐射至全球各个角落。这个一旦实现，那么目前的管控系统将会全部崩溃。

互联网的安全问题。随着网络呈几何级数的发展，网络安全问题、网络生态危机问题就越显得突出。因此，**这对两岸网络监管提出了新的要求。**

社交网络生态环境问题。如今，网络已成为人们的**第二生存空间，即网络生态空间。**人与自然环境、网络环境、社会环境之间已经形成了相互依存关系。在互联网背景下，网络社群具有全球化趋势，如何建立起健康的社交网络环境，也是值得我们深思的一个问题。

微评

★ 在互联网大背景下，两岸青年可以共同创业，施展才华。传播无界限，交流更加深入。

互联网背景下的新机遇

两岸青年人通过互联网实现更多的合作，形成一股强大的合力走向世界。大陆青年创业者在"互联网+"的背景下，"大众创业、万众创新"热潮涌现，而借助网络空间，台湾地区的青年创业者也有着更大的施展舞台和市场空间。随着大数据、云计算、物联网、移动互联网等互联网新技术、新业务、新应用的发展，"互联网+"与文化、金融、创业生态、商业、交通、医疗以及对外经济等融合创新和广泛运用，互联网经济将逐步迈入产业成熟期，并对今后经济转型和结构调整发挥至关重要的作用。

最后，我相信，**两岸未来的文创，一定是互联网文创、新媒体文创，一定是数字化文创。**在这样一个背景下，谁拥有了互联网，谁掌握了互联网，谁置身于互联网，那他一定是未来文创的佼佼者。

他山之石：横贯中西的文化启示

文化的创新与创造离不开文化融合，特别是异质文化之间的相互接触和彼此交流。当今世界全球化日益加剧，在新时期和新形势的大背景下，中西方的文化交流越来越凸显其重要性。西方文化产业起步早，发达程度高；我国文化产业发展快，市场潜力大。因此，通过中西方文化交流，吸收中华文化与西方文化的合理与先进成分，是社会主义文化建设的必由之路。

戏剧也疯狂：来自西方的启示

韦伯经典剧目《歌剧魅影》于2015年11月17日首次在北京上演，可以说震撼了整个京城。它于1986年在伦敦西区首演、1988年首次登陆百老汇，至今已在全世界27个国家的145个城市上演了超过74000多场，观剧人次超过1.3亿，同名曲目火遍全球。中西方文化不同，戏剧在不同的国家有着不同的表现形式，也有着不同的发展状况。英美的戏剧发展得如火如荼，而似乎总是以传统面貌出现的中国戏曲在现代社会又是怎样的姿态呢？

中、英、美戏剧大PK

英国：戏剧之国的古老之美

2015年10月20日中午，习近平总书记和夫人彭丽媛在英国白金汉宫参加了英国女王主持的私人午宴。午宴之后，双方互赠礼物。英国女王回赠的礼物中，有莎士比亚的十四行诗集。**为什么一本诗集就能搞定这样高规格的互动？因为送的虽然是诗集，代表的却是英国繁荣的戏剧产业。**

英国的戏剧传统可以追溯到罗马时代及中世纪时代，英国是名副其实的戏剧之国。世界戏剧看英国，英国戏剧看伦敦。伦敦剧院协会的一份报告称，伦敦共有241家剧院，能容纳11万观众。2012年至2013年，伦敦剧院票房突破6亿英镑，观众达2200万人。最高峰时，一天里可有约3000名演员和6500名全职剧院职工为来自世界各地的观众送上精彩剧目，而平均票价只有27.8英镑。2012年至2013年，伦敦西区剧院的上座人次高达1460万，它对地区经济的贡献可以到达25亿英镑。

美国：百老汇音乐剧的经典之美

如果英国戏剧让人想起古老的美，那么美国的音乐剧就给人一股现代的热情。同英国的戏剧一样，美国的音乐剧也成为了它的名片。在舞台剧的世界中，能与伦敦西区比肩的也只有纽约的百老汇了。百老汇的上演剧目有几十种，被大家熟知的经典剧目有很多，如《悲惨世界》《美女与野兽》《西贡小姐》《国王与我》等。这里上演的剧目往往一演就是七八年，甚至是十几年。拿世界上最成功的音乐剧之一《猫》来说，从1982年10月开始上演到2000年6月落幕，上演时间长达18年之久。

百老汇歌剧现已成为纽约市文化产业的支柱之一，仅门票收入就达5亿美元，总体收入超过50亿美元，观众人数达到1227万人次，观光人数达2500万人次，百老汇的繁荣还带动了当地旅游业、旅馆业、餐饮业、出租业等相关一系列行业的经济增长，同时提供了44000个全职的工作岗位。

中国：传统戏曲的底蕴之美

能为中国代言的舞台剧属戏曲为先，这是真正中国老祖宗留下来的东西。中国是世界闻名的戏剧大国，中国的戏曲是世界戏剧的三大渊源之一，以梅兰芳为代表的京剧体系和布莱希特体系与斯坦尼斯拉夫斯基体系并称世界三大戏剧体系。而另一种剧种昆曲则是世界文化遗产之一。历史与经验足以说明中国戏曲在世界范围不可忽略的影响与无法替代的

微评

★ 英国戏剧与中国戏曲一样，都有很久远的历史，但并没有因为时间的问题而渐渐没落，依旧散发着文化魅力，很好地与当代社会融合在一起。

★ 在中国的演艺产业中，似乎并没有这样一种产业类型能够形成如此规模，这样的数据着实令人羡慕。

★ 从多久以前，中国戏曲就面临着没落的危机，国家通过各种方式进行救助，国粹成为了小圈子的文化爱好，国外人民对京剧的了解甚至比国内的很多人都多，这样的现象实在值得人们深思。

地位。因此，戏剧在中国该是辉煌与繁荣的。但是那却是20世纪80年代以前的事实了。随着近代文化消费形式和消费习惯的变化，戏曲的观众群体年龄逐渐增大，观众范围越来越小，戏曲的辉煌好像随着时代的变化留在了过去，发展情况堪忧。

西方戏剧已经成为文化产业一个亮点，戏曲作为中华民族最有代表性的表演艺术形式能否在复兴自身发展的基础上成为中国文化产业的一个新的增长点呢？此刻虽不尽如人意，但是未来还是充满无限希望。

英美戏剧为何这么火？

英美戏剧火热发展的原因有很多，英国和美国的舞台剧在戏剧教育、政府优惠和剧院管理等方面有很多相似的成功经验。

微评

★ 英国的戏剧不仅受到世界其他地方的热爱，关键是英国本土的人民也很热爱。英国戏剧教育走进基础教育是非常聪明的一点，要知道教育对人的作用太大了，对戏剧兴趣的培养真的要从小抓起。这一点对中国的戏曲发展具有重要的借鉴作用。

教育还是要从娃娃抓起

英国是戏剧教育的起源地，已经有三四十年的历史，戏剧教育已经成为英国以及西方国家非常重要的教育形式。他们在中小学所推行的戏剧教育，并不是以培养戏剧人才为目标的专才教育，而是要在戏剧活动中达到教学育人的目的。其主要是以戏剧为载体，不教任何表演技巧，引领孩子们在虚拟的戏剧情景中体验，没有设定的台词、动作、故事情节，一切通过孩子自己的观察、想象、创造与反思获得。

美国是当今世界上教育最为发达的国家之一，戏剧教育在美国得到了政府和教育部门的高度重视，尤其是戏剧高等教育，从规模和质量上也是世界上少有可比的。据不完全统计，美国现有1000多所大学（学院）设有戏剧系，美国的中小学也基本都开设了戏剧方面的课程或开展戏剧演出等活动。在戏剧活动中，儿童可以学习行动和结果，学习风俗和信仰，学习他人和自己。学校注重通过戏剧活动来使学生形象化地认识世界，熟悉生活，并通过实践来培养对各种戏剧技能的感性认识。

政府不差钱

英国的戏剧连续三年在美国夺得了托尼奖最佳戏剧奖，英国人称戏剧是英国最成功的出口。一位英国评论家把英国戏剧获奖归功于英国剧院的补贴制度。**由于英国国家艺术委员会补贴数百个文艺团体，对高雅文艺的戏剧演出实行票价补贴，释放了由高票价压抑的文化消费需求。**通过"准市场机制"来发挥促进竞争的作用，拉动戏剧产业的就业。

百年来，百老汇音乐剧产业的发展一直伴随着纽约市的发展，这与纽约市金融中心、艺术中心的地位密不可分。**纽约市政府也在资金、政策等方面给予大力扶持。纽约市政府运用税收减免、提供优惠卡等直接政策手段鼓励刺激音乐剧产业的发展，**在演出"上游"为艺术家提供廉价排练厅，在"下游"售票领域提供廉价票以培育市场，全方位支持音乐剧产业发展。纽约免收百老汇音乐剧的销售税，还对剧院产业实施明确的税收政策。

有序扎堆的剧院

伦敦有100个左右的剧院，剧院区就有40多个。在西区夏夫茨伯里和黑马可两个方圆不足1平方英里的弹丸之地上，就挤满了40多家剧院，加上周边几条街区的剧场，西区一带就有大小剧院60多家。除了数量多，剧院规格也是从国家剧院到小型剧院不等，分别以不同的演出剧目为特

微评

★ 在政府扶持文化产业这一方面，几乎所有的国家都会通过各种方式予以补贴，毕竟文化产业不仅要追求经济效益，同时也要兼顾社会效益，政府的补贴会让百姓有更多的受益。

色。不同口味的观众在西区都能找到自己中意的节目，西区的魅力和优势正在于它在有限的空间内为观众提供了多样的选择，产生连锁效益。

同样的扎堆情形也出现在百老汇，百老汇大街两旁分布着几十家剧院，内外百老汇各自上演着不同风格的剧目。**扎堆的剧院形成了剧院区，这种空间上的集聚带来了巨大的产业集聚效应。**到西区或者百老汇看戏已经成为一种具有仪式感的生活习惯，"看戏之路"也带来了餐饮、交通、住宿等一系列的其他收入。

我们的瑰宝该如何复苏？

戏曲不是已经熄灭的灰烬，而是正要燃旺的火苗。它是美的，美了这么多年，还可以继续美下去。从西方戏剧的繁荣中，我们能得到什么启示呢？

剧院合理扎堆，形成集群化发展

伦敦西区和纽约百老汇是剧院密集区，剧院在空间上的扎堆发展带来了规模化和集群化效益。在过去，中国戏曲剧团的演出模式是与百老汇类似的。只是在特定的历史时段，戏曲的发展受到了严重的制约或者说是倒退。扎堆演出可以加强艺术的竞争，这在元杂剧时代就有清楚的反映。剧院的集群化对剧目的创作、剧目的营销都有重要影响。集群效应还可以带动旅游等相关服务业的发展，使之成为一种城市的标志和名片，成为一个城市文化实力跟影响力的一个具体体现。**中国的剧院有必要在空间上形成集聚，发展多个类型的剧院，增强竞争力为观众提供多样化的选择。**

扩大观众群，尤其是青年群体

西方戏剧拥有广泛的受众群体，尤其在青年群体中广受欢迎。这既与发展相当成熟的戏剧教育有关，也与国家财政通过各类优惠补贴从而刺激需求有关，这些都让戏剧成为一种能看、好看、喜欢看的文化消费形式。如今的中国戏曲属于高雅艺术，但是高雅艺术并不意味着在小圈子里自我欣赏。**在**

戏曲诞生初期，观众就是寻常百姓，发展到现在反而失去了群众基础。所以扩大观众群迫在眉睫，尤其是青年群体。扩大观众群可以从以下两个方面入手：**第一是补贴票价**，借鉴英国在戏剧方面的补贴制度，对票价较高但社会效益大的剧目进行票价补贴，尤其是学生团体。**第二是加大戏曲的基础性教育**，将戏曲课程加入中小学教育当中，普及戏曲知识，培养青少年对戏曲的兴趣，养成听戏、看戏的习惯。

要传承，也要创新

1997年迪士尼制作的音乐剧《狮子王》在百老汇上演。这部剧融合了皮影、木偶、杂技、高跷等一切有利于变现场景的形式。**现在的戏曲还主要依靠《锁麟囊》等大戏撑场面，述旧多于创新，固守传统戏曲，反对进行现代化创作，戏曲界整体的保守和顽固令人担忧。**例如，白先勇倾力制作的《牡丹亭》就遭到梨园同行的斥责，梅兰芳和田汉也曾是戏曲改革者的角色。**戏曲要想在艺术上得到提升，需要有勇气进行探索和革新。**曾经有一部小剧场制作的京剧《浮生六记》，底本为沈三白的同名著作，两三个青年演员的演出，无论是内容还是形式都美极了。这样的戏曲才能吸引住观众的注意力。所以现代化革新是必要的，**从剧本题材、演员的选择，到表演方式等都要进行现代化的创新，既要保留戏曲的精髓，保持戏曲的尊严，又要积极地进行改革，融合现代化的元素，避免故步自封。**

戏曲总是有着一副传统面貌，在这个现代社会里有着些许的格格不入，但戏曲也总归存在于现代社会里。**这个现代社会是需要这样的传统面貌来让人知道和记住些什么的，当然旧貌需要换新颜。**

网络听歌必付费，外国版权也如此执着？

随着互联网的出现和广泛应用，光盘、磁带等传统音乐传播途径成为历史，网络音乐迅速崛起。新的传播平台，让音乐打破了时间和空间的界限，重构了音乐产业业态。从2006年文化部出台《网络音乐发展和管理的若干意见》到2015年国家版权局发布《关于责令网络音乐服务商停止未经授权传播音乐作品的通知》，十年的网络音乐版权保护之路，我们从未停下脚步。

微评

2006年，国家虽然了出台了有关网络音乐发展的相关意见，但由于网络音乐发展处于起步阶段，网民也并没有版权意识，网络音乐的知识产权依旧存在很大的问题。

回望：路漫漫其修远兮

2006年，文化部出台《网络音乐发展和管理的若干意见》（以下简称《意见》），让网络音乐产业不再无根可依。《意见》指出，要打击非法经营，把保护知识产权作为文化部及各地方文化市场管理、执法部门的工作重点和发展网络音乐的重要举措。对未经著作权人许可，通过信息网络传播他人音乐作品，情节严重、构成犯罪的，由司法机关依据刑法予以处罚。

2010年，在互联网视频行业版权工作取得突出成效的同时，音乐作品在互联网环境下的版权保护问题——特别是比较严重的未经授权传播音乐作品现象也成为社会关注的版权热点问题之一。2010年12月文化部下发《关于集中清理整治一批违规在线音乐网站的通知》，237家音乐网站关停或改行。

2015年，规范网络音乐版权成为打击网络侵权盗版"剑网2015"专项行动的首要任务。同年7月，国家版权局发布了《关于责令网络音乐服务商停止未经授权传播音乐作品的通知》，提出要加强对网络音乐服务商的版权执法监管力度，推动建立良好的网络音乐版权秩序和运营生态。基于网络音乐服务商未经授权传播音乐作品比较严重的情况，现责令各网络音乐服务商停止未经授权传播音乐作品，并于2015年7月31日前将未经授权传播的音乐作品全部下线。

政策重拳治理下的网络音乐，版权保护再成热点。但规模逐年增长的网络音乐用户也加速了网络音乐版权市场的秩序混乱。短短几年时间，网络音乐用户规模增速惊人。据中国互联网络信息中心发布的《中国互联网络发展状况统计报告》显示，截至2015年12月，网络音乐用户规模达到5.01亿，较2014年底增加了2330万，占网民总体的72.8%，其中手机网络音乐用户规模达到4.16亿，较2014年底增加了4997万，占手机网民的67.2%。无疑，对网络音乐而言，版权已经上升到了决定产业发展命脉的位置。版权之于网络音乐，其重要性不言而喻。

反思：版权问题引热议

版权意识薄弱，收费渐成难题
长期以来，互联网服务免费的观念在人们的潜意识消费

微评

★ 此次打击盗版的行动以及《通知》的出台，收到了很好的效果，很多音乐平台及时下架了没有版权的音乐作品。

★ 版权意识薄弱是国内的普遍现象，不仅来自早期对受众的"纵容"，也因为国内对版权的法律规定并不完善。

观里根深蒂固。在听众无付费习惯、盗版及免费音乐下载渠道广泛等多重因素作用下，早已深入人心的免费音乐大餐短时间内难以撼动。服务商歌曲定价收费机制尚未建立或完善，网络音乐平台面临着极大的压力：一方面是权利人极力呼吁收费模式的建立，另一方面却是用户版权意识的薄弱，在这种两难中，网络音乐平台唯有通过自身向权利人支付版权费来维持基础的免费模式，否则一旦出现因付费流失大批用户，对于网络音乐平台来说是"不可承受之重"。

盈利模式单一，版权收益较低

2015年7月出台的版权保护新政使得那些没有版权储备的中小音乐平台被迫关闭或整合。而面对高额的版权费用，各大音乐平台也只能采取抱团过冬的方式来减少可能出现的成本和竞争对手。虽然在扩展盈利能力和渠道上，许多音乐平台进行过多种尝试，但效果不甚理想。网络音乐平台想要单纯依靠下载音乐来盈利仍旧困难重重。由于缺乏盈利模式，音乐平台正在步入加速整合期，在人们消费习惯彻底改变之前，网络音乐行业所面临的寒冬仍将持续。此外，我国音乐版权收益占比较低，据不完全统计，我国音乐版权方每年收益仅占整个产值的10%左右，而在发达国家如欧美、日韩等，则分别达到70%和90%。

盗版侵权严重，音乐人创作乏力

音乐产品作为典型的信息产品，具有创作成本高、复制成本低的特性。特别是随着数字网络技术的发展，复制、传播、保存音乐作品的成本大大降低，为正版音乐提供了新的传播渠道。但是，互联网免费下载和盗版链接等方式，加速了盗版音乐的传播，侵权盗版问题严重制约了网络音乐产业的发展。同时，原创音乐人由于盗版与免费对利益的侵蚀，无法得到持续、稳定的支持，一面是作为网络音乐产业中核心角色的网络音乐平台需要支付巨额版权费，另一面却是权利人，尤其是词曲创作者认为其未分配到合理利益。这种利益的不对称性直接导致创作人严重缺乏创作动力。

问道：国外音乐版权保护有何良方？

德国：协会网民合力监管

为保证音乐的曲、词作者及演奏者的权益得到保障，德国成立了多个相应的集体或协会，其中最具影响力的是"音乐演出及机械复制权利协会"（GEMA）。其主要的运行方式是受托管理音乐作品的版权，在获得音乐作品版权收益并扣除管理费用后，将资金返还给版权所有者。此外，普通网民在网上搜索音乐资源时也有义务自行鉴别其来源是否合法，如果下载了非法资源，可能要面临罚款等处罚。他们很少将合法下载的音乐上传至公共平台，因为一旦被发现，将会面临上万欧元的罚金。

澳大利亚：广告探路"音乐免费"

在澳大利亚，下载歌曲按规定通常都要收费。有的澳大利亚公司通过收取少量月费，让用户无限量下载心仪的音乐的方式杜绝非法下载。**但也有合法免费音乐下载的唱片公司，他们会在网上公布免费的网络数字音乐，但与此对应的是用户若想实现免费下载，要忍受网站繁多的广告。**而正是因为有广告商赞助，才可以实现免费。当用户在网站下载歌曲时，潜在广告商（如麦当劳等）会支付一定费用，这些费用一部分会补偿给艺人，一部分作为唱片公司运行费用。

法国：政策鼓励版权消费

音乐版权的保护，严格的政府管制是有效的行政措施，但想真正引导人们有偿进行音乐消费、树立版权意识，就要做到正面引导，疏堵结合。对于法国而言是通过积极方式来鼓励音乐版权消费。**法国政府规定年龄在12到25岁之间的**

居民将会获得一张已经注册的预付卡，政府将为居民报销预付卡在网上合法购买音乐的一半费用。法国政府的做法是为了培养当今的青年居民养成在网上合法购买电子音乐的习惯，有了这样的鼓励和引导政策，法国非法下载等音乐侵权率逐渐下降。

求索：音乐版权保护路在何方？

引导付费观念，出台鼓励措施

网络音乐产权的保护，消费者的观念引导是重点。一味的强制手段会扼杀人们的消费积极性，使网络音乐发展陷入低迷阶段。**改变消费者固有的消费习惯，完善的法律保障是前提，但最为重要的是通过一定的手段对消费者进行观念上潜移默化的指引**。政府应积极出台政策鼓励消费者进行音乐消费，通过提供消费补贴等措施培育正确的消费观念和消费习惯。当然，消费习惯的改变不能一蹴而就，要经过漫长的转变过程，在此过程中，要不断强化人们的版权意识，使人人都成为音乐版权保护的践行者。

创新盈利模式，进行跨行业合作

目前，数字音乐机构的主要盈利来源于广告收入、与三大电信运营商的流量分成以及用户付费，但是三者的营收相加也远远不足以抵消版权购买的投入。因此，要积极打造自身的数字音乐生态圈。首先，**需建立科学的利益标准和对话机制**，内容提供商、网络运营商、服务提供商、硬件生产商等各取所需、合理分成，维系产业角色参与的积极性。其次，**积极探索跨行业衍生模式**，网络在线音乐与游戏、电子商务开展衍生合作业务，未来的游戏、电子商务、社交媒体、随身穿戴设备等更多领域将融入网络在线音乐产品并展开深度合作。

鼓励民间参与，多方共同监管

互联网时代音乐产权的保护需要政策法规的约束和强制力保障，也需要

民间社会团体的通力合作。在加强对网络音乐服务商的版权重点监管工作力度上，国家版权局应在视频网站版权重点监管工作经验的基础上创新监管方式，采取多项监管措施，将传播音乐作品的主要网络音乐服务商纳入版权重点监管范围，根据被监管的网络音乐服务商报送的获得授权信息，形成音乐作品权利信息库、发布重点音乐作品预警名单等相关措施，预防侵权行为发生。而行业协会和民间团体则应积极辅助政府监管工作，既要有效维护网络音乐版权秩序，还要建立良好的网络音乐版权生态。

强市场弱政府：英美文化立法浅析

近几年，我国文化产业发展十分迅速，然而与之配套的相关文化法律却显得有些薄弱。我国应逐步从国家总体的文化发展战略方向布局，逐步推进文化立法的进程，让文化发展有法可依。英国和美国文化立法的发展一直走在世界的前列，他山之石，可以攻玉，我们能从其中得到哪些启示呢？

美国：自上而下的文化立法

在美国，政府并没有统一的文化基本法，仅按照人们所需要的各文化产业和文化事业领域进行相对细分立法，这种主要依靠发挥市场资源的基础配置作用来指导文化立法的模式属于一种自下而上的立法模式。美国是人们公认的第一个进行文化立法的国家，它没有专设的文化立法机构，而是把文化立法渗透到联邦层面，落实到各项专门法中。众所周知，美国在其基本法律制度上沿袭了英国判例法的立法传统，但是美国版权法却是一个例外。从美国第一部版权法《1790年版权法》到现在，美国版权法都是属于联邦成文法的范畴。这从一个侧面反映了美国人在美国建国之初对于版权保护的重视程度已超前于其他国家。美国的文化立法主要表现在以下几个方面：

公民享有较高文化保障权利。在保障公民的文化权利方面，美国对公民的文化权利给予很高的法律地位并且明确规定政府在保障公民文化权利中的责任和义务。在其宪法第一修正案（1791年）中就规定："国会不得制定法律剥夺人民的言论和出版自由。"宪法第四修正案规定："人民的人身、住宅、文件和财产权利，不受侵犯。"

微评

★ 美国宪法具有最高权力，对于公民文化权利的规定能够最大限度地实现效力。

完善和发达的版权制度体系。在促进文化产业发展方面，美国出台了多项专门法律法规（见表1）。

表1　与美国主要文化产业相关的政策、法规

类别	文件名称	发布时间	内容
国家层面	《美国宪法》	1787年	世界上第一部成文宪法
	《美国宪法（第一修正案）》	1791年	规定了公民有言论、出版、集会的自由
针对文化产业的行业性法律	《无线电法》	1927年	加强对无线电广播的管理和限制
	《通信法》	1934年	成立联邦通讯委员会，负责商业广播电视台网和非商业电台、电视台
	《国家艺术及人文事业基金法》	1965年	创立致力于艺术和人文事业发展机构
	《博物馆图书馆学事业法》	1984年	主要负责对全美博物馆进行资助
	《联邦电信法》	1996年	对1934年《通信法》进行重大修改，从根本上放宽对广播、电视所有制的限制
	《国际广播法案》	1994年	宣传美国价值观念，并将美国广播管理委员会升格为联邦政府机构实体
	《数字千年版权法》	1995年	提出了"避风港原则"，成为世界多国普通采用的一个侵权责任认定规则
与文化产业密切相关的法律	《美国联邦税法》	1917年	对非盈利性团体和机构免征所得税，减免贷助者

1965年，美国政府通过了《国家艺术及人文事业基金法》，依据此法成立了两个重要的管理机构：国家艺术基金会和国家人文基金会，对文化事业进行管理和调节。

在文化产业方面，最重要的法律是针对知识产权保护的，美国是世界上较早实行知识产权保护制度的国家之一。美国1787年宪法第一条第8款规定："为了促进科学与实用技术的进步，国会有权赋予作者和发明者各自对其文字作品和发明享有一定期限的专有权。"国会在宪法的授权下，1790年正式颁布统一的联邦《1790年版权法》。随着美国社会经济和科学技术的发展，美国国会也在不断地调整和完善版权法，以确保其对文化产业的促进作用。1976年，美国对版权法进行了全面修改，修改后的版权法构成了美国现行版权法的基本法律框架。

通过对版权法的修订完善，美国的版权制度已成为世界各国版权法中规定较为详尽、立法水平较高、保护范围较为广泛的知识产权制度之一。2013年7月31日，由美国专利商标局（U.S. Patent and Trademark Office，简称USPTO）、美国商务部互联网政策特别小组（Department of Commerce's Internet Policy Task Force，简称IPTF）及美国国家电信和信息管理局（National Telecommunications and Information Administration，简称NTIA）共同完成的《数字经济下版权政策、创造力和创新的绿皮书》（Green Paper on Copyright Policy, Creativity, and Innovation in the Digital Economy）发布。绿皮书对1995年以来美国所有机构颁布的数字版权政策做了深入全面的分析，指出了需要关注的重要问题并制订了解决方案。

美国不断加强国际版权保护，加入《伯尔尼公约》并对成员国提供高水平的版权保护和合理利用《综合贸易与竞争法》中的条款。同时，美国不失时机地利用《关税和贸易总协定》乌拉圭回合谈判的机会，建立新型国际版权保护体制和机制，达成 TRIPS 协议，形成广泛而有效的国际版权保护机制，促进了其文化产业市场的繁荣。

采用联邦立法、州和地方立法相结合的文化遗产保护机制。在保护文化遗产方面，1906 年，美国颁布了第一部历史文化保护法《古物保护法》（the Antiquities Act），该法规定，未经政府部门批准，任何人不得盗用、挖掘、破坏或销毁政府拥有或掌管的任何历史或史前的遗址、古迹或古物。但该法主要是针对政府拥有或掌控的历史文化遗产，保护的对象也仅局限于遗址、个体建筑物和物件。1966 年《国家历史文化保护法》（The National Historic Preservation Act）的颁布标志着美国的历史文化遗产保护行动进入了一个新纪元。该法建立起了美国历史文化遗产保护的基本体系。之后，与之相关联和配套的一系列法律法规相继出台，其中对历史文化保护进程有重要影响的法律法规包括 1969 年的《国家环境政策法》，1976 年的《税制改革法》，1976 年的《历史建筑修缮标准和修缮导引》，1977 年的《国家邻里政策法》，1978 年的《税收法》等。由于大部分历史文化遗产属于私有财产，这些法律的出台在规范各项保护活动的同时，建立起了私有文化遗产的保护激励机制，从而奠定了美国历史文化遗产保护的法理基础。除了联邦政府外，各州及地方也分别制定了相应的文化遗产保护法。

英国：知识版权法为核心

英国也是世界上文化立法较为成熟的国家，近年在文化立法领域也开始尝试突破与创新。作为市场成长驱动立法的国家，英国对文化创意产业尝试先发布产业发展规划、后颁布实施政策的形式，突破文化创意产业的立法瓶颈。多年来，英国在文化立法方面的主要成就有：

重视对知识产权的立法保障。知识产权制度是鼓励创新、保护创造力的社会基础。早在 1662 年，英国就建立了图书许可证制度。1710 年《安妮法令》生效，成为世界上第一部版权法。《安妮法令》所规定的作者是著作权的拥有者以及在固定期限内保护出版著作的原则，至今仍是版权法的核心内容。一些19世纪关于知识产权的改革引起了当时公众的关注。在议会进行了五年的辩论之后最终诞生了1843年的《版权法》。知识产权的保护在英国具有特别重要的意义，可以说是英国文化创意产业健康发展的命脉。英国政府制定了一套完整的文化产业政策，出台了一系列相关的法律法规，从法律和制度方面提供强有力的保障。例如，1993年颁布的《彩票法》、1996年颁布新的《广播电视法》以及《著作权法》《电影法》和《英国艺术组织的喜剧政策》等，在制度上确保了文化市场的健康持续繁荣。

全面的文化遗产保护法律架构。 在文化遗产保护方面，英国经历了100多年的发展，人们从保护意识淡薄到逐渐产生珍视、保护古迹的意识，再到付诸实践，经历了一个漫长的过程。1930年英国政府制定了《古建筑法》，对于保护古建筑做了具体规定。1967年英国制定了《城市环境适宜准则》。由于英国历史各个方面的原因，它的文化遗产保护法分别由英格兰与威尔士、苏格兰、爱尔兰三个地方法共同构成。2013年是英国《1913年古迹综合及修订法》（The Ancient Monuments Consolidation and Amendment Act 1913）颁布100周年，这是英国为保护古迹而制定的较为全面的法律架构。

但是，在公民基本文化权利保障体系方面仍存在欠缺。 在公民的基本文化权利保障方面，英国没有成文法，对信息自由及隐私权缺乏宪法的保护。言论自由在英国是一种信念，过去几百年不成文法的裁决中，这一信念也在被不断地重申。**到目前为止，英国仍然没有通过立法保护隐私权。**

微评

★ 完善的文化遗产保护体系使得英国的文物古迹保存完好，很多城市依旧是过去的模样，这为英国的旅游业带来了丰富的资源。

他山之石，可以攻玉：英美文化立法对我国的启示

更加注重市场的作用

在文化立法上，美国和英国是典型的市场驱动型成长模式。该模式的核心在于：在市场与政府驱动文化立法经纬交织的力量网络中，市场的成长对文化立法的驱动力量更具有决定性作用，体现为"强市场，弱政府"的形式，即市场对文化发展发挥强大的指引作用，政府功能弱化。当前我国的文化立法太过于偏重政府的主导作用，在今后的发展过程中，要充分发挥市场的作用。

文化产业领域立法刻不容缓

我国应在注重文化立法社会效益的同时，注重文化立法的经济效益，使文化产业成为国民经济支柱性产业，增强我国文化产业的整体实力和国际竞争力，全面促进我国文化事业的发展。目前，应加快制定《文化产业振兴法》《演出法》《电影法》《广播电视法》《文化市场管理法》《文化企业法》《旅游法》《互联网法》等文化产业重点领域方面的法律法规，尽快推进我国现代文化产业制度的形成。

强化版权意识，健全知识产权法律保护体系

尤其是对执法机制的完善，加大执法和惩处力度，规范执法程序（司法取证、司法鉴定、专家介入、产品评估），提高执法效能，加强司法制度的可操作性。通过完善法律法规界定侵权行为的具体表现形式、规定责任追究的方式等立法内容，使知识产权保护司法实践有法可依。立法的同时，还要提高效率，降低成本，简化程序，**为文化创意产业营造良好的社会环境和法律环境，增强产业发展的原动力。**

微评

★ 中国也出现了市场倒逼法律出台的情况，网络文化产业的发展受制于知识产权保护的缺失，如果知识产权的保护没有任何进展，产业发展将会进入瓶颈乃至停滞的阶段。

文化立法的在地化与操作性需增强

目前，国家顶层设计上已经有一些政策法规，但是操作性欠缺，地方政府落实无从下手。在这个层面上，各地方政府应该竭尽全力配合，针对各地方的不同发展情况，可以适当加强对优势产业的立法保障，特别是在执行上要更注重可操作性。

微评

★ 令人欣慰的是，国民知识产权意识逐渐增强，知识产权保护的利好氛围越来越浓厚。

利用激励手段培养民众对文化的法律保护意识

长期以来，由于在顶层设计上缺乏文化立法意识，民众的法律意识也相对薄弱。我国图书、音乐、视频盗版层出不穷，硬手段可以起到一定保护的作用，但是更重要的应该是从意识上去引导人们。观念上的改变无疑会加速文化立法的进程。

注重与国际化接轨，规避争端

我国的文化立法要充分考虑到全球化的大背景，与国际接轨。特别是在文化贸易方面，应当广泛援引各种国际法框架，以及区域性和双边自由贸易协定的有关案例，例如联合国教科文组织通过的《保护和促进文化表现形式多样性公约》（2005）和欧盟《关于视听传媒服务的指令》（2007）等，服务于我国的对外文化贸易谈判。

快来看！原来国外是这样保护"非遗"的

如果说历史是一条长河，非物质文化遗产无疑是追寻源头的重要线索。然而如何保护好"非遗"，不忘文化之根本的同时推动文化进步，是我们真正需要探索创新之处。**2005年3月，国务院颁发的《关于加强我国非物质文化遗产保护工作的意见》标志着我国非遗保护工作迈出了第一步。**经过十余年的保护，成就瞩目，截至2013年，国务院核定公布了七批共1943处全国重点文物保护单位。截至2015年，我国拥有世界文化遗产34处。然而，我国在非遗保护方面还面临诸多困难和问题，因此我国应多多借鉴国外的宝贵经验。

先来看看国外都有啥"妙招"？

法国：设立文化遗产日和保护区

目前，法国有1.8万多个文化协会保护和展示历史文化遗产。这些古迹遗址和历史建筑每年吸引游客达6000多万人次，为世界之首。**一方面，全法国已划定了91个历史文化遗产保护区。**保护区内的历史文化遗产达4万多处，有80万居民生活在其中。历史文化遗产保护区的确立并不意味着将其封闭保护，法国政府采取让历史文化遗产保护区敞开大门的措施，使之成为人们了解民族历史与文化的窗口。**另一方面，法国人还首创了"文化遗产**

日"。每年9月的第三个周末，所有博物馆向公众敞开大门，公立博物馆免门票，像卢浮宫、凯旋门等著名博物馆和历史古迹也在免费开放之列。私立博物馆门票减价，它们可以得到税收优惠，这些都增强了公众的参与感和保护意识。

此外，在保护机构设置方面，法国在文化部下设文化遗产局，对全国范围内文化遗产保护和宣传工作进行宏观指导与监督，同时地方政府也设置相应的机构进行具体的地域性文化遗产的保护与发展工作。国内重大文化遗产项目由文化部进行评定，其具体保护工作由文化部下属的历史纪念物基金会、文化艺术遗产委员会、考古调查委员会等非政府机构合力完成，这些文化团体的管理范围囊括了法国重点文化遗产数量将近50%的份额，另外近一半的文化遗产交由地方一级文化部门进行管理和保护，只有不足5%的重点文化遗产是由文化部直接进行管理的。**由私人进行运营和管理已经成为法国文化遗产的一大特点。**

日本："人间国宝"富有特色

早在1950年日本政府就颁布了《文化财产保护法》，首次以法律的形式规定了无形文化遗产的范畴。日本在《文化财产保护法》实施过程中，强调保护传统文化"持有者"的重要性，注重对"人"的关注，其中最有特色的是"人间国宝"认定。"人间国宝"是指被个别认定的重要无形文化财产的保持者，他们都是在工艺技术上或表演艺术上有"绝技""绝艺""绝活儿"的老艺人，其精湛技艺受到日本政府的正式肯定，列为传承保护的对象。一旦认定后，国家就会拨出可观的专项资金，录制"人间国宝"的艺术资料，保存其作品，资助他传习技艺、培养传人，改善其生活和从艺条件。

此外，日本法律还明确规定，文化财产持有者同时也应

微评

★ 法国的"私人认领"机制为文化遗产的保护提供了弹性空间，减少了政府独立承担保护义务的压力。

★ 日本很早就有文物保护意识，并有了配套的完善的法律，为日本每年带来了大量的游客，古色古香、原汁原味的建筑吸引着大量的外国游客前去游览。

该是文化财产的传承人。如果文化财产的持有者将自己的技艺密不传人，那么，无论他的技术有多高，都不会被政府指定为"人间国宝"或"重要无形文化财产的持有人"。据日本文化厅统计，日本文化厅年度预算超过1000亿日元，其中10%被用来保护国内重要的有形文化财产和重要的无形文化财产，而每年为每位"人间国宝"提供的经济补助为200万日元。**正是这种尊崇和保护制度，使得日本传统的手工纸、手工伞、漆器、雕刻、陶瓷、织锦、和服、净琉璃等各种古老手工艺得以流传，并高水平地保留至今。**

韩国：完善政策机制，实行商业化开发

韩国政府非常重视本国非遗的保护。在舆论监督机制方面，韩国成立了专门的非物质文化遗产委员会，由来自大学、研究机构、文化团体的专职专家以及政府聘请的50多名非专家包括普通群众组成。由各省长、市长及国家文化财提出的非物质文化遗产项目将交由他们论证，委员们将进行项目调研并撰写提交调查报告，通过审议后最终确立国家重点非物质文化遗产名录。**在商业化开发方面，韩国的非遗早已进行商品化发展。面具、戏装、玩偶和无形文化财产的书刊到处都有供应和销售。在韩国，表演类的非遗经常在各大宾馆为外国游客表演，各类无形文化财产保有者在电视上露面，这些人都有一个出场的价目表。韩国非遗的商业化发展如火如荼，而非遗原有的文化内涵却因此受到了威胁。**

此外，在制定政策法规方面，1962年韩国就制定了全国性的包括非物质文化遗产保护在内的文化遗产保护法律《文化财产保护法》，确立了本国文化遗产的调查、认定、保护、管理以及利用的完整制度体系，使韩国的非物质文化遗产保护工作规范有序。1964年又建立了人类活财富体系，

微评

★ 商业化开发是活化非遗资源的有效手段，但要平衡好商业开发与保护之间的关系，切不可因为过度开发而破坏了非遗的价值。

对音乐、舞蹈、民间游戏、手工技艺等七个种类的非物质文化遗产及其持有人和持有单位进行系统化的管理与保护。韩国政府于1993年向联合国教科文组织提出关于"普及无形文化遗产制度"的提案，并最终被该组织采纳，成为全球范围内的非物质文化遗产保护制度。

看完国外，我们该何去何从?

微评

★ 可以通过文创的方式使"非遗"走进寻常百姓家。

大众化普及与生活化转型

一方面，让"非遗"走进寻常百姓家，从而提升全民的非遗保护意识。可以将非遗融入公共文化服务体系，实现非遗知识的大众化普及。譬如，法国的"文化遗产日"就大大增强了民众保护非遗的意识。另一方面，可以将非遗与创意设计相融合，创造出更多贴近生活的文化产品，普及非遗的文化内涵，打造具有非遗特色的"生活美学"。但同时，还要与单纯的商业化行为有所区分。譬如，韩国非遗的过度商品化发展，使得非遗原有的文化内涵受到威胁，所以非遗的生活化转型需要平衡把握文化内涵与经济效益之间的关系。

人本化传承与法制化保护

★ 对于很多非遗项目，非遗传承人代表了整个非遗文化，对非遗传承人的保护就是对非遗的保护。如何通过灵活的机制让非遗能够不随着非遗传承人的去世而消失是我们迫切需要解决的问题。

首先，传承人是非遗的重要承载者和传递者，传承人保护制度是非遗管理的核心内容之一。制定资助传承人传习技艺、培养传人相关制度政策，并采取设专项资金来改善传承人的生活和从艺条件等举措，可以促进我国非遗传承、保护工作的健康发展。在传承人的保护方面，日本的做法值得我们学习。其次，非遗保护需要健全完善的法制体系做后盾。综观日韩、法国的非物质文化遗产相关保护政策的制定，均是以法律的制定推进保护政策的制定，最终推动保护工作的进行。虽然，我国于2011年颁布《中华人民共和国非物质文化遗产法》，可是非遗保护的法制体系还不够成熟。

国际化发展与社会化参与

一方面，要放眼国际，为我国非遗的"走出去"继续努力。目前，越来越多的非遗传承人走向国外，展示非遗技艺，传播中华民族文化。通过使用国际化的语言将非遗深层次的文化内核更好地传播到全世界，这也是非遗"走出去"的关键问题。**另一方面，国外在非物质文化遗产保护过程中重视公众的参与，并对参与的方式和内容有着多样化的规定。**推行公众参与的方式，使整个社会加入到非物质文化遗产的保护和推广中来，有利于营造非遗保护的氛围，改善非遗生存的环境，为非遗的发展和传播助力。

总之，我国非遗保护工作还存在许多困难和问题，**如只重视眼前开发，不重视长远保护；只重视经济效益，不重视文化内涵等不恰当行为。**借鉴国外非遗保护的经验，有利于唤起全社会非遗保护的文化自觉和非遗保护的可持续发展。**我国需要在借鉴的基础上，完善体制机制，健全法制体系，形成政府主导、民间组织协作以及大众积极参与的多渠道、多途径的保护格局。**

从《太阳的后裔》看中韩文化贸易逆差的原因与对策

20世纪90年代后期，以"H.O.T"为代表的韩式男团快速征服了国内无数少女的心，"韩流"一词正式形成，音乐掀起了韩娱进入中国的第一次高峰；2003年前后，伴随着《蓝色生死恋》《浪漫满屋》《大长今》等韩剧横扫荧屏，"韩剧"以电视为载体刮起第二次"韩流"。与此同时，韩剧中人物的服饰、配饰、化妆品等带动了韩国时尚业的发展，也对中国消费者有着非常大的影响；2005年，《大长今》的热播逐渐带动了韩国服饰、饮食、旅游，甚至留学等领域在中国的发展。

除此之外，神曲《江南Style》通过社交网络在国内迅速蔓延；《爸爸去哪儿》《我是歌手》等韩国综艺节目的引入也创造了一个个收视纪录；2013年，作为韩剧代表的《继承者们》《来自星星的你》再次引发全民热捧。

第三方数据显示，2013年韩国文化创意产业产值达到91.53万亿韩元（约合855亿美元），同比增长4.9%，其中出口额50.9亿美元，同比增长10.6%，中国则是其最重要的市场。而中国文化贸易长期处于逆差境地，据中国海关公开发布的统计数字，2010年虽然我国核心文化产业进出口总额143.9亿美元，输出引进比仍高达1∶3。面对这样的现状，我们又该如何应对，促进中国文化走出去呢？

2016年3月，《第一财经日报》发文题为：《几个〈琅琊榜〉才能填上

〈太阳的后裔〉的文化逆差?》引发网友广泛讨论。文中称《太阳的后裔》在中国的网络版权销售是每集23万美元(约合人民币150万元)，若以16集计算，单这一项的收入就有2400万元左右，而该剧的制作成本约为6869万元。收视率方面，3月11日，收视率调查公司 Nielsen Korea 的调查结果显示，3月10日播出的 KBS 2TV 水木剧《太阳的后裔》第6集收视率为28.5%（全国基准），成同档剧收视冠军，且仅用6集就超越了《来自星星的你》大结局最高收视纪录28.1%，可见该剧的超高人气。

大众传媒的时代，"韩流"肆虐中国见多不怪，而韩剧在中国流行并非因为韩剧中的帅哥美女。《来自星星的你》第一集里，女主角千颂伊曾跟男主角都教授说："您认为亚洲为什么成为一体呢？我觉得是因为'韩流'的关系，是文化让我们成为一体。"这几句看似不经意的话却一语道破了韩剧的文化野心。

"韩流"文化产品出口增长迅速

韩国的文化贸易以电视剧、电影、音乐、游戏为出口主打产品，且在所有的文化产业中一直保持着相当高的增长率。据韩国文化体育观光部统计，2008至2011年间，韩国文化产业出口规模以年均22.5%的速度飞速增长。2012年出口额达到46.12亿美元，同比增长7.2%，创历史新高，贸易顺差达29.38亿美元。其中，电影、音乐和游戏业增长最为显著，分别达到27.5%、19.9%和11%。出口产业中，游戏业多年来一直是主要行业，占据大半壁江山，2012年占文化产业出口总额的57.2%。据文化体育观光部与韩国未来创造科学部联手发布的《韩国文化产业对外输出促进方

微评

★ 作为2015年优质电视剧代表的《琅琊榜》已经出口国外，但反响似乎并不如国内这样热烈。反观《来自星星的你》和《太阳的后裔》在国内的受欢迎程度，这样的差别值得人们深思。

★ "韩流"不容小觑，中国的大门在遮遮掩掩中向其敞开，我们惊叹于韩国的造星能力和影视、综艺制作能力，担忧于"韩流"对中国本土文化产业的冲击。这样的产业收益是如何做到的？

案》预测，韩国文化产业整体对外出口额在2017年达到100亿美元。该部还表示，力争到2020年，将文化内容出口额提高到224亿美元，从2010年全球排名第9位（2.2%的市场份额）提高到2020年第5位（5%的市场份额），使韩国成为世界第五大文化强国。反观我国，由于文化贸易起步晚、基础弱，文化产品在国际市场中处于劣势地位的状况仍未改变。

中韩文化贸易逆差的原因分析

微评

★ 非营利的公共文化在一定程度上达到了让国外人民了解中国文化的效果，但是一味地"送文化"不能保证文化的传播效果。

措施欠细

中国政府在鼓励推动文化产品走向世界的过程中宏观措施方面有所欠缺，在对外文化贸易中，中国主要靠非营利的公共文化，我们的文化产品是送出去的，而不是卖出去的。而韩国在文化输出过程中，政府起保驾护航的作用，企业做急先锋，这样的方式大都发挥出很好的经济效益。文化产品创作、生产的风险都高于普通商品，生产的周期也大大长于普通商品，如何给予扶持，没有明确的、切实可行的措施是不行的。

品牌匮乏

★ 美国、英国、韩国、日本等文化产业发达的国家，多有各自引以为豪的文化品牌，这些文化品牌在国际竞争中往往能够"所向披靡"，品牌就是受众忠诚度和作品质量的保证。

在品牌方面，我国缺乏有影响力、竞争力强的文化核心产品，缺乏科技含量高、附加值高的产品，缺乏符合国际审美习惯的民族原创作品。中国虽有悠久的文化传统和丰富的文化资源，但并不意味中国拥有被世界广为接受的文化品牌。中国还没能将丰富的文化元素进行产品转化，生产出能够吸引人的、占领国际市场的文化产品。因此，如何将中国五千年的优秀传统文化资源转化为对外文化贸易的产品，树立有国际影响力的文化品牌，是文化产业工作者要重视的重要问题。

营销乏力

市场化运作方面，中国的文化产品缺乏有效的国际营销方式，缺乏熟悉国际文化市场运作规律的中介机构，缺乏国家级的文化信息共享平台。文化产品多以粗加工的面貌出现，宣传不到位，缺乏专门针对国际市场需求而产生的文化产品，这使我国文化产品的影响力大大缩减。缺乏通过媒体进行有效宣传的机制以及完善的文化市场运作机制和全面的营销体系。

消除中韩文化贸易逆差的对策

强化市场观念，塑造文化名片

对外文化贸易不仅可以带来无形的社会效益，还潜藏着巨大的经济效益。我们不仅要重视文化经济价值的意识，**还要积极参与国际文化市场上的竞争，强化市场观念，创作出更多国际文化市场欢迎的作品。**

韩国十分注重运用有限的资源开发具有品牌价值的特色文化产品，近年来，"鸟叔""都教授"等已成为韩国的代名词。韩国文化体育观光部在《2013年文化艺术新趋势分析及展望》报告中总结了韩国文化出口的几张"名片"：韩流"1.0时代"是20世纪90年代末至2005年，主要以"K-Drama"即韩剧的形式走出国门；2005年到2010年，"韩流"进入"2.0时代"，以偶像组合为主体的"K-Pop"即流行音乐占据国际化主要地位；2010年以后，因骑马舞红遍全球的"鸟叔"为韩流国际化又开创了一种新的模式——通过社交网站，以独特、有趣的内容吸引观众，以共享形式拓展影响

微评

★ 酒香也怕巷子深，国际化与本土化的营销方式在国际文化产业市场中非常重要。

力。"K-Culture"即韩国文化在韩流国际化过程中起到主要作用，韩流进入"3.0时代"。这些文化名片受到了世界特别是亚洲市场的广泛认可。

再看我国众多优秀的民族文化资源，从兵马俑、紫禁城到刘三姐、孔雀舞，从大唐歌舞到海派文化，中华民族的文化积累极为深厚。但是，中国的大部分文化资源还不能直接变成国际市场上有竞争力的文化产品或品牌。中国的文化工作者，必须根据国际主流文化市场的要求，在深入挖掘本民族优秀传统文化的基础上进行再创造，迎合市场需要。

发挥政府作用，推动对外贸易

在政府层面，韩国政府近年来不断增加对文化产业的预算投入，每年投入文化事业的国家预算超过国家总预算的1.1%。国家还设立了多种专项振兴基金，如文艺振兴基金、文化产业振兴基金、信息化促进基金、广播发展基金、电影振兴基金、出版基金等。我国的文化产业发展尚不成熟，面对国外文化的大肆侵袭，若不进行政策保护，文化贸易逆差状况将会进一步扩大。

我国政府应发挥扶持作用，采取切实的鼓励措施。**如对文化贸易出口进行补贴；实行经济优惠政策，在财政税收和融资政策方面给予扶持；放宽文化产品和文化服务的出口审批权，简化出口手续；协调文化产品和文化服务出口的问题，规范出口秩序，进一步加强对外文化贸易的协调和指导。**

重视人才力量，加强队伍建设

我国的文化产品要走进国际市场需要有一批懂国际市场规则、各国文化差异、国际融资和营销等方面知识的国际文化贸易人才。韩国一向重视依托高校资源培养文化产业创意人才。韩国各地成立了多所专门的文化产业人才培养学校，如全州文化产业大学、清江文化产业大学、大邱文化开发中心、传统文化学校等，并在一些大学开设了文化产业相关专业共80余种。近年来，韩国十分重视加强艺术学科的实用性教育，扩大文化产业与纯艺术人员之间的交流合作，构建"文化艺术与文化产业双赢"的人才培养机制。由韩国政府出资，韩国文化产业振兴院设立了网络教育学院，开设数十个相关专业，自2003年以来共培养上万名急需的文化产业实用人才。此外，韩国委托一些院校与企业联合开展文化产业从业人员资格培训。这些专业化的人才培养体系为建设文化产业创意人才队伍提供了重要支持。

　　针对我国复合型人才匮乏的状况，首先，应大力加强人才队伍建设，培养各类文化人才，在各大高校开设文化国际营销、国际文化贸易等专业，培养既懂艺术又懂管理的复合型人才。其次，引进国外优秀文化管理人才，优化人才结构，为中国文化产品走向世界提供智力保障。最后，研究制定创作成果要素分配的办法，充分调动各类文化人才的创作积极性。

　　整合产业资源，培植文化品牌

　　发展国际文化贸易，必须要依托本国自主创新的文化品牌。目前，**我国的文化企业数量多，资本缺乏，规模小。缺乏有品牌、有核心产品、竞争力强、有能力的大型跨国企业。因此，我们必须加快重组，扩大文化企业经营规模，实现资源的优化配置。树立和增强企业的品牌意识，鼓励生产知识含量多、科技含量高、原创性强的文化产品，培育在国际文化市场上有一定声誉的中国特色产业品牌。通过中韩合作的方式取长补短，开发特色的产品，逐渐打出自己的品牌。**

二次元的全球化：看看国外动漫如何走出去

被称为国产动画"逆袭"之作的《大圣归来》在国内创下近10亿元票房之后，又转战国外市场，力争在全球掀起一股强劲的"西游风"。2015年底，《大圣归来》已销售至全世界60多个国家，海外预售已达到400多万美元，刷新了国产3D动画海外销售的记录。数据显示，在2013年我国核心动漫产品出口额达到10.2亿元，比2012年的8.3亿元增长22.80%。虽然国产动漫海外市场在逐步扩大，但仍存在一些问题亟待解决。来看看国外一些好的做法，或许对我们有一些启发。

先来看看国外都使的啥招数？

日本：政策性扶持走出去

众所周知，目前动漫行业发展最好的国家就是日本，动漫产业已经成为日本的第三大产业。日本十分重视开拓海外市场，用多种政策措施，来加快动漫走向全球的步伐。**首先，在政策法规方面为动漫产业的发展提供良好的环境。**动漫被纳入国家战略开始于经济领域的"酷日本"战略，而后在2001年，国会通过了《文化艺术振兴基本法》，强调发展动漫等媒体艺术产业。**其次，政府免费对国外提供本国动漫产品扶持本土动漫走出国门。**2005年，日本外务省利用"政府开发援助"中的24亿日元"文化无偿援助"资金，从动漫制作商手中购买动漫片播放版权，并将这些购来的动漫片无偿地提供给发展中国家的电视台播放，使不能花巨资购买播放权的发展中国家也能够播放日本的动漫片。**再次，日本政府非常重视人才战略。**日本政府深知人才对于动漫产业发展的重要性，日本的手冢治虫带动了整个日本动漫产业，宫崎骏推动了日本动漫电影，这种大师级的人才，一两个就能拉动整个国家产业的进步。**此外，日本还提出了"动漫外交"这一概念，旨在通过推广日本漫画书和动画片来赢得世界人民的关注。**例如，2008年3月，时任外务大臣的高村正彦将"动漫文化大使"的聘书交给了机器猫，外务省为机器猫的电影版《"哆啦A梦"之大雄的恐龙2006》制作了英、法、西、中、俄5种语言的字幕，促成其在世界上73个城市公映。**正是这样的一系列举措，使得日本动漫占全球份额60%以上，远远超过欧美国家，成为名副其实的动漫大国。**

微评

★ 日本将动漫等文化产业确定为国家重要支柱产业，通过推行工业化大生产、建立文化产品产业链、扩大文化产品出口等方式，积极推动文化产业发展。

美国：全球化定位走出去

美国的动漫产业是其文化产业的重要组成部分，同时也在世界动漫市场上占有举足轻重的地位。美国动画电影受到全世界观众的喜爱，这是因为在制作之前，他们就已经将影片的发行定位于全球，将欣赏群体定位于世界各国观众。为了实现这种全球化的理念，美国动画公司在影片的策划及内容上，主要有以下举措：**首先，美国动画电影多从世界文化古国的传奇故事中寻找创作灵感和素材，使影片更富有历史性和文化底蕴。**同时，这也更容易打造出既具有普适性的动漫文化形式，又具有美国价值观内核的文化产品。例如有着中国古典风格的《花木兰》，法国风情的《美女与野兽》和再现印第安土著风貌的《风中奇缘》，这些影片都在世界动画市场上大获好评。美国动画电影制作者将这些异域情调的

微评

★ 沃特尼·迪士尼曾说："要吸引世界各地年龄不一的观众，对童话、传说及神话故事的处理本质上要简单。无论善和恶，都必须具有可信的人性。必须保持所有人类常有的道德理想。"

题材改编后重新发售到世界各个国家，以获取全球性的商业利益。**其次，美国动画强调商业性和娱乐性的高度统一，这样的定位也使得它与观众的关系更加紧密。**此外，在具体的叙事模式上，美国动画电影基本上采用传统的剧作结构，引导观众迅速进入创作者设计好的思路；**在角色造型上**，每部动画的主要角色造型各具特色；**在细节刻画上**，追求动画艺术的真实性。美国动画电影为达到全球化定位采用的多种策略，使其获得高额利润并开拓了较为广阔的全球市场。

韩国：本土化挖掘走出去

"后起之秀"韩国的动漫产品产值在全球仅次于美国和日本，动漫业成为韩国国民经济的六大支柱产业之一。韩国之所以能够成为动漫大国，并能逐渐拉近与美国、日本之间的距离，其中大部分原因是运用了**文化本土化**的策略。**首先，韩国动漫强调唯美的场景风格。**例如，在第26届法国安锡动画节获"格兰披治最佳动画长片大奖"的长篇动画片《美丽密语》，该片向观众展示了浓郁的韩国风情：画面中既有过去低矮的传统住宅、出海打鱼的老式渔船，也有都市中的高楼林立、车水马龙。这种现代与传统的对比展现了韩国近几十年高速发展的成果，同时也向世界传达了韩国的民族历史、个性和审美传统。**其次，韩国动漫不同于美国动漫的那种清晰易懂的玩笑幽默、极度夸张的故事情节，它总是以一个个曲折的、连续的故事内容吸引观众。**例如以《美丽密语》为代表的以表现"人文关怀、关注自然环境"为主题的动画。韩国动漫侧重的是故事内容本身，即以内容所蕴含的精神力量去打动观众，而不是靠人物形象、动作的夸张幽默。**韩国动漫在许多方面保留自身民族文化本质，同时巧妙地将东方的文化、故事用适合于西方人欣赏的习惯、方式去**

叙述表现，因此在国际上获得了成功。

反观自身，我们动漫如何走出去？

微评

加强政策法规保障

动漫产业走出去需要良好的政策环境做保障。2012年，文化部颁布的《"十二五"时期国家动漫产业发展规划》就提出，要积极鼓励优秀动漫产品和服务出口，支持动漫企业"走出去"。鼓励动漫企业在境外直接投资、并购或合资设立分支机构。通过资本运作，充分利用境外的人才、资源和技术优势，推进我国动漫产业的国际化。其后，文化部又提出五项措施力推动漫产业发展。其中针对动漫走出去提出紧紧抓住"一带一路"建设的机遇，组织动漫企业创作生产"一带一路"题材的产品、提高国际表达水准。**政府支持动漫产业走出去的力度在加大，而这些政策的真正落地还要面临巨大的挑战，在这方面我们可以借鉴日本精细化的政策扶持经验。**

★ 动漫产业巨大的经济潜力和重要的社会影响引起了各地政府和产业界的高度重视。在国家政策的规范和引导下，近三年来以沿海经济发达地区为代表，全国已经有20多个省市将动漫作为新兴产业大力扶持，北京、上海、苏州、杭州、无锡、深圳、大连、成都、长沙、珠海等地相继出台了地方性的动漫产业发展规划。

发掘传统文化内核

动漫产业的发展需要保留我们民族的特征和个性。动漫作品和形象只有具有民族特色和特征，才能在国际市场上留下印记。我们拥有丰富的传统文化资源，主要以历史文献、文物遗存、民间传说等形式流传，它们都可以成为动漫业资源开发的基本素材。而这些素材的利用并不是单纯地做古装的、历史的动画形象、故事，而是充分发掘传统文化的内核，让其作为一种文化的精髓融入动漫作品中。比如，**韩国的动漫作品具有其倔强、坚韧、重礼等民族特点；美国动漫作品体现出美国文化中的乐观、幽默和英雄主义。**这些文化

★ 综观我国动漫产业发展的态势，最需要加强和提升的是动漫的创意、创新源头环节。从我国优秀的传统文化资源中汲取丰富而有益的养料，是实现本土动漫产业创新性发展的必由之路。

★ 在动漫创意产品走向国际这条路上，政府这只"手"的作用不容忽视。

特征都体现了本国的文化精髓。**因此，我们需要树立文化自觉意识，深刻地理解、把握中华民族传统文化，将文化的内核精神与动漫结合，立足本土化，寻找中西文化的交叉点，进而讲好中国故事，这也是我国动漫打开国际市场的关键所在。**

此外，动漫产业走出去需要通过政府大力引导、企业不断创新以及社会各界的共同努力。一方面，政府要理顺体制机制、积极引导扶持；另一方面，要鼓励和引导组建全国性的动漫行业协会，通过行业协会来发挥企业和政府的桥梁、纽带作用。同时，更要积极地培育有国家水准的、有较强实力的大型动漫企业集团，引领更多的中小动漫企业来创作、生产，开展国际竞争和国际贸易。**通过政府、行业组织和企业的协同联动来实现动漫产业的走出去。**

◎ 后记

　　本书的出版比我们的预计时间略迟了一些，一方面是各种工作接踵而至，另一方面年轻的编辑们在第三卷的编辑上压力很大，要梳理文章、做好文章的阅读链接，另外还有一些文章在收录进本书时做了一些校正和修订，因此拖延了一些时间。尽管如此，我们依旧坚持原来的定位。我的"言之有范"系列丛书不能说是严格意义上的学术专著，应该说它是我为今后长期的学术研究做的学术笔记。随着我工作的繁忙和许多优秀青年学者的出现，在"言之有范"微信公众号中也越来越多地发布除我之外的作者的文章，我也想从接下来的几卷开始将这些文章陆续收录其中，让大家能看到文章真实的风貌。当然许多内容是在特定时间内产生的短平快的作品，所以就必然会出现有些内容比较粗糙、有些思考刚刚起步的问题，可见对这个时期这些方面的思考还有些欠缺，因此希望大家在阅读的时候不断提出批评指正意见。

　　我能聊以自慰的是通过"言之有范"让自己不放弃对文化领域各种问题的思考，并且通过这个途径有效地实现对研究生的培养。正是源于此，这些年轻的孩子们需要经常去浏览相关网站、了解前沿信息、反复修改稿件。我要求他们要强化数据意识、图表意识和保证案例的真实性，这些都是我指导研究生学习的方式，我觉得这种方式对现在的研究生培养而言越来越实用。研究生阶段主要是对方法论的培养，在这个阶段中更重要的是培养其严谨的治学态度、文献梳理、文章解剖和重大问题研究的能力与方法，因此许多在"言之有范"编辑部工作过的孩子虽然当时觉得压力很大、时间匆忙，但是回头来看，这种坚持阅读、坚持思考、坚持讨论的习惯，应该说是非常有效且值得坚持的。我也想在今后的工作和研究生培养中继续坚持这一指导原则。

这一卷的编辑工作主要是由王若晞统筹，马英哲、王怡、徐春晓、刘皓然、孙一琪、孟祥雁、张家榕参与，对他们的努力和劳动在此一并表示感谢。

庄子曾有言："人生天地之间，若白驹之过隙，忽然而已。"人生有涯、学海无涯，我们要仰望星空、拥抱梦想，更要脚踏实地、再谋新篇。人生如此，文化建设亦然，让我们共同努力，描绘下一幅文化建设的精彩蓝图。

范周

2017 年 5 月 7 日